海淀文史

中国人民政治协商会议北京市海淀区委员会 编

雷洁琼

第二十二辑

学苑出版社

图书在版编目（CIP）数据

海淀文史.第二十二辑/中国人民政治协商会议北京市海淀区委员会编.--北京：学苑出版社,2019.9

ISBN 978-7-5077-5813-9

Ⅰ.①海… Ⅱ.①中… Ⅲ.①文史资料—海淀区 Ⅳ.① K291.3

中国版本图书馆 CIP 数据核字 (2019) 第 197846 号

责任编辑：洪文雄
编　　辑：郭人杰
印制总监：张　翔
装帧设计：陈　曦
出版发行：学苑出版社
社　　址：北京市丰台区南方庄 2 号院 1 号楼
邮政编码：100079
网　　址：www.book001.com
电子邮箱：xueyuanpress@163.com
联系电话：010-67601101（营销部）、010-67603091（总编室）
印 刷 厂：河北赛文印刷有限公司
开本尺寸：787×1092　1/16
印　　张：21.5
字　　数：280 千字
版　　次：2019 年 9 月第 1 版
印　　次：2019 年 9 月第 1 次印刷
定　　价：78.00 元

《海淀文史》编委会

顾　　问　张宝章
主　　编　刘　勇
副 主 编　刘　恪　丁志明　胡淑彦　张维佳
　　　　　王玉梅　徐凤芹　杨剑飞
编　　委　王荣梅　孙树昆　户立平　李立宪
　　　　　张文大　徐文华　张秀慈　艾春吉
　　　　　樊志斌　孙　震　张鹏飞　赵跃坤
执行主编　王荣梅
特约编辑　孙树昆　户力平　李立宪

序

在举国欢庆中华人民共和国成立70周年之际,《海淀文史》第22辑出版了,这也是献给国庆佳节的一份特殊厚礼!

与以往有所不同的是,本辑《海淀文史》分两部分,上篇为"国庆70周年专题",从政协文史工作角度,纪念伟大祖国不平凡的70年。专题收录了9篇文章,从不同角度,记述了70年来海淀区的变迁以及在文化、经济、科技、交通等领域所取得的成就。下篇为"丹棱文萃",依然保持《海淀文史》原有的风格,从文史角度记录海淀悠久的历史。

为了使今年的《海淀文史》更具特色,4月份专门召开了文史工作座谈会,向各位文史研究员及作者征求文史资料工作意见和建议,特别是征集"国庆70周年专题"的文稿,随后得到积极响应。到6月底,文稿纷纷而至。

"丹棱文萃"之"丹棱",是元代文人赋予"海淀"的雅称"丹棱沜"之简称,顾名思义,"丹棱文萃"为海淀文史之荟萃,编选了20篇记述海淀历史与文化的文章。作者中既有多年积极支持、参与海淀政协文史工作的老同志,也有近几年涌现出的年轻作者,他们从多个视角记述海淀人文历史、风物景观,集史料性、知识性、可读性与通俗性于一体，突出了海淀的地域特色。

海淀历史悠久，地域文化丰厚，其文化的传承是文明建设中不可或缺的内容。在大力弘扬传统文化的今天，《海淀文史》也是"记住乡愁"和"留住乡情"的文化载体，更是对海淀地域文化的一种传承。

今年《海淀文史》的征集与编写工作，一是广泛发动和联系各界作者，把征集资料作为重点；二是精选慎编，每一篇文稿都经过作者深入采集史料、认真撰写；在编辑环节上，严格把好"政治关、史实关、文字关"，着力发现和辑录鲜为人知的史料，体现政协特点的文史资料。

文史资料工作是政协工作的重要组成部分，是一项有益当代、惠及后世的文化事业。可以说文史资料工作责任重大、使命光荣、作用独特。多年来《海淀文史》的编辑出版一直秉承的是记史之书、载实之书、资料之书、可读之书，所收入的文章既有文化品位，又有史料韵味；既是亲眼所见、亲耳所闻、亲身经历的"三亲"资料，又能起到传承文化、探究历史、启迪现实的作用。多年来有数以百计的作者以严谨的态度，辛勤的笔耕，追忆海淀历史、记录海淀历史、传承海淀历史，由此使《海淀文史》成为展示海淀悠久历史和文化的一个平台、一个窗口，为读者所青睐。

回顾《海淀文史》开篇以来的30多年，一直坚持实事求是、存真求实的原则，广泛加强与各界人士的联系，积极开展海淀文史资料的征集、整理、研究和出版工作，充分发挥了政协文史资料工作"存史、资政、团结、育人"的功能，在推进海淀文化建设事业方面，发挥了显著作用。

新的一期《海淀文史》付梓在即，心中几多欣慰之感，在此，我谨代表海淀政协委员会，对踊跃赐稿的文史研究员和热衷于文史研究的朋友，深表谢忱。

刘勇

2019年9月

目 录

上篇 国庆70周年专题

张宝章	海淀文化史的亮点	3
徐文华	中关村是共和国的高科技名片	19
孙树昆	创业者的摇篮	37
张秀慈	海淀商业改革回顾	57
户力平	海淀公共交通70年之变迁	75
户力平	独具时代特色的海淀地名	87
樊志斌	新形势下香山地区文物文化资源整合与开发	107
艾春吉	我与区政协提案工作	124
陈世伟	政协工作改变了我的人生	138

下篇 丹棱文萃

张文大	开创性的金代水利工程	147
杜泽宁	历代名人与清河	162
侯敬德	李万禄的武德和医德	171

李廷富	从同义厚到王致和	178
张蕴芬	大觉寺30年回顾	188
和 平	香山健锐营历史文化遗产	192
高云昆	香山碧云寺水泉院	216
吴剑群	香山公园寻碑记	227
董军梅	李四光结缘紫竹院	238
孙 震	清漪园的大报恩延寿寺	246
张鹏飞	海淀街上的裕盛轩	256
尹书英	六郎庄冰窖	261
李进明	解放战争时期的北安河村	265
户力平	海淀评剧团谈往	282
郭荣山	评剧名家张淑桂	294
诸天寅	回忆季羡林恩师	298
张世筠	对中医研究院硕士研究生班的回忆	307
赵跃坤	成府村旧闻摭记之一	316

后　记　329

上篇

国庆70周年专题

海淀文化史的亮点

张宝章

1983年6月,我到海淀区政府负责文教卫体和计划生育等项工作。海淀区是著名的文化大区,群众文化是区内一项重要的工作。在当时改革开放的浪潮冲击下,群众文化工作在观念上、在总体工作上如何改革创新是必须解决的迫切问题。

我与文化工作干部进行了广泛深入的讨论。大家认为,首先必须解决对文化的认识问题,抛弃对文化的狭隘理解,要有"大文化"的观念,重视"社区文化",将基层文化、地域文化与全区重大文化活动有机地结合起来。其次,现在是由文化部门和文化工作干部独包独揽全部群众文化活动,势孤力单,要大家一齐动手,各系统各部门都抓文化工作,要动员驻区的中央、市属和部队单位发挥其人才和基础设施的优势,共同广泛地开展群众文化活动。再次,要建立做好"大文化"领导和协调的组织机构。最后,区政府要增加文化经费,扩建和新建文化设施,增加群众文化活动场地,等等。

在更新观念的基础上,我们成立了全区性的海淀区社会文化工作管理委员会。在区委的领导下,由区政府牵头,组织一个包括负责文化、教育、体育、财政、工商、街道、卫生、园林、公安和工会、青年团、科协等组织的同志们在内的群众文化领导机构，来规划、协调和统筹安排全区的群众文化活动。同时，我们又在全区各街道成立了"文化体育协会"，这是一个创新的基础群众文化工作机构。我请区文化局长带队在八里庄和北太平庄两个街道搞了试点，取得经验后在全区推广。各街道在广泛协商的基础上，聘请本地区范围内的中央、市属和部队单位为协会理事单位，提供人才和活动场地等条件，轮流承办地区范围的文艺会演和体育比赛。这项工作开展两年以后，为了进行总结以图改进，我们在1988年6月召开了文体协会研讨会。大家用亲身经历和大量事实，充分肯定了两年来文体协会对推动群众文化体育活动发挥的独特的重要作用，并总结了几条经验和一些体会。市体委副主任张立华、市群文学会秘书长铁军等同志到会并予以指导，他们赞扬文体协会是海淀区为推动群众文化体育活动创造的一个成功的组织领导形式，这项新鲜经验要在全市大力推广。市文化局公布的《北京市一九八八年群众文化十五件大事》，将此次研讨会列为一件大事："海淀区就文体协会召开社区文化研讨会"。同年在北京市体育工作大会和全市街道工作会议上，海淀区都专题做了文体协会的经验介绍。

我们还大力加强全区三级群众文化网的建设。各街道和乡都建成了文化活动站，在居委会建文化活动室，在乡村各大队建农村俱乐部，为社区文化提供活动阵地。

经过认真总结全区群众文化活动的经验后，总结出我区的群众文化要以社区活动为基地，以街道和乡文体活动站为中心，有计划地在本地区开展文化体育活动。我们提倡各街道和乡要发挥自己的长处，形成特色，坚持下去。我们全区性的文化体育活动，经过多年摸索，已经形成了每年四次传统性的大型活动。

一是四五月份的海淀音乐节。音乐节期间，各系统各单位都要广泛开展群众性的歌咏活动。我们倡导各行各业创作群众喜闻乐见的通俗歌曲，大部分中小学都创作了校歌，全区共创作了二百多首歌曲。我也写了一首《四季青赞歌》："银锹就是绣花针，冒风顶凌织翠锦。巧手绣出千重绿，双肩挑来万户春。汗水渠水灌畦田，碧绿海洋黄金山。菜香飘过楼千座，居民口甜咱心甜。十里香山十里红，万棵鲜菜万颗心。向阳路上车成队，装满秋色送北京。芦帘轻护暖房春，晶莹红柿挑桔灯。翡翠塔上瓜满架，雪满西山菜满城。"这首诗发表在《海淀文艺》和《北京文艺》两本杂志上，由区文化馆长姚宝仓谱曲，收录在《海淀群众创作歌曲集》第二集中。这支歌由四季青农民女歌手范艳杰演唱，并在市区歌会上获奖。全区在普遍教唱学唱的基础上，举行各种不同层次、不同类型的音乐会和声乐、器乐比赛，各地区各系统都要举行较高水平的汇演和比赛，全区再从上百场音乐会中挑选优秀的节目进行调演。

1988年6月6日，我们在海淀剧院调演十几个优秀节目。北京市委宣传部和市文化局、市群众艺术馆的领导和专家也前来观看和指导。看完节目后，领导和专家热情赞扬这是一台高水平的群众音乐节目，无论谁看完都得伸大拇指。

6月8日上午，我接到市委宣传部文艺宣传处王春立处长的电话。他说："报告你一个特大的好消息！中央有关部门已经决定，邀约海淀区前天晚上那台音乐节汇演节目，在7月2日进中南海向中央领导同志做汇报演出，作为庆祝党的生日的一次活动。这是海淀区的光荣，也是北京文化界的光荣。由一个区的业余演唱节目进中南海演出，在历史上还没有过。"我对处长说："这太让人高兴了，是做梦也想不到的好事！"他叮嘱我，一定要做好准备工作，万无一失，保证演出的高水平、高质量。

我放下电话，当即向区委区政府主要领导同志做了汇报，又立即召集区文化局几位局长，他们也接到了市文化局的通知。我们仔细研究了进中南海演出的各项准备工作。

这场演出的组织单位是中共北京市海淀区委、北京市海淀区人民政府，区委区政府印制了《北京市海淀区音乐节（〈五月的鲜花〉群众歌咏活动）汇报演出节目单》。演出的主办和邀请单位是中直管理局，邀请券上写明："订于1988年7月2日（星期六）晚7时15分在中办警卫局礼堂举办北京市海淀区音乐节（《五月的鲜花》群众歌咏活动）汇报演出音乐会。请光临。"

7月2日那天傍晚，我们来到中南海东岸的中办警卫局礼堂。区委副书记王茂才、区委常委宣传部长张洪庆我们几名海淀人，在剧场前厅迎接中央领导同志的到来。最先进来的是中共中央副主席李德生同志，他热情地与我们握手并致以问候。随后有十几位领导同志，包括音乐家吕骥等人，都来与我们握手并问好，我们则连声表示感谢。我们跟随中央领导同志走进演出会场，观众对李德生副主席等领导亲临剧场，报以热烈欢迎的掌声，整个剧场充满了欢庆团结的气象。

海淀区的汇报音乐节目开始了。主持人宣告："……这台节目，只是海淀歌咏海洋中的几朵浪花。谨此奉献给大家。"这台演出的舞台监督，是区文化局副局长尹世昌同志。据尹先生回忆，这台共演出了14个节目，有140多名老中青少演员，涵盖了工农兵学商和知识界各行各路人才。第一个节目是航天部502所大合唱《腾飞吧，祖国航天事业》，压轴节目是总后勤部老干部合唱团的《英雄战胜大渡河》。中间节目有四季青女歌手范艳杰的《四季青赞歌》，清华大学二附中《我们的节日》等，都是自创歌曲。演出结束后，我们几个人与市委宣传部、市文化局的领导同志一起，跟随中央领导同志走上舞台，与群众演员握手致意。欢送中央领导同志离开剧场以后，我对群众演员们说："演出很成功。领导很满意。你们很辛苦！再接再励，再创新成绩！"

1988年海淀音乐节获奖节目进中南海演出，中共中央副主席李德生同志与海淀区的王茂才、张洪庆、张宝章等亲切握手。

这次到中南海汇报演出是海淀区也是北京市文化界的一件大事。北京市文化局公布的《北京市一九八八年群众文化十五件大事》写道："'五月的鲜花'活动中，海淀区音乐节获奖节目到中南海向中央领导同志汇报演出。"我们会永远记住这个激动人心的日子。

二是七八月份的"海淀文化之夜"。1983年，区文化局在海淀剧院广场举办了一场文化消夏活动。在星期六晚上，设置了书法、摄影展、猜谜语、棋类比赛、电子游艺等一系列有欣赏性、自娱性、服务性的文化项目，受到大批自愿参加活动的群众的欢迎。区政府决定从1984年开始，开展全区性的"海淀文化之夜"活动。以街道、乡为活动单位，依靠文体协会理事单位的人力物力优势，设立活动地点，如青龙桥街道在颐和园北门广场，北太平庄街道在北影厂门前，紫竹院街道在民院门前，北下关街道在军艺门前，海淀街道和中关村街道都在中关村大街上。这样就形成了以中关村大街为重点的遍布全区城乡的文化消夜活动，每年文化之夜有计划地活动四五次，都安排在周六晚上。各街道都通过理事单位邀请专业演员和歌唱家、著名运动员、书法家、科学家参加文化体育活动。不少地区还结合各种纪念节日和当前社会热点，围绕一个中心主题开展活动，并进行服务，如关心少年儿童、拥军优属、尊师重教等，活动的主题性增加了文化活动的教育意义和社会效益。

有一次周六晚上，我和几位区文化局长去各个文化之夜活动点了解情况。八里庄街道丰富多彩的文化项目占了半条街，参加活动的群众熙熙攘攘，有的听唱歌，有的猜谜语。在书法展前的众多观众中，我们遇到街道办事处的书记和主任，他们说：每次文化之夜都会吸引无数群众参加活动。虽然机关干部们很辛苦，但是都认为这样做很值得，每年的文化活动都像庙会一样为群众提供了丰富多彩的文化生活。

我们来到北影厂门前，这里是北太平庄街道文化之夜活动点。街道办事处主任告诉我们，演出舞台是北影厂用两辆载重汽车拼搭起来的。舞台上正由王洁实、谢莉斯表演男女声二重唱,舞台下二三百名观众正在集中精神地欣赏歌唱家的精彩表演。王洁实走下临时舞台后,对我说:"在街头演唱跟在剧院演唱有不

1985年张宝章、刘锡熊等在"海淀文化之夜"军艺活动点参加活动

一样的体会。"我说:"在土台子上唱歌,不会有损于你的声望,还会增加群众对你的尊重。"他说:"在街头演唱,才真正体会到了这是为群众服务。"我代表区政府对他和表演艺术家们表示感谢,他表示只要需要,随叫随到。正是有了这些著名演员和歌唱家的参与,才使"海淀文化之夜"有更大的吸引力,使每一次活动都搞得丰富多彩、热闹红火。

三是九十月份的"红叶体育节"。群众体育活动非常重要,对增强人民体质、提高运动水平、活跃业余生活、振奋革命精神,都具有很大的推动作用。但是有的单位领导对此不够重视,各街道也没有机构和部门分工负责体育工作。为此,海淀区政府在1986年的《关于加强领导,进一步发展体育运动的决定》中,做出了每年九十月份举办"红叶体育节"的决定。在体育节期间,各行业各系统层层举办运动会或单项比赛。发动中央、市属、部队等单位参加,动员全区三分之一的人口参加到体育活动中来,形成了体育运动遍布全区各个角落的盛大体育节日。

1978年8月，区委批转了区体委《关于举办首届"红叶体育节"的报告》，这个体育节便有序地开展起来。同年十月举行第一届红叶体育节开幕式，进行团体操和体育表演；举办区级农民、老年人、中小学生、幼儿运动会及长跑、登山、太极拳、广播操比赛等，有数万人参加。各系统大部分都召开了运动会和单项比赛，全区共有58万人参加体育节活动。1988年红叶体育节，以街乡文体协会为主体，以红叶接力长跑为重要内容，在全区17个街道、11个乡设28个接力点。从香山出发，至东升乡结束。区委书记张福森同志亲授"红叶体育节长跑"大幅红旗，各街道主任、乡长（或书记）领头举旗，全区工人、农民、军人、学生、干部等共有78万人参加接力长跑，历时28天。同时各街道文体协会组织3000多次体育比赛，累计74万人次参加。各乡有6万多人参加体育活动；机关工会、教育、卫生、工业等系统召开运动会，15多万人参加。仅清华、北大两校就有上万名教工和学生参加红叶体育节活动。

1989年红叶体育节，为庆祝中华人民共和国成立40周年和迎接亚洲运动会，以"人人锻炼迎亚运"为主题，广泛开展体育活动。教育、商业、工业、科协、区工会、街道、乡都举办了运动会，共有51万多人参加。有"太极杯"太极拳赛、"斯利康杯"乒乓球赛、"制呢杯"足球赛、"工程总队杯"篮球赛等传统与现代并存的比赛项目。当年海淀区被评为"百日锻炼迎亚运"先进区。

海淀区红叶体育节的启动，有力地推动了全区群众体育活动的开展，提高了对"发展体育运动，增强人民体质"的认识，增进了广大群众的身体健康，并收到了实际的客观效果。

四是春节期间的文艺汇演、节日联欢会和花会、灯会、庙会。

新年春节期间的群众文化活动，要营造团结奋进的氛围。全区要挑选全年涌现的精彩节目进行汇演，还要邀请著名的歌唱家、表演艺术家同台演出，组织一台具有较高思想性和艺术性的节目。各系统要组织各自的文艺联欢会，各基层单位要充分发挥文体协会的作用，将广大居民群众融入地区联欢活动之中。

在春节期间，我们要将花会、灯会、庙会赋予新时代的内容，形成特有的欢乐祥和的气氛。海淀的民间花会有悠久的历史，如《六郎庄忠孝童子棍会》就是乾隆皇帝赐名并支持的，被称为"皇会"，成府秧歌会曾经奉慈禧太后懿旨到颐和园德和园献艺，并获赏银四十两。全区共有舞龙、舞狮、太平鼓、幡会等30多种70余档花会。春节期间，各村花会都要走村串乡，也曾到颐和园、海淀体育场和闹市献艺。花会总是能吸引满村满街的群众追逐围观，街道上充满节日的气氛。

1984年春节，区文化局组织全区几十档花会，依序到海淀镇演出。从西大街北口进镇，沿西大街和南大街前行，街中心有几处固定阵地，由各档轮流表演，最后从黄庄走出海淀镇。文化部朱穆之部长、中国民俗学会张紫晨会长、北京市文化局和市群众艺术馆的领导、专家，在时念畤代区长的陪同下，在区政府门口

1984年春节，文化部朱穆之部长等人在海淀区时念畤代区长陪同下观赏民间花会表演。

的阵地前,怀着极大的兴趣观赏每一档花会的表演。我在一旁对一些花会的历史和现状做简单的介绍。领导和专家们对这次大规模的"花会走街",非常满意,并大加赞扬,说用这种传统的艺术形式给群众带来春节的欢乐是非常合适的。

灯会也是春节的一项重要文化活动。区文化局于1984年在机关大厅举办了一次小规模的灯会,1985年在中关村大操场举办了一次中型的灯会。总结了这两次实践的经验,1986年海淀区政府联合中国科学院和紫竹院公园,在紫竹院公园举办了一场大规模的遍布全公园的"海淀科技灯会"。在花灯的内容上突出科技特点、行业特点和地方特点;在花灯的功能上观赏性与科普作用相结合;在制作形式上静态与动态相结合;在环境布置上花灯造型与园林美景相匹配。科技灯会在1986年正月十五夜正式开展,这时下了一场大雪,雪花在彩色的灯海中飘舞,房顶和树枝上堆满了白雪。观众在纷纷扬扬

1986年,北京市陈昊苏副市长参观灯会后同张洪庆、张宝章等同志在海淀区政府办公楼前合影。

的雪花中观赏各种形状和色彩的花灯。

当晚，北京市主管文化工作的副市长陈昊苏同志应邀请来紫竹院观灯。我陪同他走遍了各个灯区。他高兴地对我说："这个灯会把传统艺术与现代科技相结合，是一种创新。又是在紫竹院的雪天展出，灯展与环境也是绝妙的结合，非常好！我还要带老婆孩子再来看一遍。"他从内心赞赏这个灯会。我对他说："你这么喜欢这个科技灯会，请你写一首诗，明天来时带给我，好吗？"他爽快地答应了我的请求。第二天他应邀重来，见面就对我说："老婆值班，没能来。诗带来了。"我高兴地打开一看，诗笺上用清晰峻秀的笔触写着：

普天乐

——海淀区科技灯会游园即兴

虎啸年，元宵节，花满园林，

灯满庭阶。地也生光，天也不夜。

彩色装扮银世界。老少同欢笑语谐。

歌环翠竹，诗颂宏业，舞随英杰。

陈昊苏

一九八六年二月二十三日

我对他说："我非常感谢您为科技灯会留下这么一首精粹的诗歌，我代表花灯的制作者们向您表示感谢。"我们将这首诗寄给《北京晚报》，报社很快将其刊登在《五色土》副刊上。

紫竹院科技灯会受到广大市民群众的热烈欢迎。20万观众都来紫竹院冒雪或踏雪观灯。灯会吸引了多家新闻记者的宣传报道。《人民日报》海外版著名记者兼作家孟晓云，看完灯会对我说："我平生第一次看到这么精彩的灯会。"隔日她在报纸上发表了一篇精彩的灯会文章。

海淀的庙会有着悠久的历史。我们于1988年和1989年在大钟寺和万寿寺举办过两次庙会，当时北京市主管文化工作的何鲁丽副市长曾到两届庙会进行指导，并且亲自参加活动，与民同乐。

海淀区春节期间形成的传统文化和民俗活动，取得了较好的社会效果和经验，受到中央和北京市宣传和文化部门的肯定。1989年11月下旬，我们接到市委宣传部的通知，中央宣传部和文化部召开"元旦、春节期间全国文化活动座谈会"，发布中央有关文件。会议召开的地点就选定在海淀，并要求海淀介绍元旦春节的文化活动计划。我立即与区委常委宣传部长张洪庆和几位区文化局长研究了本区的文化活动计划。我起草了发言初稿后，召开区社会文化管理委员会对发言稿进行讨论和修改，然后向区长办公会作了汇报。区长们认为，这是全区的一件大事，是中央和市委对我区文化工作的肯定，一定要有一个符合中央精神的较高水平的发言。此外，还要配合两部做好会场安排和中央、市委两级领导同志和与会人员的接待工作。区委常委也针对文化活动进行了讨论，由区委书记张福森同志负责有关事务和接待工作。12月5日，市政府召开社会文化工作委员会扩大会议，研究和部署元旦、春节文化活动问题，随后，我根据会议精神重新修改了发言稿。

1989年12月8日上午，中宣部、文化部在海淀区政府礼堂二层多功能厅召开1990年全国元旦、春节期间全国文化活动座谈会。中央和北京市有关部门的领导同志100余人出席会议。张福森同志带领张洪庆和我一班人，在机关大门口迎接两部领导和与会人员。进入礼堂二楼后，中宣部副部长、文化部代部长贺敬之在小会室与我们3人单独会见，听取海淀区概况和文化工作简略汇报，对海淀区的工作予以肯定后便到会场参会。

1990年，中央宣传部、文化部在海淀区政府召开全国元旦春节文化活动座谈会，中宣部副部长、文化部代部长贺敬之发表讲话。

文化部副部长王济夫主持会议并讲话，文化部部长助理高运甲宣读《中宣部、文化部关于安排1990年元旦春节期间文化活动的通知》，贺敬之代部长发表了重要讲话。贺部长讲了五条内容，第一，要充分认识1990年元旦春节全国文化活动的意义；第二，积极开展具有思想教育性、艺术审美性和娱乐性的丰富多彩的群众文化活动；第三，专业艺术表演团体和电影放映队要深入基层、深入群众，更好地为广大群众服务；第四，各级宣传文化部门要切实加强领导；第五，要厉行节约。

贺部长讲话后，北京市海淀区、天津市东丽区、河北省廊坊三地做大会发言。随后是我做发言，在简单介绍海淀区概略情况后，我从三个方面列举了元旦春节期间文化活动的主要内容。

第一是全区性的三项活动：重点且大规模的"海淀亚运馆春节联欢会"，由本区优秀文艺节目和驻区表演艺术家、歌唱家合组一台文艺节目。春节期间连演三天，慰问部队、离退休干部、各系统先进模范人物和各界广大群众，还要举办以"祖国在我心中，我为亚运作贡献"为主题的大学生朗诵歌咏大赛，由海淀团区委、区文化局与清华、北大等高校团委联合组织。我们还要于"三九"第一天在八一湖组织全市的冬泳表演，有几万名群众观看。

第二是各系统的八项活动：农村各乡的各场比赛和农民小乐队比赛，各档花会串村走会活动；科协系统40多个学会的科技人员文艺节目调演；文联各协会举办美术、书法、摄影、集邮、民间工艺等项展览；教育系统组织少年宫和校外活动站，开展科技、文化、体育和娱乐活动；旅游系统组织各家宾馆饭店开展书画家联欢和文娱活动；体委和工会系统分别组织"迎春杯"越野赛和圆明园越野赛；老龄系统在全区240个老年活动站组织离退休人员开展文娱和健身活动；文化系统搞好电影发行和放映、图书阅览、剧场文娱演出等。

第三是各地区各单位要开展好基层文化体育活动。此外我还讲了开展文化活动的指导思想和几点注意事项。我讲完后，发言稿被市文化局陈天戈同志取走。

两部座谈会由王济夫副部长做总结。会议取得了圆满成功。

北京市文化局编辑出版的第二十二期《社会文化信息》（1990年1月20日出版），全面报道了中央两部座谈会的情况。全文刊登了两部座谈会的通知、贺敬之代部长的讲话和我代表海淀区政府的发言稿。这期刊物对落实两部座谈会精神起到了重要的推动作用。

作者张宝章在两部座谈会上发言

1990年元旦春节期间，我们区认真贯彻两部座谈会的精神，抓紧落实我们制订的文化活动计划，以实际行动回答中央两部和市委市政府对我区文化工作的关怀、肯定和对我们的信任。

曾在1989年10月，我们回忆和总结几年来对群众文化工作的思考和探索。我认为，几年的社区文化实践，使我们对开展群众文化的规律有了一定的认识。通过观念更新形成"大文化""社区文化"的概念，解决指导思想问题；通过开展地区文化活动和以地区为基础的全区性活动，解决活动方式问题；通过建立地区文化体育协会和全区性的单项专业协会，解决组织形式和骨干队伍问题；通过发动社会力量和执行改革开放搞活的政策，解决部分活动场地和经费问题。我希望按照这个思路继续前进、不断探索，使全区的群众文化工作更好地开展起来，为加强精神文明和物质文明建设做出更大的贡献。为此，我撰写了一篇6000字的文章《社区文化的构想与实践》，以期进行交流，修正补充，把群众文化工作搞得更好。

我在海淀区委区政府研究室主办的《海淀研究》（1989年11月13日出版）上发表了此文。区文化局的同志将此文报送市文化局。

后此文又在 1990 年 1 月出版的《社会文化信息》上发表，编者编写了热情推荐的按语："文化生活是人民群众必不可缺的精神和物质需求。特别在改革开放之中的现代中国，如何建构具有中国特色的群众文化，是摆在各级党政部门领导面前的一项迫切需要研讨的重要任务。在新春之际，我们非常荣幸地收到北京市海淀区副区长张宝章撰写的力作《社区文化的构想与实践》。现在将这篇文章同我们的心愿一起，奉献给关怀、理解、支持、帮助和献身于群文事业的各位领导、同仁。愿她成为一只报春鸟，把群文理论的这一春的信息，撒向山乡河川，林海草原，村落寨楼……"

这期《社会文化信息》出版不久，我接到了王春立同志的电话。他告诉我，他已经离开了中共北京市委，调到《中国文化报》去当报社的社长。他从《社会文化信息》刊物上看到了我的文章，编辑部的同志们认为，此文对当前的群众文化工作有深度的创意、实践和总结，有现实的参考价值，《中国文化报》准备全文刊登。几天后，我收到了王春立同志给我寄来的报纸，这篇长文占了两个半版的篇幅，我非常感谢两家报刊对我们工作的支持。

两个月后，我从海淀区政府调出，走上了海淀区政协这个新的工作岗位。

中关村是共和国的高科技名片

徐文华

中关村,古老而又现代,它的发展历程漫长而又短暂。据专家考证,早在新石器时代晚期,这里便有人类活动,到了汉代形成农业聚落。明代寺庙颇多,使这一地区形成寺庙聚落。清晚期到民国初期,这里注入了文化教育元素,1911年办起了清华学堂,1928年改建为清华大学;1925年燕京大学迁入。今天,中关村已名声远扬,是中华人民共和国的高科技人才集聚地,是高等院校、科研单位最密集的地方,更是中华人民共和国第一家高新技术企业开发试验区、科技园区、自主创新示范区。两万多家高新技术企业,其中"独角兽"企业占全国近一半,GDP大约占北京市的1/4。

中华人民共和国成立仅70年,不到百年历史,为什么在一个晚清和民国初期刚刚注入文化教育元素的普通村落发生了天翻天覆地的变化?

一、给中关村以特殊的定位

中国共产党在中华人民共和国成立前对首都北京已有初步规划,

北京是教育文化中心已是板上钉钉。1949年1月以后中央政府接管全部高等学校并改成公立大学，中华人民共和国诞生后，投入大量资金把这里建成科研教育基地。1952年北京大学与燕京大学合并，定名为北京大学，校址定于海淀勺园一带；同年实行高等院校调整方案，在中关村地区建成北京航空学院、北京钢铁学院、北京石油学院、北京林学院、北京医学院、北京矿业学院、北京地质学院和北京农机学院，即通常所说的"八大学院"。是年，这一地区共有高等院校18所。1953年底，中科院近代物理研究所在中关村建起办公楼，这栋楼成为科学城振翅冲霄的起飞点。从此，科研机构、高等院校如雨后春笋般纷至沓来。

到20世纪80年代，中关村地区已有30多所高等院校，130多家科研机构。学科专业几乎包括自然科学和社会科学的所有学科领域。据统计，在中关村的高校共有600多个专业；拥有全国力量最雄厚的师资队伍，包括2.5万名教师，7400多名正副教授；在校学生超过10万人。各大学在培养人才的同时，还承担着大量的科研任务，仅"六五"计划期间就开展了10余万个科研项目。中科院近2万名科技人员分布在这一地区，平均每年承担国家和企业的科研任务2000多项。至2010年，中关村地区科研院所达170家（不含高校、国防单位和企业所属科研机构）。据其中124家科研院所统计，科技人员达37549人，其中两院院士167人，在海淀区域内工作和生活过的两院院士426人，占全国院士的36%；研究员4162人；副研究员9434人；有科研楼466座；有实验室415个，其中国家级实验室42个。

如此强大的科技实力，如此特殊的教育，如此高科技发展的基础，使海淀区成为中国乃至世界上科技教育文化资源最丰厚的区域之一，这为高新技术产业的崛起奠定了坚实的基础。

二、改革开放的大潮激励了弄潮儿

20世纪70年代末80年代初，经济改革的大潮从东南沿海涌进北京城。中关村地区的科研单位和高等院校出现了一批"弄潮儿"，在尚未解冻的春天，就开始推波助澜，大胆进行改革试验。一批有远见、有抱负的科技人员感到"春天"的来临，重新燃起科技报国的激情走出中关村地区的科研单位、高等学府和国营企业，下海创办科技企业。

1981年，中科院出现了第一个"敢吃螃蟹"的人，他就是中科院物理所研究员陈春先。1978年、1980年他两次访问美国，主要考察核聚变技术相关问题，在访问多处核聚变实验室时，意外地发现这些实验室技术含量很高的设备是美国技术扩散区一些小公司生产的。陈春先深受启发，于是要求访问技术扩散区，他被获准参观波士顿128号公路技术扩散区。他了解到技术扩散公司由两部分人员组成，一部分是教授、工程师、大学生，他们有技术，负责产品设计、研发、制造、销售。另一部分是风险投资家、企业家、金融界人士，他们有钱，负责提供公司创业时的资金需求。

硅谷成功的科技与产业结合模式与国内科技与产业严重脱节的现象，极大地触动了陈春先。他联想到中关村地区的许多科研成果和新技术革新项目长期在实验室、仓库、档案里沉睡。回国后，他在物理所多次介绍美国硅谷和波士顿128号公路"技术扩散"模式，并提出要在中关村搞试验，移植美国硅谷经验的设想。这时他所承担的国家级科研项目因国家有困难暂时停建，他决心率先走出这一步。他找到物理所工程师、北京等离子体协会核聚变工程分会秘书长纪世瀛谈了自己的想法。他们一拍即合，又联合了几位科技人员，于1981年10月23日，宣布成立北京等离子体学会先进技术发展服务部（以下简称服务部）。服务部实行"不要国家编制，不要国家投资，自筹资金，自负盈亏，自担风险"的原则。内部分工、管理按照公司模式运作。毫无疑问，这是一个创举，它成为中关村乃至北京市第一家民办科技机构。

服务部成立后，虽然经历了一些波折，但得到中央领导的充分肯定，认为这样做"可能走出一条新路子，一方面较快地把科研成果转化为直接生产力，另一方面多了一条渠道，使科技人员为四化作贡献"，中央领导责成中央科技领导小组"研究出方针政策来"。这一事件引起强烈的反响，带动了一大批科技人员走出科研院所，走出高等学府创办科技企业。为激活大量沉淀的科研成果的转移、为新技术企业的崛起、为中关村电子一条街的形成，铺下了一块最重要的基石。

1983年5月，中科院陈庆振等人创办的科海；7月王洪德等8名科技人员创办了京海。1984年4月，中科院电工所汪德正、金家骅等人创办了电器高技术公司；4月11日，第一所高校创办的企业出现，由北京师范学院梁炳有带领创办了钟声电子科技开发公司；5月，印莆盛等7人与四季青乡联合创办了四通公司；6月，中国医药科学院出资由孙载明创办了试验药厂；8月，中科院声学所科技人员与海淀街道联合创办了海声软件开发公司；9月，传热技术专家、高级工程师蒋大年在区科委支持下创办了海通传热技术公司，航天二院投资1500万元创办了长峰工业公司；11月，出现一个创办企业高潮，柳传志、王树和、张祖祥带领11位科技人员创办计算所公司（联想前身），接着又有4家新技术企业诞生，包括信通、科理、百泰、三环新材料等著名企业。1984年共有40家新技术企业出现在中关村一条街。当年营业额达1800多万元。到1987年底，中关村一条街已有各类新技术企业148家，从业人员3800多人，其中科技人员占46%。按所有制分类，全民所有制33家，集体所有制111家，个体2家，中外合资2家。按产业结构分类，电子及计算机有97家，占65%，其余为生物工程、新材料、仪器仪表、化学、咨询服务等。这一年的企业收入也十分可观，电子企业占80%以上，技工贸总收入超过9亿元，已占海淀区社会总收入的37%。

至此，中关村一条街已形成全国较大的微机与电子原件以及信息产业技术市场，形成以中关村—海淀路—海淀大街—土城路为支线的"F"形地区的科技企业群，电子、电脑产品的销售额达4亿多元。成为名副其实的中关村电子一条街。

1987年12月，中央根据中关村地区的发展态势和北京市、海淀区的请求，派联合调查组深入到这一地区进行全面调查。调查组由中央办公厅研究室牵头，国家科委、教委、中科院、中国科协、北京市科委和海淀区政府参加。区委、区政府研究室和区科委、经委派人参加调查并积极主动介绍情况。1988年3月12日，《中关村电子一条街》的调查报告在《人民日报》全文刊登。报告中对中关村新技术企业的发展给予了极高的评价。称"电子一条街以其突出的成就而令人刮目相看"，并用大量的事实和数据概括了电子一条街所取得的成就：发展速度快、经济效益好、不占用国家财政拨款，却创造和积累了可观的财富；取得了一批水平较高的科研成果，开发了一批新产品，推动了我国以微电子为代表的新技术产业的发展；调动了科技人员的积极性，促进了人才流动，同时也培养了一批新型的科技企业家和经营管理人才；电子一条街的发展冲击了旧观念以及科技和经济相脱节的旧体制、探索了科技与经济相结合以及我国高技术产业起步和发展的新路子，为科技体制改革、教育体制改革、经济体制改革提供了新的思路。

三、高新区在中关村诞生

1988年3月7日，中央财经领导小组开会，同意联合调查组在调查报告中提出的建议，决定建立中关村科技工业园区（或新技术开发区）。并提出制订一个建立高技术产业开发区的条例，成立一个委员会，主要任务是协调，授权北京市政府，由北京市牵头，教委、科委、科学院参加，科学院是主力，许多事情要靠海淀区，如遇到困难，国家有关部门一律给予支持和帮助。3月9日，温家宝向中央联合调查组和北京市委传达了中央财经领导小组的决定及相关指示精神。北京市政府组织海淀区和各有关部门做了大量的准备工作，研究起草《北京市新技术产业开发试验区暂行条例》上报中央。

海淀区委、区政府领导在中央调查过程中已预感到建立开发区的愿望即将实现，较早地开始各项准备工作。重点抓两项工作：第一项是为中央制定政策提供素材。于1988年1月下旬，区委书记张福森与常务副区长邵干坤商定，召集区委研究室、科委、经委、财政局、税务局、工商局的负责同志开会，研究起草"新技术开发区"的综合性政策意见，为新技术开发区条例的制定做准备；第二项是设置研究试验区管理机构，探索政治体制改革，创新试验区管理体制。于1988年3月，区委书记张福森责成区委研究室对试验区管理机构进行调查研究并参考特区的管理体制。3月26日完成《新技术产业开发试验区机构设置等问题的设想》(简称《机构设想》)，于4月9日，提交区委常委扩大会议讨论通过。《机构设想》的基本精神是：试验区的机构设置应与海淀区政府管理体制保持相对的独立性和权威性。试验区办公室为副区级，是海淀区政府的派出机构。

1988年5月10日，国务院批准在海淀区中关村为核心的100平方公里范围内，建立全国第一家新技术产业开发试验区。这是海淀区乃至北京市发展史上的重大事件。国务院在批准成立试验区的同时也批准了《北京市新技术产业开发试验区暂行条例》(即18条优惠政策，以下简称《条例》)。此时北京市和海淀区已做好了各方面的准备，立刻成立试验区办公室，内设"两部三所"，即行政联络部、企业发展管理部、工商所、税务所和财政审计所。同时决定向社会公开招聘试验区管理人员，突破了沿海经济特区的管理模式，体现出在建成区内建立开发试验区的特点；突破了传统的干部管理制度，成为北京市首家公开招聘干部的单位。

试验区的工作是全新的，在国内没有先例，没有参照系。而且试验区的诞生，正处于我国经济转型期，计划经济时期各项政策、法规正常运转，新的政策、法规尚未形成。试验区的重点在"试验"两个字，试验的过程就是创新的过程，包括扩大空间的模式创新、科技创新、体制创新、机制创新、制度创新和组织创新。试验区办公室成立后在广泛征集专家意见的基础上，制定了《北京市新技术产业开发试验区 1989-2000 年发展规划纲要》（草案）和《"八五"新技术产业发展规划》。试验区认真落实了规划纲要和"八五"新技术产业发展规划。试验区办公室成立初期，成功地解决了两大难题。

第一，突破发展空间不足的难关。试验区只有 100 平方公里的建成区，新技术企业发展空间十分有限。试验区办公室主任胡昭广了解到许多驻区大单位内部还有空地，但拿不到规划部门的批件无法开发。胡昭广认为，可以由试验区规划立项，通过招商，由企业开发，出地单位和企业各得其所。就这样，出现了技贸中心大厦的开发计划，并上报了市政府，1988 年 10 月 15 日市政府常务会议讨论通过。市领导肯定这是个好办法，不花钱、不占地也能解决发展空间问题。由此确立了"因地制宜、见缝插针"的方针，充分利用各大单位内的有限空间，用市场经济的运作方式进行新技术企业开发建设，进而形成了"节点战略"和"十大建筑"开发计划。1988 年至 90 年代初，试验区共代申请立项 20 多个，申请投资 22 亿元，建设面积 64 万平方米。"十大建筑"包括：科技贸易中心大厦、新技术产业 1 号楼、中关村海关大楼、清华科技开发楼、新技术产业 6 号楼、四通大厦、泛太科技大厦、慧光大厦、中科大厦、中宜大厦。"十大建筑"主要分布在白颐路、知春路、成府路等商贸繁荣、交通便捷的地区，极大地缓解了企业总部和企业生产、生活用房的紧张局面，对于改善试验区的投资环境，优化企业生产、经营、办公条件以及树立试验区和企业的产业形象起到了重要的作用。

1990 年，试验区办公室提出建设上地信息产业基地的建议，海淀区政府立即组织有关部门和试验区办公室草拟规划开发意见。

1991年10月，国家科委、北京市政府正式批准将上地村开辟为首都第一个以电子信息产业为主导的高科技产业基地，也是北京市第一个成片开发的高新技术产业基地。该基地规划面积1.8万平方公里，总占地面积232公顷，总建筑面积约250万平方米，总投资32.45亿元。10月12日正式开工。上地信息产业基地的开发建设，是在改革大潮中进行的，具有显明的试验性与开创性的特点。上地信息产业基地是全国第一个以电子信息产业为主导，集科研、开发、生产、经营、培训、服务为一体的综合性高科技工业园区，是北京市政府第一次进行土地使用权出让和转让的试点，起到示范作用。

第二，探索新的管理模式，创新管理制度。试验区领导积极吸收消化国内外先进管理思想，不断探索新的管理模式，创新管理制度。从1988年7月29日到1989年12月1日，53次试验区办公室常务会议中就有17次会议是讨论制定规章制度或改变某些制度的。先后探索改革了财务制度、统计制度、外事工作制度、三资企业的审批制度等13项管理制度，为企业发展创造了一个独特的、宽松的管理环境。

试验区成立初期，企业财务管理很困难，由于企业来自不同系统，隶属于不同性质、不同所有制的单位，财务报表多达39种并各有依据。试验区办公室大胆改革创新，精心设计了一张表，涵盖了各种必须依法上报的数据。为适应新技术企业技工贸一体化的特点，创造性地提出使用"技工贸总收入"的新科目。经过几年的实践，企业乐意接受，也得到了国家财政部、国家科技部等权威部门的认可并在全国高新区推广。"技工贸总收入"也成为全国高新区一个新的科目，统计制度更为复杂，企业月报上百项、年报上千项数字，要应对不同行业、不同主管单位的多头上报。为使统计准确、及时、统一，更好地为决策服务，同时又能减轻企业负担，统计中心从1989年至1991年年底，研究改革统计制度，设计了一套表格，报表内容涵盖了税务、工商、财务等各方面所需数字。企业每月集中采集一次，实行月报制，只对园区统计中心负责。统计中心再综合分解应对多方上报，深受企业欢迎。

外事制度也面临新挑战。试验区成立初期没有外事管理机构，新技术企业多数有外事需求，但办理出国手续审批过程十分复杂。试验区办公室副主任赵风桐与外事办的同志研究，本着为企业提供高效、便捷服务的宗旨，大胆提出了突破外事逐级申报、多方审批的传统模式，建立试验区外事审批直接对应市级审批的设想，得到了市外事办公室、市经贸委和市科委的大力支持。试验区办公室可以代行市政府三个外事审批归口单位的职能，实行"一站式"审批，原来3个月的审批时间减少到10天。

四、实现产业规模化、现代化、国际化

随着试验区的全面发展和各项制度的健全。北京市委、市政府和海淀区委、区政府和企业共同努力深化改革，重点突破企业发展的难题。

（一）进行产权制度改革的探索，打开企业发展瓶颈

1990年年底，试验区办公室与市体改委、海淀区委、区政府研究室就高新技术企业存在的产权问题进行了调查和大胆的改革设

想，提出了在北京试验区进行以产权制度改革为基础的综合改革方案。1991年年底，国家科委和体改委确定北京试验区为全国5个综合配套改革试点之一，1992年着手进行股份制试点工作。北京比特电子公司成为第一家试点企业采取定向募集方式设立。后决定选出15~20家进行股份制试点。1994年7月后，依据北京市政府《北京市股份合作制企业暂行办法》，对部分企业改建为股份合作制企业，职工个人投资及其历年积累形成的资产，明确其投资主体，其产权归职工个人所有，难以明确其投资主体的，其产权归原企业劳动者集体共同共有，集体企业历年公共积累形成的资产，其产权归企业劳动者集体共同共有。是年9月，海淀区委七届代表大会第三次全会通过了《关于海淀区经济体制改革整体推进重点突破的若干意见》，进一步明确了"以加快建立社会主义市场经济体制为目标，以深化企业改革、建立现代企业制度为重点""建立现代企业制度的核心是产权清晰、权责明确、政企分开、管理科学"的发展方向。有一定规模的高新技术企业逐步改造为有限责任公司、股份有限公司，规模小的企业可以改造为有限责任公司或实行股份合作制。是年9月20日，试验区办公室制定《北京新技术产业开发试验区执行〈北京市股份合作企业暂行办法〉实施细则》，获得批准后，使一批产权不清的企业通过股份合作制改造，重新界定企业产权，一批个人出资的集体所有制企业摘掉了"红帽子"，恢复了真实的企业产权关系。

1997年8月，根据市科委、市工商局转发了国家科委、国家工商局《关于以高新技术成果出资入股若干问题的规定》的规定，明确"以高新技术成果出资入股，作价总金额可以超过公司注册资本的20%，但不得超过35%"，同时明确"经科技管理部门审查认定后，公司股东应就高新技术成果入股作价金额达成协议，并将该项技术成果及与之相当的出资额写入章程""高新技术成果出资入股，成果出资者应当与其他出资者协议约定该项成果入股使用的范围，成果出资者对该项技术保留的权利范围，以及违约责任等"。是年，市工商局与市经委、市国有资产管理局等部门共同组建了北京市产权交易服务中心，以探索我市产权交易和改制工作新的方式和途径，并以海淀新技术产业开发试验区的高新技术企业为重点，积极探索非国有企业依照《公司法》改制为有限责任公司和股份有限公司的试点工作。

1998年，市科委、市工商局发布《关于推进北京市新技术企业开发试验区企业产权制度改革试点的指导意见》，承认企业骨干人员的智力投入、人力资本对企业发展的作用，调动并保护其积极性及相应的利益；以事实为依据，以法律、法规为准绳，妥善解决企业产权不清的问题；在产权界定基础上要按现代企业制度的要求，建立具有持续发展动力和自我约束能力的科学管理体制，在此基础上进一步探索产权激励的相关政策。此项决定得到国家财政部和科技部的认可，支持中关村科技园区在联想集团控股公司、北京希望电脑公司、北京康拓科技开发总公司、中讯通信发展有限公司、北京乐科机电新技术联合公司、北京振冲股份有限公司、北京兆维电子（集团）有限公司、北京市桑普技术公司、北京市海淀区迪赛通用技术研究所等9家高新技术企业实施产权激励试点。包括股份奖励、股份期权、奖励干股以及对职务科技成果主要完成、转化者予以股份奖励等。成功地探索了高新技术企业建立长久激励机制和相应约束机制的有效方式；探索技术和管理等生产要素参与企业收益分配的具体方式。开始有了股份制企业的统计数字，由1993年的71家，仅占企业总数的1.88%，到1998年，股份制企业1489家，占企业总数的32.7%。

（二）冲破封锁，努力发展外向型经济

1989年6月之后，一些西方国家无端对中国实行经济封锁，对试验区的外向型经济发展产生负面影响。试验区冲破各种障碍，于1989年11月派代表参加了在澳大利亚举行的世界科技园区协会第五届年会，并成为该协会会员，为试验区走向世界打开一个窗口。1989年至1990年间，试验区在国外举办9次展览，参加4次重大国际会议，派出团组近200个、千余人次，取得了良好的实效。1990年6月至8月，邀请29家外国通讯社记者参观访问试验区，邀请21个国家外交使节、商贸官员参加招待会。到1991年年底，试验区新技术企业在境外建立分支机构30多家，主要分布在美国、英国、澳大利亚、日本、新加坡、德国和东欧国家。同一时期有30多个国家百余人来试验区商讨合作问题，通过多种形式的沟通、宣传，在国际上树立了北京试验区的良好形象，促进了试验区外向型经济的发展。

（三）加速基本建设，继续解决园区空间不足的问题

"八五"期间，基本建设总投资规模5.4亿元，总建筑面积30万平方米，形成南部以技贸中心为窗口，北部以上地信息产业基地和永丰中试基地为依托，中部以白颐路（现中关村大街）为重点，建成一批具有现代气息的高科技建筑群落，简称"南北中战略"，到

1995年基本实现"公司有总部,生产有厂房,职工有住宅"的配套建设目标。上地信息产业基地至1995年年底,初步建成集科研、开发、生产、生活于一体的综合性高科技园区。进驻企业85家,一批国内外著名高新技术企业进驻上地,如联想、方正、四通、彩虹集团等,国际知名企业IBM中国研究中心、丹麦诺和诺德(Novo Nordsk)公司中国总部、日本发那科(Funac)等。到1998年,上地基地总占地面积达200余公顷,总建筑面积约200多万平方米,总投资30多亿元。后来还建起了留学生创业园、中关村国际科技孵化园、中关村软件园等专业园区,成为中国信息产业紧跟世界信息产业潮流、不断创新和发展的良好平台。

1997年,根据人大代表提出的试验区环境建设欠缺,要求区政府加快中关村地区改造建设的建议案。区委、区政府邀请区政协的几位专家,由区政协、试验区工委、区委研究室组成联合调研组。经过深入调查,他们认为,要充分利用好中关村的人才和科技优势、市场优势和知名度优势,对寸土寸金的海淀镇进行规划改造和开发建设,把这一地区建成高新技术产业市场,同时建议把改造后的海淀镇改称为中关村西区。中关村西区的大致范围是:北至四环路,东至白颐路,南至海淀南街,西至图书城,面积约0.5平方公里。是年12月16日,市政府领导听取了关于开发中关村西区的汇报并给予充分肯定。不久市政府正式下发文件明确表示"原则同意海淀区在中关村西区建设以高科技市场为主的高新技术园区"。1998年,正式启动了西区的建设工程。

1999年6月,北京新技术产业开发试验区更名为中关村科技园区,2009年3月,国务院同意把中关村科技园区建设成国家自主创新示范区，之后，调整扩大了中关村西区的范围和功能。中关村西区的范围为东临中关村大街，西接苏州街，南至海淀南路，北连北四环路，总占地面积95公顷，公共写字楼建筑面积约250万平方米。其功能定位是以技术创新与技术成果转化和辐射为核心、以科技金融服务为重点、以高端人才服务中介服务和政府公共服务为支撑的创新要素集集聚功能区。至2010年已按新的功能要求进驻企业7000多家。

1994年1月，为实现企业规模化，中共海淀区第七次代表大会提出高新技术企业到2000年，"要拥有一批较大规模的具有较强竞争能力的跨国企业集团，初步形成在国内外具有一定影响的高新技术研究开发中心、技术辐射中心、产品销售中心"。明确当年重点抓企业规模化和企业集团化，努力形成具有特色的支柱行业。重点扶植骨干企业，向重点骨干企业发放《重点骨干企业证书》，向持证企业提供各种优先服务，如拆借资金、申请贷款、安排厂房、住宅用地、申报有关扶持计划、申报外贸自营权、申报股份制改造等。1994年年底，评出运营状态良好且抗风险能力较强的20强、50优企业。该年度还出现了工业产值超亿元的企业16家，超千万元的企业121家。1995年，继续采取多种方式支持新技术企业形成规模。组建企业集团114个，帮助273户骨干企业列入国家及市级的16项计划，获得长期贷款和财政支持。这273户企业，技工贸总收入占试验区总量的60%以上，有10家新技术企业进入"北京市经济百强"。试验区及后来的中关村科技园区高新技术企业走出了一条自主开发、创新与引进、消化、吸收相结合的道路，打开了与国际市场接轨、融入世界经济的通道。使中关村逐步成为具有战略性新兴产业的发源地集聚地,互联网及相关产业达6500余家;有北斗及空间信息产业最完整的产业链;集成电路设计,特别是芯片设计企业约占北京市的80%;云计算企业100多家,占全国的1/3。此外,还有许多其他领域的新兴产业。

(四)地方政府成为企业的"创新合伙人"

2018年4月,北京海淀区委区政府聘请15位全球顶尖科学家作为政府的科学顾问。受聘期间,邀请科学大咖们通过每年两次固定座谈会和不定期主题沙龙的方式,沟通交流海淀区和中关村科学城工作,对科技创新发展战略与相关规划提出意见和建议;通过重点项目合作方式,邀请科学家直接举荐重点项目和顶尖人才,区委区政府以"创新合伙人"的身份承接落地。同年8月17日,北京航空航天大学机器人所名誉所长王田苗教授及其团队、智友天使基金(筹)、北航天汇孵化器、雅瑞资本、海淀园创业服务中心分别以"创新合伙人"身份联合发起的"中关村智友天使学院"正式启动,落地中关村地区。"创新合伙人"是海淀区近两年的新措施,区委书记于军认为,区政府在承认企业是市场主体地位的同时做企业发展的组织者、管理者,也成为参与者,是陪伴企业全程发展的合伙人。这一做法既是近两年的新措施,也涵盖了40年来北京市政府、海淀政府为高新技术开发营造优良的发展环境、为企业发展创造的"小环境"。

海淀区早在1980年10月2日,区委书记张还吾在海淀区第三次党代会的工作报告中分析了海淀区科技、文化、经济特点,第一次在全区党代会上明确提出发挥科技、教育优势,发展海淀的指导思想。

1981年至1983年，许多区人大代表、政协委员不断献计献策，建议区委、区政府要有"大海淀意识"，突破"区属单位"的局限，"要主动调整产业结构"等，提出把海淀区建成旅游、科技、文化特区的提案，这对区委、区政府的正确决策起了重要作用。1982年，海淀区政府召开会议专题研究，并制定了关于引进各类技术干部及管理工作的试行办法。由区人事局为没有干部调动权的民营企业和乡镇企业招聘人才办理调动手续，保留干部身份，解除了许多科技人员的后顾之忧，推动了科技人员的流动。1983年，在许多政策尚不明朗的情况下，海淀区委书记贾春旺采取召开领导"碰头会"的方式，做专项研究与讨论，支持刚刚萌芽的科技企业，鼓励发展。在工商管理、税务、信贷、劳动、人事管理等方面，给科技企业以最大的支持。1984年4月26日，贾春旺在修改区科技大会报告中提出了"依靠科学技术的进步，开发新型产业，把海淀区建成新型产业区，科学文化城"的构想。同年11月，海淀区第四次区党代会通过了张福森代表区委所递交的"认真贯彻党的十二届三中全会精神把我区工作推向全面改革的新阶段"的报告，并提出了新的战略目标："逐步把我区建设成为适合首都特点的文化教育发达、环境优美、商业繁荣、服务优良、舒适方便的文化旅游区；智力技术密集的新技术、新产业开发区；服务首都，富裕农民的稳定的副食品基地。"从此，更为名正言顺地为科技企业营造良好的生存和发展环境。1985年，海淀区成立了人才服务中心，专门负责办理各类企事业单位集体委托存档，个人存档人员的调入、调出手续；负责调入档案的审核、核定调入档案的档案工资、转移行政、工资介绍信等工作。为技术人员的流动提供支持。据区人事局统计，到1987年，中关村科技企业在区人事局保留全民干部身份的有380人。区政府还成立了人才交流中心，制定了人才招聘办法，并逐步解决了进入科技企业人员的技术职称的评定问题。

区税务部门给予科技企业大力度的税收优惠和贷款支持，享受知青企业免征三年所得税的待遇。据8个公司统计，他们从有营业收入开始，到1987年共享受减免所得税1957.5万元。经过免征所得税后，又规定在今后三年内按企业上交所得税额的30%提取专项基金，用于扶持企业自身的进一步发展。

经海淀区政府主动协商，区农业银行、区工商银行和区信用社、区联社积极给科技业企业贷款支持。据不完全统计，从1983年到1987年，区农业银行先后给26个科技企业发放贷款近3亿元。区工商银行给科技企业贷款5.3亿元。提供企业经营场地。从科技企业一诞生，区政府就积极主动协助企业寻找场地，规划中关村铺面房屋的合理使用。动员区属企业把不宜占据铺面的生产车间、库房等以合理的价格租给科技企业，在白颐路两侧，除必要的商业服务业门店外，主要发展科技企业，特别是科技贸易类企业。

试验区成立之后，市区政府密切配合在简化办事程序，在建立一站区办公，维护企业权力、建立司法机构，扩展企业发展空间等方面做了大量的工作。在支持科技企业发展的过程中注意保护企业自主权。市区的党政领导及各部门，保护和尊重企业的自主经营权。不干涉这些企业的经营活动，使他们成为真正的商品生产者和经营者。由于地方政府的正确决策和得力措施，在全国改革开放大气候的影响和中央的支持下，高新技术企业得以快速发展形成了规模化、现代化和国际化。

创业者的摇篮
——中关村创业大街

孙树昆

在闻名天下的海淀图书城原址，近几年兴起了一条中关村创业大街，成为新世纪中关村一处崭新的地标，是吸引全国乃至全球科技人才创新创业的双创示范基地。同时，也成为迎接中华人民共和国成立70周年华诞海淀区的一张"金名片"。

2014年6月12日，"中关村创业大街"举行了规模盛大的开街仪式，首届"中关村创业大街创业季"活动同时启动。

活动由中关村核心区（海淀园）管委会、中关村西区协调管委会、海淀区商务委、海淀区国资委主办，海淀置业集团有限公司、清控科创控股股份有限公司承办。

开街仪式由海淀区副区长孟景伟主持。北京市委常委、中关村管委会党组书记苟

规模盛大的"中关村创业大街"开街仪式

仲文，科技部火炬中心副主任杨跃承，市科委主任闫傲霜，海淀区委书记隋振江、区长孙文锴，中关村管委会副主任马胜杰等领导出席活动并讲话。

开街仪式以"开启全新理想模式"为主题，重点体现科技、文化和创新元素。

仪式开始，首先播放街区发展历程的微电影《时间之门》，该片从普通人的视角，以"科技、图书、情感"为基本元素，讲述了20世纪90年代至今，北京、中关村、海淀图书城一条街的变化，以及对"中关村创业大街"未来的畅想。

接着36氪CEO刘成城代表街区入驻机构发言。随后，科技部火炬中心副主任杨跃承、北京市科委主任闫傲霜、北京大学常务副校长刘伟、海淀区委书记隋振江、中关村管委会副主任马胜杰，先后致辞。之后，北京银行与海淀园管委会现场签约，为街区入驻机构提供专属金融服务。清控科创、中国联通、西班牙电信集团三方进行了开放创新联盟启动仪式，全力打造国际化、开放式资源共享平台。北京市科委闫傲霜主任授予中关村创业大街"示范街区"匾牌。

仪式高潮是苟仲文常委、隋振江书记为"中关村创业大街"揭牌。随后，杨跃承主任、苟仲文常委、闫傲霜主任、隋振江书记上台共同启动了"创业季"活动，现场响起一片热烈的掌声。

与此同时，"创业季"活动也随之拉开序幕。在5天时间内，入驻街区的创业服务机构陆续推出个性化的活动。国内著名科技服务业的引领者秦君女士创立的Binggo咖啡在开街仪式当天正式开业。Binggo咖啡举办了中国创新创业大赛北京赛区发布会、狂客100发布仪式、并购俱乐部成立仪式等活动。

国内知名创新型孵化器——创业家传媒在开街仪式当天推出全球路演中心系列活动，举办美国硅谷、以色列大使馆及创业企业等参与的创业项目现场路演；国内知名创业机构"飞马旅"，举办了创业ROCK DAY活动；创业投融资平台"天使汇"在南广场举行开业仪式，等等。街区以"创业"为主题的系列活动，邀请创业者、白领、天使投资人、媒体参与其中，彰显了"中关村创业大街"浓烈的创业文化氛围。

"中关村创业大街"的开街，不是一个创新创业服务旧时代的终结，而是开启一个崭新的创业孵化全业态新时代。它一诞生，就以七大亮点著称于世：第一，立足全球，高效整合全球创新创业资源，优化资源配置，提升效率。第二，高度鼓励创新，包容失败，成为一种多元的创业文化，深度激发创新活力。第三，第一次把科技感、展示度和时尚性与创新创业为特色的景观大道完美结合并展示出来，高度引领和强化了创新创业的新形态。第四，吸引了全球高端创新创业人才持续进行创新探索，不断孕育产生关键颠覆性创新。第五，引进多类型、多模式的创业服务机构，孕育了一种全新的街区创业生态。第六，成为新的创新创业全生态示范基地，新模式、新思路、新方法迅速由此地向外部辐射推广。第七，高度重视早期创业项目、创新技术和想法，为早期创新创业提供全过程全方位的专业服务。

一、创业大街的发展历程

（一）创业大街的由来

党的十八大作出了实施创新驱动发展战略的重大部署。提出要完善扶持创业的优惠政策，形成政府激励创业、社会支持创业、劳动者勇于创业的新机制。

为贯彻党中央的这一部署，2013年3月，北京市提出打造创业孵化一条街，聚集高端创新创业要素。遵照这一要求，在科技部火炬中心、北京市相关部门、中关村管委会和海淀区委、区政府的指导和支持下，海淀区国资委下属国有企业北京海淀置业集团投资开展海淀图书城业态调整改造，优化空间环境，全面推动海淀图书城向创新创业服务业态升级。

2014年2月，北京首次明确了科技创新中心的战略定位，科技创新中心正式成为城市的核心功能。作为中关村国家自主示范区核心区，海淀区在市委市政府领导下，以建设首都科技创新中心为己任，推出体制机制创新、科技创新驱动、科技服务业行动计划等系列举措，全力推动创业生态环境的纵深建设。为此，海淀区决定，建设中关村创业大街。

创业大街长220米，位于中关村西区核心位置，北临北四环，西靠苏州街，交通便利，前身是海淀图书城步行街。随着街区业态升级和创业服务机构的引进，街区已经初步形成具有国际国内影响力的创业生态。

（二）创业大街的发展

创业大街的发展，大致分为三个阶段。

1. 第一阶段：业态调整

2013年3月，北京市、海淀区决定对海淀图书城业态进行调整，遵循"政府引导、市场化运作"的思路，将图书城升级为创新创业孵化街区。海淀置业集团投资进行空间腾退、回租回购和基础设施改造，持续推进空间资源整合和街区景观优化，逐步引入创新创业服务机构，激发创新创业要素融合集聚发展。

从图书城到创业大街，是从图书集散地到智慧集散地的改造与升级，也是重大的改革思路调整，将凝聚国内外知名的创新创业服务机构，构建创新创业微生态。这是一种政府引导、市场化运作创新创业服务，完成街区管理模式转变的伟大创举，打造了新的全业态、全方位、全链条、全要素的创新创业服务。

按照北京市提出的在中关村核心区打造"一城三街"的发展构想，海淀区委区政府高度重视，结合创业大街已有车库咖啡、3W咖啡等创新型孵化器聚集的趋势，从梳理空间资源、加快业态调整升级入手，投入大量人力财力，启动建设中关村创业大街。

2. 第二阶段：要素集聚

中关村创业大街定位于建设全球创新创业高地。在一年多业态调整的基础上，创业大街围绕打造创业服务集聚区、科技企业发源地、创业文化圣地、创业者精神家园的目标，以创新创业需求为导向，以全球范围内要素资源的整合为基础，积极引进优秀创新创业服务机构，打造集"2+5"功能于一体的全链条创新创业服务体系，逐步形成了多元化蓬勃发展的创新创业生态。

两大核心功能分别是创业投融资和创业展示，五大重点功能分别是创业交流、创业会客厅、创业媒体、专业孵化和创业培训。其中，创业会客厅是全国首个一站式全要素创新创业服务平台，首创了"政府政务服务＋社会专业服务＋产业服务"模式，线上线下融合了来自政府、社会的相关细分服务。

在建设过程中，有关部门遵循"政府引导、市场化运作"的总体思路，联合多家社会资本探索街区运营管理新模式，积极引导和发挥街区自治组织的作用，全力打造完整的服务链条，努力营造良好的创业生态环境。累计投入近亿元资金用于街区硬环境建设，引入高端创业服务机构，着力降低创业成本，开业时已吸引汇聚十余家创业服务机构进驻。

经过短短一年的努力运行，中关村创业大街创业服务成效初步显现。到2015年5月，入驻的创业服务机构达25家，孵化创业企业超过400家，服务创业企业数以千计，其中获得融资企业超过200家，平均每家融资500万元，融资总额超过10亿元。

3. 第三阶段：创新升级

2016年以来，中关村创业大街以资源聚合为中心，向产业资源、全球资源聚合升级，迈向以产业创新和全球创新为特征的新征程。新的发展阶段，创业大街积极践行"产业创新""全球创新""互联网+双创"三大战略，形成"创新街区运营""产业创新服务""全球创新孵化""创业服务平台""科技投资服务""创新创业活动"六大业务板块，构筑起丰富完善且充满活力的创新创业生态。

截至2017年6月，街区已集聚45家国内外优秀创业服务机构，联合50多家大企业、50多家高校院所、2000多家风险投资机构等各类合作方，打造了各具特色的创新创业服务，在各个垂直领域形成了矩阵式服务体系。

同时，创业大街及入驻机构在国内设立分支超过100家，向全国输出创新创业理念、服务与资源；国外设立分支近10家，合作20余个国家和地区的30家机构，搭建国际创新创业合作网络，吸引全球创新资源和人才汇聚，助力高精尖技术与项目落地。累计孵化创新创业团队1900家，其中海归和外籍团队222家；获得融资团队743家，总融资额91.04亿元人民币，诞生2家独角兽企业。

二、创业大街的主要做法

中关村创业大街是全国首条以创新创业为主题的特色街区。2014年6月开始运营以来，通过引入多元创业服务机构，与产业力量开展合作，深度链接全球创新创业资源，从创业服务集聚区逐步成长为创新创业生态圈，打造全球创新创业新高地。

（一）坚持"政府引导、市场化运作"，持续先行先试，打造海淀改革示范窗口与创新创业文化圣地

在北京市、海淀区等政府部门的大力支持下，按照"政府引导、市场化运作"的方式，成立专业公司市场化运营。充分发挥海淀置业国资平台的空间资源与硬环境建设优势及清控科创的创新创业服务优势，联合成立北京海置科创科技服务有限公司，以市场化方式负责中关村创业大街整体运营。

1. 打造海淀改革示范窗口

一是推动先行先试政策率先落地。率先试行"一证一码"登记制度；推荐48家企业申请市科委中小企业创新基金评审，21家企业获得政策支持，入围比例43%。

二是在全国首创"政府+专业服务"，探索"互联网+双创服务"模式。创业大街推出了动态移动式创新创业服务平台——创业会客

厅，采用"互联网+双创服务"模式，联合政府部门及100余家专业服务机构，提供公司设立、政策服务、科技金融、法律咨询、人力资源、财务管理等六大类40余项服务。创业会客厅线上平台一期上线，提供筛选孵化器、在线提交商业计划书、入驻申请、大企业开放平台资源对接等服务。

2. 打造创新创业文化圣地

创业大街累计举办创新创业节、全球创新大奖"GIA2016"、36氪WISE大会等创新创业活动1600场，参与人数超过16万人次。打造海淀品牌的双创盛会，定期举办"中关村创新创业季"活动。2015年10月，海淀园携手海淀置业、中关村创业大街成功举办首届"中关村创新创业季"，并被纳入全国双创周活动北京分会场之一。

（二）打造科技创新策源地，辐射带动海淀"双创"生态升级

1. 机构规模不断扩大，品牌效应聚集效应逐步显现

两年中，入驻机构从开街之初的11家，增加到45家。吸引毕马威全球创新共享中心、优客工场、创业公社等国内外创新创业服务机构向中关村核心区汇聚；初步成为科技创新策源地，累计孵化创业团队1000个，其中海归团队和外籍团队超过150个；有483个团队获得融资，总融资额达到33.88亿元。创业大街及入驻机构在美国、德国等国家设立4个分支机构、9个办公室。

2. 国际交流合作不断增加

两年中，累计接待国内外团体1216个、25497人次，涉及美国、以色列、德国、英国、法国、韩国及我国港澳台等29个国家及地区。2016年以来，国外及我国港澳台地区参观采访与寻求合作明显增加。

美国白宫科技政策办公室主任霍尔德等来到中关村创业大街，了解中国创新创业现状与前沿发展，并寻求合作，辐射带动海淀"双创"生态升级。

美国白宫科技政策办公室主任霍尔德伦博士代表团一行参观中关村创业大街

3. 初步构建起创新创业环境

中关村创业大街作为海淀区"双创"工作的重要抓手，初步构建起功能完备、要素集聚的创新创业生态，带动海淀区"双创"生态升级。通过"1+4+1"政策集成引导、资金支持、优化服务等多种方式，不断引导优质的国内外创新创业服务机构在中关村创业大街落地。

通过中关村创业大街开展的参观采访与寻求合作明显增加，加速吸引全国乃至全球双创资源到海淀合作与落地。2016年以来，各国家与地区参观采访与寻求合作明显增加，2016年上半年，中关村创业大街接待国外及我国港澳台地区团体73次,超过2015年全年。

三、深度链接创新资源与产业力量,打造全球创新创业高地

(一)做专创新创业服务体系,构建多元融合创新创业生态

以"2+5"(即创业投融资和创业展示两大核心功能,创业交流、创业会客厅、创业媒体、专业孵化和创业培训五大重点功能)为功能定位,聚集了36氪等15家投融资平台,3W、车库等6家社区型交流平台,亚杰商会等4家教育培训平台,创业邦等创业媒体传播平台,京东+开放孵化器等5家智能硬件服务平台,拉勾网等人才招聘平台。

(二)结合实体经济,深度合作大企业构建产业创新资源网络

引入大企业开放创新平台,加快与英特尔、海尔、大唐电信、航天科工等一批海内外产业巨头公司开展深度合作,激发创新创业对实体经济的引领能力。引入医药企业药明康德,建立生物医药创业孵化平台。创业大街与海尔合作"海尔U+创客大赛",帮助创新创业企业对接海尔产业链资源。

(三)打造全球开放创新高地,加强对接全球创新资源

与美国500startup(硅谷著名国际孵化器)、韩国京畿道经济革新中心、中欧区域科技合作中心、法国商务投资署等10余个国家的

20余个机构开展多方位合作。对接国际前沿技术与人才，将中关村创业大街打造为国际创新资源落地中国第一站。

俄罗斯斯科尔科沃创新中心到中关村创业大街探讨深度合作

四、中关村创业大街创业会客厅服务成效显著

在创建中关村创业大街时，建立创业会客厅是海淀区的独特做法。将政府几十个部门的服务，集中到一个小小的会客厅，就能够将创办企业的手续全部办理完毕，给创业的企业带来了极大的便利。这一做法，得到了中共中央政治局常委、国务院总理李克强的高度赞扬。

"创业会客厅"是2015年中关村创业大街大力打造的一站式创业公共服务平台。创业会客厅构建"线上+线下"的服务模式，聚焦创业政务服务、专业服务、政策服务、创新展示等领域，功能布局"一站式服务大厅"，提供快捷注册、政务服务及大学生创业服务等；提供创业投融资、第三方专业服务、创新展示平台、政策咨询和申报服务，以及创业服务集中展示等功能。

"创业会客厅"自2015年3月16日试营业，目前中关村创业大街创业会客厅有超过60家专业服务机构和政务部门入驻创业会客厅。

（一）创业会客厅的服务模式

引进、筛选为创业企业提供专业服务的机构，在相应窗口轮流开展服务，为创业者免费提供六大类服务。

政策服务：创业者来咨询、创办企业时，创业会客厅对创业者提供北京市、海淀区支持创新创业的相关政策的咨询和培训等服务。派专人开展线下政策咨询和政策申报辅导等活动；向创业者精准推荐各级政府的创业扶持政策。

知识产权服务：市、区知识产权部门及指定的专业知识产权服务机构在会客厅提供面对面服务。服务内容包括：专利申请、版权登记、商标申请等服务。

人力资源服务：由人事、社保等部门及专业机构提供人力资源方面的服务。提供人才服务、社保管理、商保管理、能力测评和技能培训等服务。

法律咨询服务：由有关执法部门与专业机构在会客厅窗口提供创业者所需要的各种法律服务。服务内容包括：知识产权保护、新三板上市、P2P金融法律等服务。

科技金融服务：由金融管理机构与专业融资机构对创业者提供相关服务。包括财务代理、天使投资、创业贷、股权众筹、科技担保等服务。具体的服务模式包括直接投资、小额贷款、科技担保等。

海淀区多证联办服务：由海淀区各综合行政部门联合，开辟绿色通道，提供一条龙服务，现场办理，只要创业者提供相关纸质资料，4个工作日后就可以领到"四证一书"。

（二）创业会客厅的服务成果

创业会客厅以上服务取得良好效果，极大地方便了创业者创新创业。他们只要来到会客厅，就有60多个专业部门、机构提供方方面面的创业服务，一条龙式的办理相关手续，4个工作日就可以领到"四证一书"。因创业会客厅在各项政策上得到全方位的支持，所以受到广大创业者的欢迎。

该服务自运营以来，截至2018年2月，创业会客厅累计实现咨询服务13000余次，深度服务对接4500余次，为1200家创业企业提供工商免费代办创业服务，服务外籍人才近30人。

中关村创业大街开街两年日均孵化1.4家创业团队成效显著，根据统计，自2014年开街2年来，中关村创业大街已累计孵化1000个团队、日均孵化1.4个团队，其中海归团队和外籍团队超过150个；有483个团队获得融资，总融资额达到33.88亿元；举办创新创业活动1600场，有16万人次参与其中。街区正成为中国与全球创新创业合作的通道。

1.2015年李克强总理来到中关村创业大街考察

2015年5月7日，中共中央政治局常委、国务院总理李克强来到中关村创业大街考察调研。他高度重视大众创业，他强调，推动大众创业、万众创新是充分激发亿万群众智慧和创造力的重大改革举措，是实现国家强盛、人民富裕的重要途径，要坚决消除各种束缚和桎梏，让创业创新成为时代潮流，汇聚起经济社会发展的强大新动能。

2015年5月7日，李克强总理在中关村创业大街与"创客"交流。

李克强总理来到创业大街3W咖啡屋，与众多"创客"交流。询问他们的创业经历和创新想法，听到拉勾网介绍通过"互联网+"的方式促进100多万人就业，他予以肯定，并表示，稳增长为的是保就业，创业创新是稳增长保就业的重要基础。全社会要积极创造条件，促进众创空间蓬勃兴起，推动各类创新要素融合互动，让一代"创客"的奋斗形象伴随着中国经济的升级，成为创新中国、智慧经济的重要标识。

李克强总理还到联想之星考察为科技人员创业创新服务的情况，并与来自全国各地参加培训的创业者交流。他称赞这里不仅创造财富，而且培养创造财富的人，并强调，要通过"双创"使更多的人富起来，实现人生价值。要使各类孵化器不当盆景，而是做苗圃成基地，为初创企业解燃眉之急，筑发展基础，让破土的幼苗长成参天大树。

李克强总理来到中关村创业大街创业会客厅，对他们为小微企业和创业者提供法律、金融、人力资源、知识产权保护、创业场所等便捷优惠服务表示赞许。他说，当前中国经济发展正处于新旧动力转换的关键时期，要保持经济运行在合理区间，使新的增长点破茧而出，简政放权、放管结合、强化服务改革必须跑出加速度，这是政府的应尽职责，我们不仅要简政有力，把该放的

李克强总理在中关村创业大街 3W 咖啡屋与"创客"交流

放到位，更要在监管和服务上下功夫，持续为大众创业、万众创新清障搭台，释放中国经济的无限活力。

2. 2016年海淀区提出五个方面发力，构建全新的双创发展环境

2016年5月8日，海淀区被国务院评为首批全国双创示范基地。海淀区充分发挥科技创新优势，以全面提升双创发展的硬环境和软环境为抓手，推动以科技型创新创业为引领的双创升级发展取得明显成效，实现了双创的高端引领发展，为全国双创发展提供了"海淀模式""海淀经验"。海淀区从五个方面建设双创示范基地。

聚焦中关村科学城建设，着力提升双创发展的硬环境。围绕落实新版北京城市总体规划，加快编制中关村科学城规划。致力于以原始创新策源地和自主创新主阵地为功能定位，率先建成具有全球影响力的科学城。

制定并出台"创新发展16条"，逐步形成具有海淀特色的双创支持政策体系。推出"创新发展16条"，包括启动原始创新能力跃升、创新型企业"3×100"等九大计划，实施城市功能提升、科技城市

建设等七大行动，系统化、整体性破除制约双创发展的"痛点"和"堵点"。

启动实施"创新合伙人"计划和科技金融融合创新计划，全面优化人才发展和科技金融创新环境。每年安排2亿元专项资金，培养一批具有高度黏性、扎根中关村科学城创新创业的"创新合伙人"。加大对海外顶尖人才及创新团队的引进和支持力度。大力发展天使投资和创业投资，打造全国乃至全球创业投资聚集高地。目前已与全球20多个国家和地区的50余家国际创新机构建立创新合作，汇聚2000多家风险投资机构。

持续探索双创服务新模式，加快构建对标硅谷、引领全国的双创服务体系。2018年2月中关村创业大街推出创业会客厅"码上办"，创业者只需在移动端扫描二维码，就可以获取企业开办、财税筹划、知识产权、金融服务、认证服务等九大类服务，形成了服务信息查询、服务产品购买、线下服务预约、专人跟踪对接的线上线下联动服务体系，让创业者在办理事项时"看得见、走得通、办得成""一次办好""一扫办成"。

聚力打造全球双创活动标志区，努力营造浓厚的大众创业万众创新文化氛围。积极培育高端双创品牌活动。举办创响中国北京站、中关村创新创业季、盛景全球创新大奖（GIA）、36氪WISE大会、创启未来国际创业大赛等富有海淀特色的创新活动，着力塑造全球知名创新创业品牌。大力弘扬中关村创新创业文化。启用中关村创业大街创新展示中心等创新展示载体，启动运行中关村故事会客厅，深挖中关村创新创业历程，讲好中关村故事，传播中关村声音，营造良好的创新创业氛围。

3. 2017年中关村创业大街三周年创新创业取得显著成果

作为全球创新创业地标，中关村创业大街积极链接全球创新资源，建设全球创新平台，持续拓展国际合作网络，加快从本地运营向全球创新升级。2017年6月12日，加拿大iNETPLUS风险投资基金、中海油深蓝项目、韩国VITRUV、韩国TNDN等国际化新机构签约入驻创业大街。与美国、以色列、英国、德国、芬兰、法国、瑞典、意大利、俄罗斯、加拿大、印度等20余个国家的30余个机构开展合作，吸引全球创新资源和人才汇聚，助力高精尖技术与项目落地，积极打造成为全球创新资源进入中国的窗口和平台。

在中关村创业大街开业三周年之际，创业大街提出下一个三年的目标：中关村创业大街要成为全球创新创业地标，构建一个全球创新创业资源的聚合平台，这个平台不局限中关村创业大街这样一个物理空间。

根据计划，创业大街将重点实施三大战略：产业创新战略、"互联网＋双创服务"战略和全球创新战略。要深度服务5000家创新型企业，链接500家大企业，带动500亿元资本支持创新创业。

大企业正在成为"双创"的主体，他们资源丰富的同时自身也有很多需求。创业大街将链接更多的大企业，开放他们创新创业的资源，帮助中小企业快速发展，开展垂直产业领域的孵化计划。

创业大街以创新创业需求为导向，不断探索创新创业服务创新，经历了业态调整—机构集聚—产业与全球创新的持续升级阶段，成为全国双创事业发展的风向标。3年来，累计孵化团队1900个（其中海归和外籍团队222个），获得融资743个，融资成功率39%，总融资额91.04亿元，平均融资额1225万元，其中融资超过1亿元的企业 40 多家，独角兽企业 2 家。

依托创业会客厅线上线下运营经验，创业会客厅线上平台升级版于 2017 年 6 月 12 日正式发布。创业会客厅线上线下融合了来自政府和市场的政策、技术、人才、财务、金融、法律、知识产权等 200 多个服务机构的千余项服务。截至 2017 年 6 月，接待超过 1 万次的创业咨询，为 3200 余家企业提供服务。

积极招募大企业进行开放创新，构建创业者与大企业交流合作的平台。创业大街对外发布了大企业全球招募计划，与国际多家大型企业展开合作，举办创新创业路演、交流、培训等活动。与海尔、英特尔（中国）等 18 家国内外知名企业共同发起成立大企业开放创新联盟。

三年举办了三届创新集市，集中展示国内创新创业服务的最新动态和双创成果。其中，第三届创新集市分为双创服务区和产业双创区两个特色展区，挑选了 50 余家国内外优质创业服务机构及大企业开放创新平台参展，成为新兴企业和大企业裂变与融合的一次生动演绎。着力展现大企业双创成果，包括蚂蚁金服、清华同方、微软、ARM 等众多国内外大企业、独角兽公司积极参与，营造了大中小微企业共同参与双创的浓厚氛围。

4. 2018 年中关村核心区创新创业生态体系建设取得崭新成果

2018 年，创业大街进入第 4 年，中关村创业大街"创新创业"活跃，聚集众多创业服务企业，4 年时间入驻机构累计孵化创业团队 2921 家，其中海归和外籍团队 355 家，获得融资 1038 家，融资成功率 35.5%，总融资额达 277.8 亿元。

举办了 2018 "创响中国"北京海淀站活动。成立中关村前孵化创新中心。发布《胚芽企业培育计划》。创业大街不断提升，率先落地"扫码办"，已上线九大类120个创业服务产品，形成服务信息查询、服务产品购买、线下服务预约、专人跟踪对接的全方位全流程全链条服务体系。

积极推进国际人才社区建设。中关村国际创新大厦首都国际人才港环廊已完成装修工程。引进中国留学人才发展基金会等机构。

优化营商环境，提高服务企业水平。海淀园"码上办"企业服务平台初现成效并正式对外发布，涵盖了政策解读、专项资金申报等企业服务事项，基本实现了人机交互场景、机器学习算法、知识库搭建等主要功能。

5. 2019年创业大街进入创新生态的"3.0时代"

2019年，中关村创业大街跨入第5个年头，一个面向全球、更加开放版的"双创雨林"正显现出勃勃生机。

2019年6月12日是中关村创业大街开街5周年的日子，创业大街举办国际创意集市系列活动，包括全球创新峰会、灵感碰撞社交酒会、翼计划发布会等内容。大街上喜气洋洋，盛况空前。

全球创新峰会上，创业大街对外亮出5年成绩单：累计孵化3451家创业团队，其中外籍和海归团队409家；累计获得融资团队1181家，总融资731亿元，融资比例34.2%；对接合作领军企业超过130家。大街昂首宣称，步入了全球产业创新生态的"3.0时代"。

如何理解"3.0时代"。创业大街负责人解释说，从一条街到一个生态，大街5年来走过了3个阶段："1.0时代"是创新创业要素集聚的阶段；"2.0时代"是形成创新创业生态的阶段；"3.0时代"是形成全球产业创新生态的阶段，这个阶段的大街更加开放，也更注重创新项目的产业对接和落地。

6月12日的全球创新峰会上,创业大街发布了《中关村创业大街生态报告》,同时,还首次发布了《大企业开放创新报告》。两份报告显示,经过五年的探索,中关村创业大街正塑造大中小企业融通共享的创新生态,成为大企业开展开放创新的战略选择要地。

如今走在创业大街上,一边是昔日熟悉的车库咖啡、3W咖啡,聚集着怀揣梦想的创业者和团队;另一边,新添了百度大脑创新体验中心、英特尔开放创新实验室,将国内外大型企业与最高端的创新资源紧紧相连。百度大脑创新体验中心以AI(人工智能)展示体验为核心,分为行业应用展示区、技术展示区、智能生活展区和智能售卖区,汇聚了来自于百度大脑及各个AI生态合作企业的最新产品,同时帮助更多的AI技术和产品实现落地应用,驱动AI产业生态的快速迭代。

5年来,英特尔、百度、戴姆勒、中钢、北汽、沃尔玛、斯柯达等国内外大企业相继在创业大街落地联合开放创新实验室、体验中心、创新中心、孵化器与众创空间等载体。同时,通过举办创意马拉松、科技对接会等形式,实现自身与创新创业企业更加紧密连接,推动前沿技术产品的落地应用,带动产业创新升级。

目前,中关村创业大街在全球有超过200个合作渠道,联合入驻机构在海外设立10余家分支机构,吸引近10家国际服务机构、创业社群等落地,服务超过30支海外团队落地。街区机构在全国各地设立分支机构超过120家,面向全国、全球的创新创业活动已经形成燎原之势,其影响力已经扩展到整个世界。

海淀商业改革回顾

张秀慈

2019年是中华人民共和国成立70周年,我与中华人民共和国同龄。几十年来,我亲眼目睹了祖国发生翻天覆地的变化,特别是70年代末,实行改革开放以来,我们亲历了经济体制改革、参与了海淀区国营商业服务业改革。在商业系统基层企业、海淀区商委、区政策研究室工作期间,我直接参与了海淀区商业改革具体方案的起草制定。回首往事,深深地感觉到,我们海淀区的商业改革也和全国商业改革一样,是中国历史上一次前所未有的重要变革。

一、商业管理体制改革

海淀区商业管理体制改革,经历了从以公有制为主体、门店核算、划类经营、全额利润上缴的计划经济模式,转变到市场全面放开、投资主体多元化的市场经济模式。在此期间,进行了产权制度改革,实行全员劳动合同制,扔掉了铁饭碗,撤销了行政性公司和基层店,全面推进流通现代化,建立现代企业制度,实现集团化经营。逐步由传统的以销售商品(或服务)种类、行业分类,转变为以大型购物中心、批发市场、连锁超市、专卖店等商业经营形式为标准的经营业态分类。

这项改革大致经历四个阶段，一是抓大放小；二是扩大开放、招商引资；三是全面推进现代流通体系建设；四是建立现代企业制度，政府转变职能、实行政企分开，进行产权制度改革。改革商业管理体制，市场全面放开，企业自主经营，照章纳税，自负盈亏。

商业改革，从70年代末就开始了。首先对税制进行了改革，从全额利润上缴改成分税制，实行了一步利改税、二步利改税。抓大放小，对小型企业进行了拍卖、租赁、股份合作制和股份制改造。

自1995年年底开始，对原有的商业管理体制进行了改革，实行政企分开。1996年8月区政府制定《商业改革实施方案》，对海淀区属商业（服务业）企业，粮食局、供销社、饮食服务公司、修理公司、煤炭公司、医药公司、商业设施建设经营公司、华奥商贸集团公司、超市发商贸集团、惠华集团公司、当代商城实业公司、海淀图书城建设开发管理处各行政性公司重组转制，取消行政管理职能。

商业（服务业）逐渐放开，扩大开放，招商引资，实行市场化运作。商业服务业所有制结构发生了以下变化：国有商业服务业资产逐渐改制退出，非公有制商业服务业发展迅速，形成国有、集体、股份制、股份合作制、个体私营、外商独资、中外合资等不同所有制构成的大商业、多元化格局。2000年后，以沃尔玛、家乐福、麦德龙为代表的外国流通企业和华润、物美、贵友、国美、大中、苏宁等国内民营品牌企业先后入区开店，餐饮、美容美发、沐浴、洗染、照相等服务业国有资产完全退出。2010年区属的国有商业企业仅剩当代商城和甘家口大厦2家。

大批原国有商业服务业企业员工彻底打破铁饭碗，实行全员劳动合同制。

（一）企业改组改制

1995年年底，区供销社以资产为依托成立海龙商贸集团，区供销社和海龙集团实行"一套班子、两块牌子"。1997年起改革转制，实行合资连锁经营。1999年组建海龙高科物业管理公司，海龙大厦建成开业。2000年海龙集团与法国蓝格赛公司合作，成立蓝格赛—海龙兴电器设备商业有限公司，为海淀区首家中外商业合作企业。2002年年底海龙集团注册为海龙资产经营集团有限公司。2004年7月，北京市撤销海淀区供销合作社建制，由市供销社垂直管理，更名为北京供销社海淀投资管理中心。2007年，管理中心与海龙集团分离。

1996年10月区饮食服务公司、区修理公司改组合并，组建北京意隆达集团。

1998年年末撤销区粮食局，在区商委设立粮管办公室，管理全区粮食市场，原粮食局及所属单位改制为禾谷园实业公司。1999年6月，禾谷园粮油连锁总部由全民所有制改为有限责任公司，撤销禾谷园实业公司。2000年，禾谷园粮油连锁总部、宏通快餐经营部、天普公司、基建加工厂改制组建为禾谷园连锁经营公司，国有控股。2007年，禾谷园连锁经营公司将国有资产买断，变为民营企业。

2000年，区煤炭公司注册成立北京海淀园煤炭经营中心。2002年9月整建制转入北京市金泰恒业公司（原市煤炭总公司），除保留部分煤炭供应职能外，转为以物业管理为主的多种经营。在所属5

个煤厂分别建设1个年收入在50万元以上的经营项目，加快职工转岗。2006年更名为北京市金泰恒业公司海淀分公司。2007年年末重组成立新的海淀分公司。

2000年3月，区政府撤销区华奥商贸集团、超市发商贸集团、意隆达实业集团、禾谷园实业公司，合并组建北京超市发国有资产经营公司。2010年年底更名为北京海淀置业集团有限公司。

2000年3月翠微大厦、甘家口大厦、华泰商业大厦、当代商城并入新成立的北京翠微国有资产经营公司。2006年2月公司改制为北京翠微集团。甘家口大厦、当代商城先后与翠微集团分离。

2000年7月，区医药公司将全部净资产1136万元投资参股嘉事堂药业公司。2010年8月，嘉事堂药业在深圳中小板上市。

2000年，物资回收公司改为开源物业管理股份有限公司，实行多元经营。

2002年年底，区商业网点建设规划管理处和区商业设施建设经营公司分离。商业网点建设规划管理处划为区商委所属事业单位；商业设施建设经营公司仍为企业，2006年2月与中国海淀图书城建设开发管理处同时并入北京超市发国有资产经营公司。

2003年4月，区商业学校划归区教委。

2009年7月，华泰商业大厦（劳动大厦）产权划归超市发国有资产经营公司。

（二）建立现代企业制度

1994年起，海淀区在商业、服务业逐步建立现代企业制度，进行产权制度改革。1996年，华奥商厦从华奥集团剥离，成立华奥商厦有限责任公司；华光商厦和北太平庄商场改制为有限责任公司。三家企业以自有资金2629万元吸收社会资金1070.9万元。

1997—2000年，企业改革步伐加快，171家商业企业的776个门店完成改制，形式有股份制、股份合作制、"租壳卖瓤"、转让出售、撤资租赁等，涉及在职和退休职工22496人，收回国有资本6031万元。其中，区供销社建立股份合作制企业29个，出售或转让小网点59个，租赁网点42个，惠华集团机关人员（含办公楼和惠华大厦、惠华宾馆）并入华奥集团，其他基层网点及人员分别并入超市发、意隆达、粮食局等单位；意隆达集团46家门店完成企业产权制度改革；原华奥集团的沙窝百货商场、蓝波服装工业公司、清河百货商场等8家企业完成改制。改制后，有3407人通过买断工龄、门店承包等方式与企业解除劳动关系。

2000年，按照"国家所有、分级管理、授权经营、分工监督"原则，建立区政府—国资公司—参（控）股企业三个层次的国有资产管理格局。组建翠微、超市发两个国有资产经营公司。2010年，区国资委直接监管的商业、服务业有翠微集团、海淀置业集团有限公司、当代商城有限责任公司、甘家口大厦有限责任公司。

1. 翠微集团

原为翠微国有资产经营公司，由翠微大厦、甘家口大厦、华泰大厦、当代商城4家企业合并成立。2003年，华泰大厦由区劳动和社会保障局接收，作为办公大楼。同年翠微公司作为国有出资人，对翠微大厦投资7074万元，占大厦总股本的47.16%，2005—2007年，国有资产保值增值率124%。2006年初进行区属国有企业资产重组，撤销翠微国有资产经营公司，组建翠微集团。其所属控股企业翠微大厦股份公司，拥有翠微店、牡丹园店、龙德店、翠微广场、清河店5家店。2007年当代商城、2008年甘家口大厦先后从翠微集团划出。

2. 海淀置业集团有限公司

海淀置业集团有限公司前身为超市发国有资产经营公司（简称超市发），由华奥、超市发、意隆达、禾谷园4个商贸集团合并而成，共有企业84家、门店833个、在职和离退休职工21471人。2000年，雪芹书画商店并入向阳文体公司；西苑商业区的百货、副食、饭庄停业；拆除颐宾饭店后投资兴建中关村科贸中心，超市发拥有其中7万平方米；将海淀医药公司全部净资产1136.94万元投资参股嘉事堂药业公司，占该公司总股本的10.18%。2001年将消夏园餐厅、稻香酒家、华奥饭店3家企业投资入股华海旅游公司，占该公司总股本的45%。2004年撤销华海旅游公司，上述三家企业回归超市发。将接收的三星、海枫出租汽车公司投资首都旅游汽车集团，以698.4万元车辆资产置换首汽360万股股权，占该公司总股本的1.89%。2003年联合数家物流和科技企业创立中关村数字物流港，其中超市发出资720万元，占48%。

2006年接收区商业设施建设经营公司和中国海淀图书城建设开发管理处，成立图书城特色街经营管理中心，2007年完成图书城特色街改造。2009年参与设立中关村小额贷款股份公司，投资6000万元，持股20%；接收五道口大厦3.9万平方米（占35%）房产；整体收购第三极大厦；接收华泰大厦房产。2010年收购接收区建委大厦，接收区物资总公司、中海拓科技发展总公司、区外贸公司3家企业。同年超市发国有资产经营公司更名为北京海淀置业集团有限公司，为国有独资企业。公司有经营用房产 70 余万平方米，含中国技术交易大厦、中关村数字物流港、五道口大厦、泛亚大厦、海淀文化艺术中心等写字楼，有投资企业 26 家，投资领域有房地产、商业、金融业等。

3. 北京市海淀区烟草专卖局

1996 年 10 月，北京市烟草专卖局海淀分局更名为北京市海淀区烟草专卖局，为区域烟草专卖管理和执法机关。1998 年 9 月海淀烟草有限公司成立，2003 年 4 月更名为海淀烟草公司，与海淀区烟草专卖局合署办公，为区域唯一依法自主经营、独立核算、自负盈亏的国营卷烟批发企业，执行国家烟草专卖零售许可制度，规范许可证发放和监管，宣传烟草专卖法规政策，监督零售店守法经营，将诚信等级纳入烟草管理，对销售大户实行全程监管，推行网上订货。2002 年全区有效持证户为 5311 户，2010 年为 4583 户。海淀烟草公司成立"打假"协调小组，联合执法，打击卷烟制假、走私行为，取缔非法批烟市场。2000—2010 年共查处违法案件 9619 件，查获卷烟 1.66 余亿支。查处案件逐年呈上升趋势。

2006 年查处"1.11"案件，捣毁非法库房 36 个，起获违法卷烟 1093 万余支，依法刑事拘留 9 人。2006—2010 年破获网络涉烟案件 11 起。1998 年 10 月至 2010 年底，全区共销售卷烟 96.23 万余箱，销售收入 120.98 亿元，实现利润 16.32 亿元，纳税近 22.13 亿元。

海淀区通过商业服务业体制改革，逐步由传统的以销售商品（或服务）种类（如百货、副食品、粮油、餐饮、修理等）为标准的行业分类，转变为以商业经营形式为标准的经营业态分类，大型购物中心、批发市场、连锁超市、专卖店等大型商业如雨后春笋般应运而生。

二、制定规划，改建商业设施，扩大市场规模

海淀区委区政府，为了促进商业服务业的发展，全面推进流通现代化，制定商业发展规划，加快商业网点改造建设，全面招商引资，吸引外资和社会资本进入流通领域，扩大市场规模，提升商业形象。发展特色商业，社区商业和便民服务体系，满足全区生产生活，以及地区居民日益增长的物质文化娱乐需求。

1995年12月，海淀区制定了《商业发展"十五"规划》，围绕创建世界一流科技园区建设的中心任务，提出要加快全区商业体制改革和商业结构调整，加速商业经营设施的改造和建设，不断提高商业服务业的服务能力和服务水平，保证全区人民日常生活需要和中关村科技园区建设的需要。

2002年8月，海淀区政府制定了《推进流通现代化规划》，确立发展思路、目标和模式，通过大力发展连锁经营、现代物流、电子商务，大力推进区域流通现代化。

2008年1月，海淀区制定了《商业网点布局规划指导意见》，对空间布局与重点项目进行评估，提出加快发展大型商业、特色商业和社区商业的建设意见。

2009年11月，海淀区制定了《促进商业服务业发展暂行办法》，确定促进商业服务业发展专项资金主要用于支持优化调整商业结构项目、完善便民服务体系项目、行业创新项目、人才培训项目、提升商业形象、促进区域经济发展的活动项目要求。

根据区委区政府的统一部署，全区上下经过十几年的努力，海淀区一大批大型商业设施相继建成。1997年，翠微大厦、超市发

集团的泛亚大厦、粮食局的海南大厦、金五星百货批发城建成开业。1999年，金五星果菜批发市场、太平洋电脑城、海龙大厦开业。2000年，甘家口大厦、蓝景丽家大钟寺家居广场建成开业。2002年，金五星电子市场（2004年，金五星电子市场改造成金五星服装批发市场）、金四季购物中心、中关村数字物流港分别建成并投入使用。2003年，翠微牡丹园店、鼎好电子城开业。2004年，华宇时尚购物中心、金源时代购物中心、北京爱家国际收藏品交流市场、中关村科贸电子城建成开业。2005年，永定路商业中心、中发百旺购物中心开业。2006年，锦绣大地物流港、中关村广场购物中心、新中关购物中心、中关村E世界相继开业。2007年，五道口商业中心、蓝岛金隅百货、枫蓝国际中心相继开业。2008年，华联上地店开业。2009年，畅春园食街开业。2010年，嘉茂购物中心（翠微店）、翠微广场、翠微清河店、华联万柳购物中心、大钟寺国际广场、欧美汇购物中心、圣熙8号相继开业。

2010年，海淀区有商业营业面积1000平方米以上的规模商业经营场所237家、餐饮5689家、国家级一级酒家32家、美容美发1233家、沐浴124家、洗染136家、农副产品综合市场58家、社区再生资源回收站点318家、社区便民菜店94家，经营面积超过500万平方米。形成了消费聚集区、地区商业中心、社区商业、特色商业四大板块，层次分明的新型商业群带和行业齐备、业种多样的现代化商业格局。

商业形象普遍提升，经济效益快速增长，经营理念、营销策略、管理模式、团队精神在新的市场格局和竞争中不断创新、发展，为地区社会稳定和经济发展做出了积极的贡献。

（一）建设现代流通体系

根据《海淀区现代物流产业发展总体战略规划》，海淀区引进了一批国内知名物流企业到海淀开展业务、推动数字物流信息平台建设、整合区域物流资源。中关村数字物流港、锦绣大地物流港等相继投入使用；神州数码物流平台已拥有1700多个网上用户，年交易额突破40亿元；国图物流已与100多个国家联网，年交易额突破20亿元；海龙数字物流平台已在各大城市推广；北京嘉和嘉事医药物流有限公司基地建筑面积2万平方米，库存品种9000个，年配送能力将达90亿元，2006年被北京市批准为第三方药品物流配送的三家企业之一；超市发物流中心占地4万平方米，由主体配送中心和果菜配送中心两部分组成，承担着超市发连锁店的商品配送工作，商品储存量30万件，冷冻食品530个品种，日平均吞吐量约3万件，果菜配送30余万元。每年实现配送额近8亿元，配送件数约800多万件，配送果菜近亿元，配送路程约140万公里。送货及时率99%以上，配送准确率98%以上，服务满意率98%以上；麦德龙北京物流中心商品储藏有严格的温度控制，冷冻产品温度保持在零下18℃以下，冷藏产品温度在0℃到7℃，水果蔬菜保持在0~10℃之间，每一季度都由第三方公司审核。

环京物流公司以第三方物流服务为市场定位，提供仓储、理货、分拣、包装、配送等综合物流服务。企业经营仓储面积达1.5万平方米，运营车辆达500余部，日运力超过1100吨，配送件数（台数）约1.3万件。物流业务遍布京城，并在天津、秦皇岛设有分支机构，物流业务覆盖华北地区。2008年，该公司承担了2008年北京奥运会、残奥会期间的布草运输工作。2009年着力构建"大北京地区"

物流服务的点—环—网，为乐华梅兰、英迈国际、鄂尔多斯、鲁花等 100 多家国内外知名客户提供专业化的物流服务。2005 年、2006 年、2008 年环京物流均被评为中国物流百强企业，先后获全国物流行业先进集体及道路运输百强诚信企业等称号。

（二）全面推广电子商务

根据《国务院办公厅关于搞活流通扩大消费的意见》以及北京市商委《关于促进网上零售业发展的意见》海淀区政府颁发了《海淀区促进商业服务业发展暂行办法》（海政发〔2008〕52 号）为传统零售商业企业在开展电子商务业务领域提供实质性的引导和支持。2009 年，以翠微、当代、双安等为代表的海淀大型商业企业率先投入大量人力物力以及巨额资金，纷纷开设网络商城，开展网上奥特莱斯、网上国际代购等业务，将传统零售企业的触角伸向互联网。

在电子商务领域，京东商城、慧聪网、红孩子等一批新型网上零售商业广泛运用计算机、网络通信、多媒体等技术，通过网上开展流通业务，开展了有形市场电子交易、网络营销，使 B2B、B2C 广为运用，网上商店、电话购物、自动售货亭等无店铺购买方式得到普及。慧聪网是国内著名的 B2B 商务平台，于 1992 年在海淀区成立，注册用户超过 840 万，买家资源达到 800 万，覆盖行业超过 70 余个，员工 2400 名。2003 年 12 月，慧聪网在香港创业板成功上市，成为国内信息服务业及 B2B 电子商务服务业首家上市公司。红孩子网上商城成立于 2004 年 3 月，是一家全国领先的目录多渠道销售企业。

在获得国外风险投资后，逐步建立了以客户为中心，以目录及网站为渠道,以行销中心和采购中心、营运中心为体系,以及"零售、传媒、物流、金融"为整体运营模式。2007年3月,在"2007年度最具投资价值100强"评选中,《红孩子》名列电子商务网站第一名;2007年7月,在《中国企业家》杂志社的评选中,《红孩子》获得"2007年最具成长性的新兴企业"奖杯;2008年11月,在《IT经理世界》年度评选中,《红孩子》荣获2008年十佳杰出创新企业。京东网上商城是中国B2C市场最大的3C网购专业平台,访问量、点击率、销售量以及业内知名度和影响力在国内3C网购平台中均位居前列。京东商城拥有丰富的商品种类,并凭借更具竞争力的价格和逐渐完善的物流配送体系等优势,市场占有率多年稳居行业首位。海淀区电子商务企业具有"企业多,龙头大,覆盖广"的优势特点。全区注册企业万余家,其中注册资本在500万元以上的就有232家。

(三)努力推进连锁经营

20世纪90年代在区内开始出现连锁经营模式,发展迅速,至2010年,区内零售、医药、餐饮、洗浴、洗染、住宿、美容美发、再生资源回收等行业都出现,连锁经营企业。较大的连锁企业有超市发连锁、嘉事堂药业、权金城国际酒店、城乡超市、湘鄂情饭店、翠微百货等。

(四)发展商圈、商业区

海淀区经过不断深化改革,调整商业服务业行业结构,发展便民商业,完善便民服务体系,构成多元化商业格局,逐步形成四大商圈和一批特色商业街区。

1. 四大商圈

公主坟商圈 东起柳林馆路，西至翠微路，南起新兴桥南，北至玉渊潭南路，总面积30余万平方米，是集百货、超市、电子、通信、旅游购物、体育、休憩、娱乐、餐饮于一体的现代商业中心。

中关村商圈 以"中关村电子一条街"为基础，又相继建成，中海电子市场、中发电子市场、硅谷电脑城，特别是1999年后，地区迅速形成以电子市场为主的商业中心。主要企业有当代商城、双安商场、新中关购物中心、华宇时尚购物中心、中关村广场购物中心、大钟寺国际广场、欧美汇购物中心以及海龙电子城、鼎好电子城、科贸电子城、太平洋电脑城、e世界数码广场等14家以电子产品为主的大型卖场，有8000余家商户、5万余从业人员，IT业高度密集。

四季青商圈 主要以占地18.2公顷，建筑面积68万平方米，地下地上共7层，的金源时代购物中心为主体。是集购物、休闲、娱乐、餐饮于一体的国内超大型购物中心，签约主力店有新燕莎、居然之家、易初莲花、星美国际影城、纸老虎文化广场、红人俱乐部等。商圈还包括四季青桥南的金四季购物中心、凯瑞食府、锦绣大地农副产品市场等大型商业设施。

上地商圈 由中发百旺购物中心和硅谷亮城购物中心构成，是区内北部综合购物中心，主要服务上地信息产业基地及周边地区。

2. 特色商业

中国海淀图书城 位于中关村西区西北部，为南北向步行街，长220米，建筑面积6.5万平方米。1992年5月1日开业，主要有经营图书音像、文化用品、网吧、餐饮等企业240余家。其中图书文化用品经营网点占50%以上，每天客流10万人次以上，多为周边高校学子。2007年该步行街被评为"北京市特色商业街"。

阜成路餐饮精品街 东起西三环航天桥，西至西四环定慧桥，长约3千米。1998年后陆续入驻黎昌海鲜、湘鄂情、金悦、便宜坊、谷美、华宴、新开元、九头鸟、顺峰、泰和顺、佳宁娜、朋和汇、良友、唐人汇等知名品牌饭店酒家，汇聚川菜、粤菜、杭菜、淮菜、湘菜、鄂菜等风味。

花园东路美食街 南起国安剧场，北至四环路志新桥，长600米，汇集民宝、汉拿山、权金城、友人居、大红灯笼等20余家以烧烤、火锅为主的中档餐饮企业。

畅春园食街 位于北四环路海淀桥北，南北长180米。为地上三层、地下两层街区型独栋建筑，面积2.1万平方米，是海淀区内唯一景观街区型商业区。2009年开业，入驻国内外品牌餐饮企业30余家。

爱家国际收藏品市场 位于北三环西路，2004年开业。营业面积3万平方米，设交易大厅6个，有字画、美玉、奇石、水晶、文房四宝、金石篆刻、古典家具、瓷器、油画、邮票、钱币、古玩等收藏品。

北京摄影器材城 位于五棵松北定慧桥畔，为北京最大的摄影器材市场。除经营摄影器材外，亦开展摄影技艺交流和培训。

蓝景丽家家居广场 原为1997年9月开业的大钟寺家居广场，单体面积3.2万平方米，为北京首个家具、建材、家装一体化综合市场。2000年获评"首都文明市场"。2002年经重组改为现名，并实施二期工程建设，面积达10万平方米。

百旺绿谷汽车园 位于西北旺镇，占地13余公顷，有12家4S店，销售大众、克莱斯勒、JEEP、道奇、欧宝、沃尔沃、别克、本田、丰田、日产、现代、福特等14款品牌车,提供一站式服务。

北京西郊汽配城　位于昆明湖南路51号,占地10公顷,设汽车配件厅6个,入驻商户700余家,年营业额约10亿元,获评"首都文明市场"。

大钟寺农副产品批发市场　东升乡大钟寺村1986年创办。为全国第一家农民自办的城市大型批发市场,亦为农业部定点批发市场、全国十大批发市场之一。2003年2月28日市场拆迁,2000余商户迁入锦绣大地农副产品批发市场。

锦绣大地农副产品批发市场　位于阜石路69号,2003年4月开业。建筑面积4万平方米,有5个特色交易区、3座大型冷库、2万平方米仓储区和农产品安全质量检测中心、银行、邮电、商务中心、客户公寓等配套服务设施。2006年建立物流港,为北京各大中型批发市场食用商品源头。2007年营业额突破100亿元,并荣获"全国绿色零售市场""农业部定点市场""中国蔬菜流通协会定点市场"等称号。

天厚绸庄　位于徐庄路52号。为集蚕茧养殖、抽丝工艺演示、传统螺丝设备展示、服装表演、批发零售于一体的丝绸特色市场,经营面积1万平方米,设260个座位的服装表演大厅。

3. 社区便民商业

2005年起海淀区推进社区商业"双进"(便利消费进社区、便民服务进家庭)和"菜篮子"建设。实施生鲜超市、便利店、早餐、便民菜店、洗衣保洁、再生资源回收等6项服务进社区工程;升级改造农副产品市场,至2010年升级改造41家,总面积5.7万平方米;

优化菜蔬销售网点布局，在35个超市新增菜蔬销售面积共3000平方米，新建社区便民菜店69个；建立大众浴池7家，缓解平房区居民洗澡难；在少数民族居民聚居区的商场、超市增设清真专柜16个，在7所高校设立清真食堂，推出16家清真餐饮示范店，规范清真服务项目39个；对菜店与社区向老弱病残行动不便户送菜上门实施财政补贴；新增早餐、蔬菜、洗染、理发、家政、代收代缴、回收、超市等生活服务店铺近500家，建成市、区两级早餐经营示范店300余家，规范洗染经营店300家。

2007年海淀区评为全国社区商业"双进工程"先进集体，其"菜篮子"建设模式在北京市推广。至2010年，育新花园、恩济里、阳春新纪元、世纪城西区评为全国商业示范社区，语言大学、蓟门里等社区评为北京市商业示范社区。

三、商务保障

建立生活必需品市场监测系统，重点监测五一、国庆、春节等"黄金周"期间市场供应，对粮油、肉类、燃油等生活必需品实行市场监测月报，对粮食供求状况进行年度分析。制定物资保障应急预案，与驻区企业签订应急物资供应保障合同。

北京每年举办国际、国内的重大活动，海淀区均承担商务保障任务，成立商务环境保障指挥部。以"规范、便利、繁荣"为目标，对2000余家大型商场、超市、农副产品市场、特色商业街区及餐饮、美容美发、摄影、旅馆、洗染等行业场所，进行无障碍设施建设，提升改造卫生间、试衣间、橱窗设计、照明、温度、背景音乐等环境；推行刷卡消费，提升服务质量，开展双语（英语、手语）、岗位技能、行业礼仪等培训，重点地区一线员工英语培训率达90%，每个企业有3~5名员工可运用手语交流，当代商城、翠微大厦、双安商场、中关村家乐福、超市发连锁、甘家口大厦、城乡贸易中心等成为英语无障碍店。

四、建立行业协会　规范行业自律

1999年9月，成立海淀区商业联合会，设典当、农副产品、家居建材、汽车4个专业委员会和信息中心。办有内刊《商务海淀》和商会网站，没有行业理论研究、行业培训、行业规范、行业自律、行业文明、评奖评优、会展服务、信息咨询、安全生产等板块；为会员及政府提供招商引资、服务外包、商务考察等平台和服务；承办海淀品牌消费节、海淀汽车消费节、商业职业技能风采大赛等。

2000年5月，成立海淀区饮服行业协会。会员企业涵盖餐饮、住宿、美容美发、洗浴、洗染、摄影彩扩等行业。协会向会员企业宣传法律法规和行业政策，提供咨询服务和人力资源、市场营销、服务质量、电子商务等培训，开展行业等级评审，收集提供行业信息；向政府反映企业需求并提出行业发展建议，维护企业合法权益，开展行业交流活动，举办专业技术比赛等。自2003年，每年都会举办中关村国际美食节。

2000年9月，成立海淀区再生资源回收利用协会，开展法规宣传、行业规范、咨询服务、信息交流、专业培训等活动。持续进行行业整顿，举办规范回收等培训班，配合公安机关，与废旧金属回收从业人员签订"经营承诺书",评选先进社区收购点、收购员;组织会员业务交流。

2003年8月,成立中关村电子产品贸易商会。向商务部提供"中国·中关村电子信息产品指数"电子产品价格资讯,进行行业规范,评比经营示范店,培训IT卖场从业人员,推行IT卖场明码标价,与国际性调研公司合作调研并发布中关村电子贸易行业白皮书,制定中关村IT市场发展规划,举办"中关村IT卖场诚信品牌节""4·26知识产权保护日",开展"中关村品牌1+1工程"(创新+诚信)等活动。

除建立行业协会外,同时还开展行业培训,规范、提升业务能力,如全区商业开展"创建学习型企业、争做知识型员工"活动,实施全行业教育培训,对全区商业员工进行服务、接待、技能英语、手语等多项培训,一线员工英语参训达90%以上;诸多商业企业自设培训中心,开展独立培训。翠微大厦派员赴国外参加国际商务硕士专业培训;鼓励员工参加高等继续教育,嘉奖获得学历证书者并纳入企业人才库;举办企业职业技能竞赛。

海淀区通过全面深化流通领域改革、大力发展流通现代化、改革商业服务业管理体制、建立现代企业制度、不断优化资源配置,使商业设施集中度进一步提高、连锁经营方式广为应用、现代物流业快速发展、流通信息化建设成效显著、社区商业服务和再生资源产业链建设形成体系、社会消费品零售额增长迅速。在新型市场经济条件下,现代流通产业新格局已经确立。

海淀公共交通 70 年之变迁

户力平

2019 年是国庆 70 周年，就海淀区而言，1949 年以后，海淀区的公共交通事业发展迅速，如今已形成地上、地下密集的立体公共交通网络。

海淀公交车始于 80 多年前
1949 年以前只有 3 条公交线路

北京的公共汽车始于 1935 年，海淀是京郊最早开通公共汽车线路的区域。在此之前，北京郊区（今二环路以外）没有公共汽车，人们出行或乘马车、骡车、驴车，或步行，交通极为不便。

1935 年初，北平市（今北京市）被当时的南京国民政府列为"文化旅游区"，国内外来北平游览名胜古迹的人逐渐增多。尽管当时城里已有几十辆有轨电车和大量的人力车，但游客或市民若想到郊外旅游或办事，还是很不方便。京郊不通电车，雇佣人力车不但速度慢且费用较高。鉴于此，时任北平市长的袁良将欲开办北平公共汽车的意向书提交到南京国民政府，并得到及时回复。于是，市政府委派专员朱孟珍等9人组建了"北平公共汽车筹备委员会"（后改称为"北平公共汽车管理处"），并派人到上海考察，因上海的公共汽车已开通多年。

考察人员回到北平后，很快将考察报告上报市政府。随后，北平市政府正式决定开办公共汽车，并以"花捐税"作抵押，向河北省银行贷款30万银圆，通过"公懋汽车洋行"，从美国购买了30辆"道奇（吉）牌"客车，组建了"北平市公共汽车管理处"，并从1935年8月开始，市区、郊区的公共汽车线路陆续开通运营。

按照最初的方案，京城共设计开通5条公共汽车线路，其线路为市郊区混合编号。1路朝阳门至阜成门；2路前门至交道口；3路东华门至颐和园；4路东华门至八大处；5路东华门至香山。

原计划5条线路同日开通，并举行隆重的通车仪式。但因线路设置和司售人员配置等诸多原因，最终于8月22日先期开通一条，即5路公共汽车，也就是东华门至香山的线路。

8月22日8时许，在东华门外小广场举行了简单的通车仪式后，首趟5路公共汽车从东华门始发，经西单牌楼、西直门、白石桥、黄庄、海淀镇、燕京大学（今北京大学）、万寿山（颐和园）、青龙桥、玉泉山，到达香山脚下的静宜园，全程24.8公里。随后，1路于9月5日、2路于9月15日、4路于10月5日、3路于10月22日陆续开通。这5条线路中有2条终点在海淀，即3路至颐和园、5路至香山，1条途径海淀，即东华门至八大处的4路在海淀设紫竹院、车道沟、黄庄、平庄、杏石口等站。

1937年7月"七七事变"后，北平的公共汽车全部停驶，通往海淀的公共汽车也停驶了。同年12月恢复了通往香山的5路公共汽车。次年（1938年）5月改为设置了女导游（时称"摩登女郎"）的高级旅游车，称"京香线"。1942年12月，因营业不振，经营亏损，该线路停驶。1938年还曾开通过"游览一路"，起自东华门，经景山、古物陈列所、五塔寺、万寿山（颐和园）止于天坛。其中五塔寺和万寿山位于海淀区域。

1938年行驶于香山的公交车

解放战争期间，海淀地域没有公共汽车营运线路，只有私人开设的不定时汽车线路，人们出行极为不便。

1949年3月，党中央和解放军总部设在香山地区。当时香山没有公交车，于是华北军区后勤部将320汽车修理厂移交给北平市企业局，改建成公共汽车修理厂，立即修复了61辆老旧的公共汽车，于4月26日首先开通了东华门至香山的非营业性临时专线。因当时设在香山的中共中央机关的代称为"劳动大学"，所以该线路称"劳大线"，基本上是沿着原来通往香山的5路公共汽车线路行驶，路长

24.8公里，但只运行了8个月，于1949年12月停驶。

1949年5月1日恢复了东华门经西四至颐和园的线路，命名为"京颐路"。在今天的海淀区域内设白石桥、农业研究所（今中国农业科学院）、双榆树（今人民大学）、海淀、燕京大学（今北京大学）、革命大学（今西苑）、颐和园站。1956年12月改为32路，1960年首站缩至动物园。1972年11月改为332路，而今为北宫门至前门。

20世纪60年代的32路，即今332路公共汽车

1949年以后公共交通发展迅速
如今海淀区域已有百余条公交线路

从20世纪50年代初，海淀区域内公共交通事业得以较快速度的发展，一是线路不断增加，二是站点设置密集，三是车次间隙缩短，为人们的出行带来快捷和方便。

50年代开通的主要线路：

1950年11月1日首先由东华门经天安门，出复兴门至石景山的"京石路"开通，在今天的海淀区域内设公主坟、农业大学、万寿路、沙沟村、永定路站。12月改走阜成门，1956年改名为337路。

1954年1月25日，开通西直门至永定路的"西永线"，路长13.89公里，行驶路线主要在海淀区域，设白石桥、水力学校、紫竹院、车道沟、工学院、彰化农场、黄庄、营慧寺、五孔桥、朱家坟、铁家坟、永定路等站。1956年12月改为34路，1972年11月改为334路。现今为动物园至吴庄（丰台）。

1954年1月25日，开通西四至颐和园的"西颐线"，1956年12月改为31路。行驶路线主要在海淀区域，设有邮电学院、师范大学、四十六中、北太平庄、花园路、政法学院、黄亭子、音乐学院、医学院、钢铁学院、石油学院、矿业学院、五道口、清华园、蓝旗营、清华大学、师大附中、西苑、颐和园。这是一条主要服务于八大学院的公交线路，所以车站以"学院"命名的居多。1960年9月28日，为减少重复路线，首站缩至平安里，经八大学院，至中关村。1972年11月改名为331路。1988年9月31日路线调整为由保福寺以北至圆明园，2000年与333路合并后称331路，现今为新街口豁口至香泉环岛。

1954年3月31日开通由德胜门至清河制呢厂的"德清路"公交线路，路长11.41公里。1955年2月由清河改向北延至回龙观（昌平）。1955年12月改为44路，1972年11月改为344路。

1954年7月15日开通颐和园至香山的"颐香线"，行驶路线全部在海淀区域，设有北宫门、青龙桥、功德寺、玉泉山、万安公墓、卧佛寺、香山。1956年12月改为33路，并从北宫门开始向北至安河新桥，走新修建的香山路，新增青龙桥后街、厢红旗、林业科学研究所、娘娘府、正蓝旗，撤销了青龙桥、功德寺、玉泉山三站。

1972年11月改为333路，2000年与331路合并后称331路。

1957年5月，由国营企业接管，首站由颐和园延至西直门，末站由温泉向西延至北安河的61路开通。同年7月缩为颐和园至温泉，改为46路。1969年11月1日由北安河延至西山农场，1972年11月改为346路。当时是海淀西北部唯一的一条公交线路，现今几经调整，为西苑至凤凰岭。

1958年1月17日开通德胜门至十三陵（昌平）的45路长途公交车，每日往返一班，在海淀区域内设马甸、祁家豁子、南沙滩、农学院、双泉堡、清河南镇、清河镇、小营、新都窑厂站。1972年11月改为345路。

1958年9月12日开通清河至中关村的55路，1972年11月改为355路。1986年4月1日由中关村向东延至保福寺。1986年12月由清河缩至清河南镇，1990年由清河南镇延至毛纺厂。现今为育新小区至三义庙。

60年代开通的主要线路：

1965年8月，公交公司为地处香山南麓的炮兵司令部机关开设专线，1966年5月13日改为营业线路，由动物园至红旗村，命名为60

1965年31路公共汽车医学院站

路。同年6月27日延至香山。1972年11月改为360路。1986年10月19日开通了360支线，由动物园至昆明湖南路，主要服务于北京橡胶五金厂和空军指挥学院，而今分为快、慢两条线路。

1966年8月24日，正值"文化大革命"初期，为便于学生大串联，开通了由农业大学经中关村至体育学院的一条临时线路，1970年12月1日分成两条线路，颐和园至东北旺公社为62路，中关村至体育学院为65路。1972年11月62路改为362路，1985年11月20日由东北旺公社延至西三旗。而65路改为365路，1986年4月1日由中关村延至保福寺。1992年4月29日由体育学院至唐家岭，而今为永丰至闵庄南里。

70年代开通的主要线路：

1970年11月23日海淀区域内开通了首条夜间公交线路202路，由花园村至十里堡（朝阳）。

1976年12月1日开通301路，由颐和园至永丰公社，1982年

20世纪70年代行驶于成府路的355路公共汽车

8月16日由永丰公社北延至小牛房。

1973年11月20日开通303路，由颐和园经亮甲店至卫生院，1986年1月15日由颐和园缩至北宫门。

1973年11月24日开通305路，由地安门经德胜门、清河至毛纺厂。

1974年12月2日开通302路，由中关村经人民大学沿北三环路至和平街北口（朝阳）。1985年9月12日由和平街北口延至农展馆。

1979年6月28日开通318路，由苹果园经西黄村、南辛庄、北京植物园至香山，这是海淀区域通行的一条主要线路，由此西部香山、四季青地区的人们可乘该线路在苹果园站直接换乘地铁，进入城区。

80年代开通的主要线路：

1982年12月6日开通高峰线323路，由六里桥南里（丰台）经西三环至三义庙。1984年南段缩至六里桥，北段缩至双榆树，并改为全日线路。1989年12月31日由六里桥经西局延至七里庄（丰台），1991年3月5日由双榆树延至知春里。

1983年1月1日开通330路，由颐和园经温泉至西小营。西北旺至温泉区段按原346路设站址，346路改为大站快车。

1983年9月1日开通320路，由白云路（西城）至中关村东站。

1984年8月17日开通高峰线367路，由三义庙至左家庄（朝阳）。1986年7月1日改为全日线路，1988年12月1日延至展览中心。1990年11月10日由三义庙延至巴沟村。

1984年9月20日开通374路，由公主坟至新建宫门。1992年8月18日紫竹院至六郎庄区段改走三义庙、万泉河路。

1984年9月25日开通375路，由新街口豁口至新北宫门。1986年9月26日由新街口豁口缩至西直门。

1987年2月16日开通首条以"9"字打头的902路，由西直门至清河，路长10.95公里。1994年12月5日由清河延至小营西站。

1988年7月5日开通西直门至北宫门的904路，后延至香山。

90年代开通的主要线路：

1990年9月3日开通386路，巴沟村至小营（朝阳）。

1991年3月30日开通384路环形线，由六郎庄经保福寺、知春里、人民大学、万泉河路，回到六郎庄。1994年由六郎庄延至北宫门。

1992年3月30日开通夜间线路206路，由紫竹院至左家庄。

1993年9月30日开通夜间线路209路，由圆明园至北京站（崇文）。

1993年9月30日开通394路，由颐和园至韩家川南口。

1995年12月28日开通393路，由二里庄至北太平庄，路长4.5公里，当时是海淀区域内最短的公交线路。

截止至1995年，始发、途径海淀境内的公交线路共73条，其中公共电车6条，公共汽车66条，轨道交通1条。

从90年代中期到2015年，海淀区域内的公共交通得到长足发展，线路不断增加，除了"3"和"9"字打头的线路外，还出现了以"5""6""7""8"和"游""特""专""运通"打头的线路，并出现了双层公交线路。特别是近几年，呈现出线路调整频繁，站位设置密集的特点，除了主要道路和街道，兴建小区大多开通了公交线路，而随着新建道路的开通，新的公交线路大多也相继开通。到2018年年底，始发、途径海淀境内的公共交通线路已超过120条，既有通往市区的线路，也有串联各区的线路，朝阳、丰台、石景山、大兴、门头沟、昌平、延庆均有抵达海淀区域的公交车，使人们的出行越来越便利。

**海淀是北京最早开通地铁的区县
如今已达 10 条线路 68 座车站**

1965 年 7 月 1 日，北京第一条地下铁路（今 1 号线）开始修建，规划路长 23.6 公里，从北京火车站到西山脚下的苹果园，计划设 17 座车站，这是国内最早的地铁线路。该线路从海淀区域南部横穿，海淀区域内设有 5 座车站。

1981 年地铁玉泉路站

1971 年 1 月 15 日，北京地铁一期工程线路开始试运营，运行区段由北京站至公主坟站，在海淀区域设有军事博物馆、公主坟（初称"立新"）两站，由此海淀区域内有了地铁。同年 8 月 15 日该线由公主坟向西延长到玉泉路，又在海淀区域设万寿路、五棵松、玉泉路（与石景山交界）3 站。

2002 年 9 月 28 日，地铁 13 号线（初称"北京城铁线"，或直接称之为"北京轻轨",是北京第一条全地面轨道的城市轨道路线)西段开通,在海淀区域内设大钟寺、知春路、五道口、上地、西二旗5站。

2008年地铁1号线公主坟站

2008年7月19日10号线(一期)开通,海淀区域内设巴沟、苏州街、海淀黄庄、知春里、知春路、西土城、牡丹园、健德门(与朝阳交界)8站。

2009年9月28日4号线开通,海淀区域设安河桥北、北宫门、西苑、圆明园、北京大学东门、中关村、海淀黄庄、人民大学、魏公村、国家图书馆10站。

2010年12月30日昌平线(一期)开通,海淀区域设西二旗站。

2011年12月31日8号线(二期北段)开通,海淀区域设永泰庄、西小口、育新3站。

2012年12月30日6号线(一期)开通,海淀区域设海淀五路居、慈寿寺、花园桥、白石桥南4站。

2012年12月30日9号线(北段)开通,海淀区域设军事博物馆、白堆子、白石桥南、国家图书馆4站。

2012年12月30日10号线(二期)开通,海淀区域设莲花桥、公主坟、西钓鱼台、慈寿寺、车道沟、长春桥、火器营7站。

2014年12月28日15号线(西段)开通,海淀区域设清华东路西口、六道口、北沙滩（与朝阳交界）3站。

2016年12月31日16号线（北段）开通，全段在海淀区境内，设有西苑、农大南路、马连洼、西北旺、永丰南、永丰、屯佃、稻香湖路、北安河、温阳路10站。

2017年12月30日西郊线（也称有现代有轨电车）开通，全段在海淀区境内，设巴沟、颐和园西门、茶棚、万安、植物园、香山6站。

2018年12月30日6号线（西延）开通，海淀区域设田村、廖公庄2站。

截止至2018年年底，海淀区内已开通轨道交通线路10条，设有68座车站，其中换乘站10座，其最东端到北沙滩，最南端到莲花桥，最西端出五环路到香山，最北端出六环路到北安河，成为北京市公共交通线路最为密集的行政区之一。

独具时代特色的海淀地名

户力平

地名是人们赋予不同地域的专属名称，承载着历史的发展与社会的变迁，具有鲜明的时代特征。在数以千计的海淀地名中，有几十处独具当代特色，反映了中华人民共和国成立70年来海淀区的发展历程，成为北京版图上一个个鲜明的"符号"。

最具时代特色的街镇名称

在海淀区29个街镇名称中，以学院路街道、花园路街道、曙光街道、东升镇别具时代特色。

学院路街道 位于海淀区东南部，"学院路"即是一个行政区域的名称，也是一条道路的名称，且路名早于见到之名。

学院路北起清华东路，与学清路衔接，南至知春路与北

1958年学院路及两侧的高校区

土城西路、西土城路相接，长2860米。因道路沿线集中了多所高等院校而得名。这条路的历史并不长，过去这一地区多为农田和荒地，人烟稀少，草木丛生，只有一条呈西北走向的土路，通到西直门外。

20世纪50年代初，中华人民共和国成立伊始，百废待兴，国家非常重视高等教育和高等院校的建设。1950年上半年，北京市都市计划委员会决定将北京市西北郊规划为文教区，此后不久陆续开始了文教区的建设。因第一批兴建八所高等学府，"八大学院"之名就此产生。具体建设区域在今天的东升镇塔院和太平庄区域内。

在兴建八所学院的同时，1952年在建设区域内，从南（北土城）到北（六道口）开始修建一条石碴路，道路西侧从南到北依次是北京航空学院（今北京航空航天大学）、北京地质学院（今中国地质大学）和北京矿业学院（今中国矿业大学），北京林学院（北京林业大学），道路东侧依次是北京医学院（今北京大学医学部）、北京钢铁工业学院（今北京科技大学）、北京石油学院（今中国石油大学）和北京农业机械化学院（今中国农业大学东校区）。到1953年9月新学期开学，这些学校的部分校舍完工，学生迁入上课。因道路两侧集中了多所高等院校，所以初称"文汇路"。该路于1954年年底建成通车，1956年铺筑沥青路面，并更名为"学院路"，成为当时京城比较著名的道路。

60年多来，该路发生了巨大变化。最初的宽度只有10米左右。当时只有31路（今331路）从南部和55路（今355路）从北部通过的公交车，交通非常不便。而今路面已拓宽成几十米，并建有辅路，已有30多条公交线路从这里通过，车来车往。特别是附近一些新道路的相继开通，使这一带的道路四通八达，东到朝阳区，北至昌平区，南到西城区，西到中关村科技园区。

学院路街道所辖区域，1949年以后，属北平十四区第12乡，后与北太平庄、海淀、清河合并为大社。1958年9月成立东升人民公社，1963年4月成立五道口街道，对辖域内城镇居民实行管理，1968年3月改称东升路街道。1984年东升公社改称东升乡，因东升路街道与东升公社名称相同，1991年1月1日，以辖域内有学院路而改称学院路街道。

花园路街道 位于海淀区东南部，"花园路"即是一个行政区域的名称，也是一条道路的名称。

1949年以前，花园路一带属京城的北部郊外，人烟稀少，附近只有牤牛桥、阎家豁子等村落，多为荒野和农田。从1952年开始有企事业单位在此建房，运输建筑材料的车辆来来往往，逐渐形成一条南北走向的土路。当时在此建房的解放军1201工厂（隶属中国人民解放军总政治部直工部），是国内大型综合性印刷企业。兴建营区

2007年花园东路

时,提出了"建设花园式单位"的口号,并在营区内种植许多花草树木,所以将门前的这条土路称为"花园路"。1956年该路拓宽并铺筑成宽7米的沥青路,并种植了一些树木,以后经多次扩建,使这条道路逐渐加宽和取直,而今是京城北部贯穿南北方向,北接北四环路,南连北三环路的干线公路,附近兴建的道路称"花园东路"和"花园北路"。

20世纪60年代,花园路一带的农田为东升公社塔院大队菜地,70年代搞土地连片时,为了安置从别处前来的农户,在此盖起平房。从80年代初开始,又在附近新建了许多住宅楼,逐渐形成居民区,因靠近花园路而称"花园路小区"。80年代和90年代初为学院路街道所辖区域。2000年3月这一区域从学院路街道划出,成立了花园路街道办事处。经过数十年的建设,昔日的荒野和农田早已消失,如今是高楼林立,呈现出一派都市景象。

曙光街道 位于海淀区南部偏北,西、北至四环路,南达彰化路,东临昆玉河。"曙光"即是行政区域的名称,也曾是四季青镇行政村之名,且村名在街道名称之前。"曙光"作为北京西郊行政村之名,只有40多年的历史。这一地域历史上称"彰化"。相传,"彰化"是从"章华""张化"谐音而来的。从字面上看,"彰化"二字难解其意,史料中也少有记载,只有传闻。《北京市海淀区地名志》称:"据传早年间村中有章姓乞丐帮头子,乞丐俗称化(花)子,谐音称今名。"通常的说法是,最早在今天彰化一带定居和开荒的先民仅有3户,后来不断有人从山东、河北、河南迁徙过来,繁衍生息,逐渐形成了村落。因是逃荒要饭人的集聚地,所以被叫成了"花(化)子村"。花(化)子也有头,姓章,所以又被叫做"章化子村"。后因不雅而谐音为"彰化村"。

20世纪60年代初四季青公社成立"彰化大队",包括彰化、正福寺和板井三个自然村落。1978年改称"曙光大队",其名寓意着光明与希望,也预示着具有美好的发展前景,由此"曙光"成为行政村的名称。2007年4月,曙光村委会建置被撤销。同年8月设立望塔园居委会,属曙光街道办事处和北京新兴曙光科贸有限公司双重管理。

2004年12月,紫竹院街道所辖西部地区(包括蓝靛厂、火器营、老营房等)被划出,成立新的街道办事处,因所设街道区域南部为曙光地区,故称"曙光街道办事处"。

四季青镇 四季青镇位于海淀区西部,其前身是成立于20世纪50年代末的四季青人民公社,1983年12月改为四季青乡。"四季青"之称已有60多年的历史,源于1954年成立的"四季青蔬菜生产合作社",而今已是一个具有时代特色的行政区域名称和广义的地名。

1952年李墨林成立了海淀区第一个农业高级社——"李墨林温室生产合作社",并在简易温室里进行较大规模的冬季蔬菜生产。1954年5月李墨林社与附近的3个合作社合并,由此扩大生产规模。

4个合作社合并后叫什么名字呢?有人提出保留"李墨林温室生产合作社"的名称,因为李墨林是海淀区第一个农业高级社的创办人,是农业暖室种菜丰产模范,也是北京市农业劳动模范;有人提出叫"玉泉山生产合作社",因为处于玉泉山下,且玉泉山是京西著名景观,更具有地域色彩;有人提出叫"红五月生产合作社",因为4个合作社是5月份合并扩大的,更有纪念意义;有人提出叫"四季常青生产合作社",因为合并成大社这年是1954年,又是4个小社合并的,特别是一年四季能生产蔬菜，可谓"四季常青"。当时的中共北京市委农村工作部部长赵凡正也在场，他觉得这个名字既响亮，又有特色，就说："我看就叫'四季青'吧，简洁明了！"经社员大会讨论通过，最后定名为"四季青蔬菜生产合作社"，随后上报海淀区委。6月15日，海淀区委决定，李墨林社与西冉村乡第三蔬菜生产合作社、东冉村乡第四、第五蔬菜生产合作社合并，成立"四季青蔬菜生产合作社"。

1958年8月，经北京市委批准，四季青、西山、万丰、香山、玉泉、田村、沙窝、罗道庄八个社合并，建立了"四季青人民公社"，由此"四季青"作为行政区域名称被正式确定。尽管行政区划几经调整，但其名称沿用至今。

东升镇 位于海淀区东南部，"东升"既是行政区域的名称，也是广义的地名。东升镇的前身是东升乡、东升公社。自元明清直至民国初年（1912年），其乡域清河以北属昌平县（州），清河以南属宛平县。自民国十七年（1928年）起，清河以北仍属昌平县，以南则属北平市郊，1952年9月改为海淀区。1958年9月成立人民公社时，以"人民公社犹如东方初升的太阳"之意命名为"东升人民公社"，后与清河人民公社和海淀人民公社合并，1961年3个公社分开，1977年清河人民公社并入。1984年以原东升人民公社地域建立东升乡，2011年撤乡改镇。

1982年至1985年该乡政府驻地南侧东西走向的道路，其清华园以西仍称"成府路"，以东因临近当时的东升公社驻地而称"东升路"。本世纪初该路拓宽、取直并向东延至京昌公路后，统称为"成府路"。

因企事业单位命名的地名

中华人民共和国成立70年来，海淀区的经济不断发展，企事业单位迅速增加，新辟了多处厂区、住宅区和道路，并由此派生出许多新地名。

新都 位于海淀区东北部，今育新小区以东至建材城环岛一带。1949年以前这里多为荒地和农田，少有人烟，但黄土纯度较高，无杂质，黏性强，宜于烧制砖瓦。清末民初已出现私人开设的砖窑，但规模较小。1950年初华北军事委员会成立华北公安局劳改处（后改称北京市公安局五处），在此组建劳改砖瓦厂，占地周边十余里，有8座巨大的轮窑。最初是马蹄窑、串窑，分别烧制不同的砖。1954年负责砖厂管理及安保人员就地转业，劳改人员被遣送黑龙江兴凯湖农场。砖厂重新从京郊区县招工补员后，改称"北京新都砖瓦厂"。"新都"取自"建设新首都"之意。此后在此修建一条东西向的道路，称"新都路"。《北京市海淀区地名录》载：该路东起昌平县兰各庄，西止昌平路（今京藏高速路）西三旗环岛，长4000米（今为建材城东路和建材城西路）。

当时该厂是北京地区规模最大的砖瓦生产企业，东西长4公里，南北宽2公里，今天的育新一带均在此区域内。1966年新都砖瓦厂改称"北京砖瓦总厂"，此后几经调整，1992年厂区划入西三旗高新建材工业开发区。此时经过几十年的生产用土，大面积的土丘土岗已消失，东西走向的新都路两侧显得较为空旷，并留下许多烧砖取土后的大窑坑，仍有砖瓦厂的遗迹可寻。从20世纪50年代开始到70年代初，在此兴建了多家建筑材料的生产企业及宿舍区，因位于新都路两侧,故称"新都"。如今这里是北京市重要的建材生产基地,公交车设"新都站",附近还有"新都环岛"(也称"建材城环岛")。

牡丹园　位于海淀区东南部。历史上这一带并没有大面积种植过牡丹,曾是元大都土城墙上扒开的一个豁口,俗称"豁子",因有阎姓人家最早在此居住,故称"阎家豁口",也称"大豁子"。明清时这里为京城的北郊区,多为土岗子和坟地,人烟稀少,十分荒凉。西面儿不远处便是塔院,所以这里曾有塔院的50多亩香火地,有庙有碑,庙里的和尚还在此种菜种地。1958年以后这一带为东升公社塔院大队农田。

1973年北京电视机厂(后更名为北京牡丹电子集团公司)在此占地,兴建厂区。它是我国较早的彩色电视机生产和出口基地,所产的电视机以素有"国色天香""花中之王"美誉的"牡丹"而命名,当时是国内的名牌产品,其广告语"唯有牡丹真国色,花开时节动京城",可谓家喻户晓。其广告语出自唐代著名诗人刘禹锡的《赏牡丹》:"庭前芍药妖无格,池上芙蓉静少情。唯有牡丹真国色,花开时节动京城。"诗里的"京城"本指唐朝首都长安(今西安),而广告词将诗里的"京城"借指产品产地北京。

1988年北京城建四公司开始在北京电视机厂厂区东侧兴建住宅区,到1990年底已初具规模,于是以该企业的品牌——"牡丹牌"命名为"牡丹园小区"。随着这一地区的逐渐开发建设,农田也逐渐减少,住宅区和道路不断增加,到90年代中期,所有的农田已消失。多条公交车在此设站,使这一带逐渐成为京北的繁华区域。2008年7月开通的地铁10号线又在此设"牡丹园站",使这一地名更为人们所熟悉。

西三环路上有"新兴桥"和"航天桥",北三环路上有"四通桥"和"联想桥",均以企业名称命名。1994年三环路改造,平交路口新建立交桥,临近的企业为建桥而出资捐助。为表彰其功绩,故用捐资企业名称的前两个字命名桥名。

新兴桥 位于海淀区南部,因地处历史上的公主坟,初名"公主坟立交桥"。据考,公主坟埋葬了两位公主,一位是嘉庆皇帝的三女儿庄敬和硕公主,生于乾隆四十六年(1781年)12月,于嘉庆六年(1801年)11月下嫁给蒙古亲王索特纳木多布济。嘉庆十六年(1811年)3月病故,卒年31岁。一位是嘉庆皇帝的四女儿庄静固伦公主,生于乾隆四十九年(1784年),于嘉庆七年(1802年)下嫁给蒙古族土默特部的玛尼巴达喇郡王。嘉庆十六年(1811年)5月故去,年仅28岁。按照清朝的祖制,公主下嫁死后是不能葬入皇陵的,也不能葬入婆家的墓地,须另建坟茔。因和硕公主和固伦公主是同年而故,时间相差只有两个多月,所以就埋葬在同一个地方。1965年修地铁时才将遗骸迁出坟墓平毁,如今的公主坟已难寻其踪,但古树尚存。

修建地铁时,为"文革"期间,故将在此所设车站称"立新站",取"破四旧,立四新"之意,后更名为"公主坟站"。1994年,在此修建立交桥时,初称"公主坟桥",由于缺少资金,临近的新兴集团予以捐资,由此命名为"新兴桥"。该桥为三层苜蓿叶形互通式立交桥,由12座分桥梁和4条匝道组成,复兴路与西三环路交会处。

航天桥 位于海淀区南部,西三环中路与阜成路交叉处,因桥东北处有马神庙村,初名"马神庙桥"。明清时往返京城与西山的马队、驼队多经过这里,为保佑骡马、骆驼等大牲畜平安旺盛,遂兴建了一座马神庙。马神即传说中的马王,是大牲畜的保护神。该庙始建于清乾隆八年(1743年),正殿供有泥塑的马神一尊,三目四臂,面目狰狞。庙前有牌楼及山门。清末,马神庙部分建筑被毁,但仍有牌楼和残墙。民国二十三年(1934年)在其旧址上建立私立学校,后更名为马神庙中心小学。而今马神庙早已消失,只有地名尚存。

1994年在此修建三层下环形互通式立交桥时,位于桥西北角的原航天工业部第二研究院予以大力资助,为了表彰航天人对北京市政建设的功绩,故将该桥命名为"航天桥"。

四通桥 位于海淀区东南部,北三环路与中关村大街交会处。因东北侧临近双榆树小区,初名"双榆树桥"。据传双榆树曾称"桑榆墅"。清康熙元年(1662年),清廷重臣明珠在此修建一座别墅,占地百余亩,园中有庭舍、回廊、小楼和许多果木,尤以桑树、榆树为多,故名。该别墅实为明珠之子纳兰性德读书之地。纳兰性德,字容若,康熙十五年(1676年)被赐进士出身。他特别喜欢这里的景致,常在此读书、创作,但他年仅31岁便去世了。多年后桑榆墅景致逐渐消失,成为村落,地名由"桑榆墅"谐音为"双榆树"。20世纪六七十年代这里建成居民区"双榆树小区"。

1994年修建立交桥,民营企业四通公司予以资助,故以该企业命名为"四通桥"。该桥为菱形互通式立交桥,长277米,是顺北三环路东西方向平地架起的桥梁。

联想桥 位于海淀区东南部,北三环路与中关村东路、皂君庙路交会处。因北侧紧邻大钟寺,初称"大钟寺桥"。大钟寺原叫觉生寺,建于清雍正十一年(1733年),世宗胤禛赐名。最初是为佛徒僧人创造寂静清修之地,也是清代皇帝祈雨的地方,而里面的大铜钟是后来移进来的，故该寺被俗称为"大钟寺"。大钟铸造于明永乐十九年（1421年），俗称"永乐大钟"。万历年间被移置西郊万寿寺，后又移至京城西北的觉生寺。每当辞旧迎新之时，它都被敲响108下，为京城百姓祈福。

1994年修建立交桥，民营企业联想公司予以大力资助，故以该企业命名为"联想桥"。该桥为菱形互通式立交桥，长685米，是北三环路上东西方向架起的桥梁。

健翔桥　位于海淀区与朝阳区交界处，即北四环路与京藏高速路交叉处，始建于1989年，其得名与桥北侧原航天航空工业部科研和生产单位有关。这些单位为使我国自己研制的航天航空器飞翔在蓝天上作出巨大贡献，为了表达对航天航空科研人员的崇高敬意，也祝愿我国的航天航空事业取得更大成就，特将此桥命名为"健翔桥"，取"矫健翱翔于天空"之意，此后在该桥的西北部建成的小区被称为"健翔园"，属学院路街道。

因特殊纪念意义命名的地名

远大路　位于海淀区南部，呈东西走向，是连接西三环路与西四环路的交通干线，其得名源于60多年前的远大农业合作社。

1953年冬天，海淀区东冉村村政府管辖的9个自然村，从长期互助组转变为初级社。1954年底申多社一社、刘广伦社二社和李玉侠试办社合并，于1955年初成立了高级社。可叫什么名字好呢？申多主任说："远大是前途远大的意思，就叫远大社好了！"社员们一听，也说好，前途远大，就是今后有长远的大发展，于是"远大社"

由此得名。

1955年10月28日,《北京日报》刊载了《远大农业生产合作社从初级社过渡到了高级社》一文,介绍了北京市郊区东冉村乡远大农业生产合作社从巩固到发展,从初级社到高级社的发展过程及其经验。同年12月27日毛泽东同志主持编辑《中国农村的社会主义高潮》一书时,将该文编入其中,并写了一篇重要批语(今称"对远大农业合作社的批示"),同时将题目改为《一个从初级形式过渡到高级形式的合作社》,对远大合作社的经验予以肯定,其中写道:"北京这个(远大)合作社的经验,可以做为其他具有同类情况的合作社的参考。"由此,远大合作社很快成为北京市农业生产合作社的样板,京郊的许多农业生产合作社纷纷到此学习、取经。

1958年远大社与四季青社及金庄社等合并,组建"四季青合作社",1958年8月成立人民公社时,称"四季青人民公社",公社下设工作站。1959年11月工作站改为生产大队,蓝靛厂工作站也改称蓝靛厂生产大队。1961年6月1日四季青公社对部分大队进行调整,蓝靛厂大队分为蓝靛厂、老营房、万寿寺和彰化4个大队。

1971年"东冉村大队"改名为"远大大队",1978年11月24日蓝靛厂大队、老营房大队与远大大队机场路北侧的生产队合并,改称"远大大队",原"远大大队"改称"常青大队"。1983年12月实行政社分开,四季青公社改称四季青乡,随后"远大大队"改为"远大农工商公司"。

20世纪70年代,在蓝靛厂南侧修建了一条田间路,以便大车(马车)通行,后改成砾石路。80年代翻建成柏油路,东起长春桥,西至昆明湖南路,长约1600米,因东西横穿远大大队辖域,时称"远大路"。当时因道路很窄,尚无公交车通行,所以连地图上都没有标注。后几经改造,1994年被正式命名为"远大路"。1996年12月收入《北京市海淀区地名录》。2003年以后,随着世纪城的建设,原本只有八九米宽的远大路被加宽取直,成为西接西四环路,东经长春桥路与西三环路相通双向行驶的城市干线公路。

八一湖 位于海淀区南部,玉渊潭南侧,面积为8.32公顷。水源来自永定河引水渠和京密引水渠,下游进入玉渊潭水电站,北岸经支渠与玉渊潭东湖连通。

据《玉渊潭公园志》载,1956年,在永定河引水渠工程建设中,为了提高玉渊潭调蓄洪水的能力,由中国人民解放军驻京机关和部队、学校等利用义务劳动,在玉渊潭南部的一片低洼地带,开挖了一个葫芦形的湖泊,遂与永定河引水渠接通。工程于5月29日开工,6月23日竣工,全部工程仅用了25天,解放军义务劳动达5.5万人次,共完成土石方10.7万立方,扩大湖面相当于玉渊潭原来湖面的二分之一。为纪念人民军队为首都建设做出的巨大贡献,故将新开挖的湖泊命名为"八一湖"。

增光路 位于海淀区东南部,东起三里河路,西至西三环北路,为1949年之后所辟道路。

明清时,京西花园村一带曾是京城官吏、客商、百姓西行的重要通道。解放初期也只是一条不知名的狭窄弯曲的乡间小道,附近有景王坟、花园村、北沙沟、马神庙、甘家口等村落,人烟稀少,较为荒凉,直到1949年以后,才进行开发建设。

1960年,苏联对我国实行经济封锁,撕毁合同,断绝技术援助,撤走专家,给我国刚刚开始的经济建设带来了极大困难。海淀区电线厂原为"公私合营西四草棕制品厂,1958年改产电线。在国家经济建设艰难的时候,几百名职工发扬艰苦奋斗精神,白手起家,与冶金专家共同克服重重困难,试制成功了当时苏联已经停止供应(、)我国经济建设又急需的铁铬铝合金钢,填补了我国冶金工业生产的空白。此后该厂正式改建成专门生产电热丝、电阻丝、焊条钢等特殊合金钢工业原材料的北京钢丝厂,为我国化工、运输、军事、仪器仪表等基础建设做出了重大贡献。

当时,北京钢丝厂门前是一条土路,每到雨季,路面泥泞不堪。为了生产运输和职工出行方便,1965年在朱德委员长的关怀下,市政府及时修建了自甘家口到厂门口的一条柏油路。修成后,朱德委员长称这条路是为国增光的"增光路",从此这条路就被正式命名为"增光路"。此后"文革"时曾改称"百万庄西路",1987年恢复原称。20世纪80年代末,市政府对"增光路"进行了大规模的整修,取直、加宽,此后又打通了道路的西口,使之与西三环路相通。

友谊路 位于海淀区北部,北起南沙河,向南与北清路相交,南至后厂村路,长3500多米。40多年前这一带为中日友好人民公社辖域,为推动中日友好事业的发展,故将此路称为"友谊路"。

1972年9月29日,周恩来总理和日本国总理大臣田中角荣在北京签署了《中日联合声明》,从此,中日邦交正常化。1978年10月23日,《中日和平友好条约批准书》(即《中日友好条约》)互换仪式在日本东京举行。中国外交部长黄华和日本外相园田直分别代表本国在《中日和平友好条约批准书》上签字。为推动中日友好事业的发展,同年同月,经中央和北京市有关部门批准,以当时海淀区的东北旺人民公社为主,吸收永丰人民公社和温泉人民公社的冷泉大队，成立了"中日友好人民公社"。由此该公社成为北京市最早对外开放的公社（村镇）之一。当时前来北京的日本友人大多要来这里参观、交流。公社也组成研修团前往日本学习研修农业、畜牧、果树、蔬菜、工业等方面的技术。

当时中日友好人民公社辖域内有几条乡村道路，其中南北走向的有三四条，东面有唐家岭路、西面有永丰路，在这两条路之间，有一条乡间大道，为石碴路，路面只有三四米，路边自南向北分布着东玉河、张庄子、辛店、邓家庄、土井等村落，附近多为农田和荒地，人烟稀少，人们称其为"北大道"。1978年以后，随着国际友人，特别是日本朋友到中日友好人民公社访问、交流的日益增多，该公社几次修整辖域内的道路，并将这条大道翻建成水泥路。因该路南北纵贯中日友好人民公社的北半部，为体现中日人民的友谊，故称为"友谊路"。1983年中日友好人民公社改为"东北旺乡"，仍有日本友人来此参观交流，"友谊路"之名也被保留下来。此后该路又多经修整、取直、加宽、绿化，成为海淀北部通往昌平的次干道。1994年"友谊路"被正式命名，1996年收入《北京市海淀区地名录》。

信息路 位于海淀区中东部，是贯穿上地高科技开发区南北方向的一条景观大道，原为三段，分别称信息北路（北起西北旺路，南止信息中路）、信息中路（北起信息北路，南止信息路）、信息路（北起信息中路，即上地南转盘，南止上地南路）。后经改造后，今北起上地八街，南接中关村北大街，因纪念改革开放所带来的信息时代而得名。

30多年前，信息路的南段只是北京体育学院（今北京体育大学）西侧的一条小马路，宽不过四五米，两边是庄稼地，连公交车都不通，北面不远处有个村庄，叫"上地"。原来一直没有名字，因为地势较高，南边的村子，离此最近，地势较低，往北一看，明显地势高出了足有5米。他们将这个北边高坡上的自然村称为"上地"，也就是"上边这个地方"的意思，久而久之便成了村名。实际是早年间这里的地势微见岗丘，相对来说比周边地区略高一些，形似一个高地，俗称"上地"，意为"上升之地"。上地曾被称为"永顺庄"，其得名源于村内曾有过的一座五圣祠。坐落在村内十字路口东北侧，建于清咸丰年间，建庙时要铸钟，并写上村名，当时"上地"只是一个俗称，不是正式的村名，而且是附近村子的人给叫成的。再者"上地"听着像洋鬼子的那个"上帝"。大家都不愿意将"上地"刻在钟上。后来有人说，上地东面不足十里的地方有个"永泰庄"，不如将咱这村子叫"永顺庄"，于是将"永顺庄"三个字铸在了钟上。但这个名字没有叫开，人们还是习惯叫"上地"。1949年以后登记地名时记为"永顺庄"，但人们总是称之为"上地"，于是又改回了"上地村"。

改革开放前，这一带是个名不见经传的地方，村子呈东西走向，周围多是农田和果园，1991年经国家科委和北京市人民政府批准，北京的新技术产业开发实验区"上地信息产业基地"在此建设。短短的几年时间，昔日的上地村发生了翻天覆地的变化，取而代之的是一个设备齐全，服务完善，绿树成荫，企业云集，以电子信息产业为主导，集科研、开发、生产、经营、培训、服务为一体的综合性高科技工业园。

在兴建产业基地的时候，自南而北修筑了一条主干道，临近的东西侧各修建了一条南北走向的道路。因当时兴建的基地更突出信息产业，新的信息时代到来了，于1993年将这条主干道命名为"信息路"。

创业路 位于海淀区中东部，地处"上地信息产业基地"西部，北起上地八街，南止上地四街，东与信息路平行，始建于20世纪90年代，为兴建"上地信息产业基地"时所辟道路，为了彰显改革开放中所具有的艰苦创业精神而命名。

开拓路 位于海淀区中东部，地处"上地信息产业基地"东部，北起上地八街，南止上地一街，西与信息路平行，始建于20世纪90年代，为兴建"上地信息产业基地"时所辟道路。为了彰显改革开放中所具有的勇于开拓精神而命名。

特殊历史时期更改的地名

"文化大革命"时，许多北京的地名被更改，海淀区也不例外，更改后的地名被冠以"革命性"。1976年以后随着"拨乱反正"，被篡改的地名逐步得到恢复，但也有地名被沿用下来，成为那个特殊历史时期的印记。

红旗村 位于海淀区西部的香山南路，为四季青镇门头村辖域，其得名与清代设立的健锐营有关。乾隆十四年（1749年）清廷平定四川大小金川土司叛乱后，在香山脚下设健锐营，并由静宜园（今香山公园）东宫门向东（左）南（右）两个方向伸展。向东为左翼四旗，向南为右翼四旗。而今天的红旗村所在地为右翼四旗之一的正红旗营房所在地。当时每座旗营设有围墙、营门楼、档子房、营房等。"辛亥革命"以后健锐营解散，八旗兵丁各谋生路，其营房被废置，有的改为民房，并在其旧址上逐渐形成村落，多以旗营之称得名。正红旗之营房所在地被称为"正红旗村"。1949年以后，取"高举革命红旗"之意，改称"红旗村"。20世纪六七十年代为门头村大队管辖，而今村落已消失，地名尚存，多条公交车设有"红旗村站"。

红联村 位于海淀区东南部，文慧园西路东侧，原名侯家坟，20世纪50年代此地有一弧形小土山及山前的几座坟头，据说是京城一个大户人家的祖坟，坟主姓侯，故名，60年代被逐渐毁掉，地名被沿用。此后逐渐形成居民区，1967年"文革"时期改称"红联村"（"文革"初期的红卫兵造反派组织称"毛泽东思想红战士联合司令部，简称"红联"）。此后在其附近形成新的住宅区，称"红联东村""红联南村""红联北村"，今属北太平庄街道。

志新村 位于海淀区东南部，北四环中路北侧。原名五道庙村，因村中有五道庙得名。五道庙是供奉"五道将军"的庙宇，在佛道典籍和民间称谓中，"五道将军"还有"五道神""五道真君"和"五道老爷"等名号。"五道"是指灵魂换世转生的"五道轮回"。民间常常将五道将军与专司捉鬼消禳灾的钟馗并列起来，是最受百姓喜爱的具有人情味的廉洁神祇，民间的这种信仰寄托着人们的善良愿望和朴素的情感。这座五道庙建于何时，已无法考证，清代时附近已有村落，并以庙称村名。1949年到60年代有十几户人家，属东升公社塔院大队，1967年"文革"期间被改为"志新村"（因当时有"革命小将立志'破四旧，立四新'"之说）。1978年以后，塔院大队搞农田连片，把零散农户迁到志新村。1985年以后，这些农户陆续转为城镇居民。从1988年开始，此地被逐渐开发建设成住宅区，仍称"志新村"，其周边所建道路称"志新路""志新东路""志新西路"，其东南部四环路所建立交桥称"志新桥"。

红专村 位于海淀区东南部,历史上称罗家庄、罗庄,因有清代罗家坟地而得名。1967年被改称"红专村"(有"又红又专"之说),1990年恢复原名。原有老住户50多户,多为东升公社社员。1980年以后太平庄大队从别处迁入300多户,逐渐形成平房区,90年代初被逐渐开发,现为罗庄东里和罗庄西里,为学院路街道管辖。

向阳新村 位于海淀区中部,北五环路北侧。本称道公府,也称悼公府、道王府。因葬有明宪宗次子朱祐极,尊谥为"悼恭",故称"悼恭府",后讹传为"道公府",为四季青镇自然村。

1976年因唐山大地震时,该村及南侧的丰户营村出现房倒屋塌现象,受损严重,故对该村重新建设,主街为南北走向,东西两侧为红砖排子房,丰户营村民也迁至该村。1969年为迎接"九大"召开,且当时歌曲《葵花朵朵向太阳》在民众中流行,故改称为"向阳新村",简称"向阳村""新村",如今多称"道公府"。

为公桥 位于海淀区南部,西三环北路与魏公村路交会处,因魏公村谐音得名。魏公村的来历和古代畏兀儿人(维吾尔族)有关,目前通常的说法是因元朝初期为畏兀儿人聚居地(维吾尔旧称"畏兀儿""畏吾")而得名"畏吾村",明代称"苇孤村",清代称"魏吴村""卫伍村",后谐音为"魏公村"。明代成化年间,太监墓志铭称这个村为"谓务村"。正德年间,太监墓志铭称"委兀村",张爵《京师五城坊巷胡同集》称"畏吾村",万历年间成书的《宛署杂记》称其"苇防护林地",皆"维吾尔"译音。直到清代道光十四年(1834年),这个村子仍叫"畏吾村"。清人乔松年《萝藦亭札记》载:"畏兀村,盖京西直门外村名。本西域畏兀部落,元太祖时来归,聚处于此,以称村焉。"清人查礼《畏吾村考》中写道:"京师西直门外,有村名畏吾。"1915年绘制的《实测京师四郊图》标有"魏公村"。"文化大革命"期间被改为"为公村"（当时大力提倡"一心为公"和"大公无私"），1982年恢复"魏公村"之名。1994年在该村西侧的三环路上兴建立交桥，因紧邻"魏公村"本应称"魏公村桥"或"魏公桥"，却被命名为"为公桥"。

新形势下香山地区
文物文化资源整合与开发
——基于香山文化资源的梳理与分类

樊志斌

在祖国迎来70岁生日之际,在《北京城市总体规划(2016-2035)》发布2年之际,尤其是香山红色教育基地建成之际,应该将香山地区的历史文化的系统梳理、考虑其整合与未来发展,作为一个大的课题进行思考,因为这一问题不仅是香山发展的大事,也是海淀、北京未来发展必要的工作。

笔者在香山地区工作15年,长期从事相关研究,仅就所知,对香山地区的重要文化资源进行梳理、分类,不免挂一漏万,权作引玉抛砖之举,亦望方家指正。

一、香山地区的界限与历史文化阶段

所谓香山,本于山名,或谓杏花满山、香气袭人,或谓山峰如香炉。至明代,遂有香山乡(面积颇大,东可至魏公村——《渌水亭杂识》谓,明代碑刻云,大慧寺在香山乡畏吾村)建制;至清代乾隆时期,海淀一带大兴园林,以玉泉山西为香山静宜园界;至民国时期,实行近代行政建制，中华人民共和国建立后，行政名称屡有变化，直到香山街道办事处的成立。

考虑历史的发展与现实文化相类、相关性，本文中的香山，指代一个泛地理空间，西自香山，东达玉泉山，南至杏石口，北界红山口，基本等于清代"三山"（香山、玉泉山、万寿山）之间区域。

本文中，偶因涉及海淀相应文化的内在关系，香山区域不时会有稍稍延伸。

（一）唐至金：香山文化的发轫期

香山地区的开发，有史可考，始于唐朝。唐朝贞观初年，香山东北侧的寿安山麓建兜率寺，殿内供奉檀香木卧佛一尊，俗称卧佛寺。这是关于香山地区最早的人文活动记载。

天福三年（938年），后晋皇帝石敬瑭割让燕云十六州给契丹，辽太宗将幽州（今北京西南的广安门一带）定为"南京幽都府"，成为辽国五京之一。香山地区的开发基本从辽代开始。

《辽史》载："耶律淳……寻病死，百官伪谥曰'孝章皇帝'，庙号'宣宗'，葬燕西香山永安陵。"又，明人徐善《冷然志》载："香山寺址，辽中丞阿勒弥所舍，殿前二碑载舍宅始末。"① 则在辽代，香山得到开发。

金海陵王完颜亮贞元元年（1153年）三月二十六日，金国正式迁都燕京，改名为中都，定名为中都大兴府，北京正式成为北方中国的政治中心。

---

① 本文引文不加注释者，俱引自《日下旧闻考》，部分著录书籍，因皆注释本书名不便注原书名，内容亦转引此书。

地位的提升带来了北京地区、香山的大发展，金世宗、金章宗祖孙深受汉文化的影响，对园林、宗教都抱有极大的兴趣。

先是，"大定中，诏(巨构)与近臣同经营香山行宫及佛舍。"至"大定二十六年三月，香山寺成，幸其寺，赐名'大永安寺'，给田二千亩、栗七十株、钱二万贯。"①

金章宗时代，在海淀西山一带大兴土木，在玉泉山建造芙蓉殿行宫②，在香山建会景楼、祭星台等③，不时巡幸。

《金史》记载："明昌元年八月，幸玉泉山；六年四月，幸玉泉山；承安元年八月，幸玉泉山；泰和元年五月，幸玉泉山，三年三月幸玉泉山，七年五月幸玉泉山。金史章宗纪明昌四年三月，幸香山永安寺及玉泉山；承安三年七月，幸香山，八月猎于香山。四年八月，猎于香山。五年八月，幸香山；泰和元年六月，幸香山。年九月幸香山。"

（二）元明时代：香山文化的发展期

元代，定都北京，名大都，北京第一次成为全国的政治、文化中心，作为京师近郊的香山地区自然备受关注。因此，元代是香山地区重要的一个发展阶段。

作为一代雄主，元世祖忽必烈不仅支持郭守敬引西山水，东入京师，济大运河，还幸香山永安寺，并在香山西万安山地方建造了

---

① 《金史·世宗纪》《金史·巨构传》。

② 《金史》卷二四《志第五·地理上》，刘侗、于奕正《帝京景物略》卷七《西山下》。

③ 《宸垣志略》。

大宣文宏教寺（也称弘教寺），即后来的万安山法海寺、法华寺。

元仁宗皇庆元年（1312年）四月，"给钞万锭修香山永安寺。"①仁宗子英宗极力扩建卧佛寺，即寿安山寺。《日下旧闻考》引《元史·英宗纪》云：英宗即位，是年九月，建寿安山寺，给钞千万贯。十月，命拜珠督造寿安山寺。（至治元年）三月，益寿安山造寺役军；十二月，冶铜五十万斤，作寿安山寺佛像；二年八月，增寿安山寺役卒七千人；九月，给寿安山造寺役军匠死者钞人百五十贯，幸寿安山寺，赐监役官钞人五千贯。

元文宗在位6年，大兴香山佛事。

先是，于玉泉山东，创建闻名后世的功德寺前身大承天护圣寺：天历二年五月，以储庆司所贮金三十锭、银百锭建大承天护圣寺。九月，市故宋太后全氏田，为大承天护圣寺永业。十月，立大承天护圣寺营缮提点所。

至顺元年（1330年），以四月所籍张珪诸子田四百顷赐大承天护圣寺为永业。二年二月，命田赋总管府税矿银输大承天护圣寺。三月，以籍入苏苏勒巴勒、丹彻尔特穆尔资产赐大承天护圣寺为永业。四月，发卫卒三千助大承天护圣寺工役。

九月，"命留守司发军士筑驻跸台于大承天护圣寺东。是月，幸大承天护圣寺。"②

不仅是大承天护圣寺，至元文宗还继续了卧佛寺的扩建工程，而且与大承天护圣寺的工程同时进行：至顺二年正月，以寿安山英

---

① 《元史·仁宗纪》。

② 《元史·文宗纪》。宋太后，即布达实哩皇后，田售银五万两，助建大承天护圣寺。见《元史·后妃传》。

宗所建，寺未成，诏中书省给钞十万锭供其费，仍命雅克特穆尔、萨勒迪等总督其工役，以晋邸部民刘元良等二万四千余户隶寿安山大昭孝寺，为永业户。① 工程之庞大，可以想见。

元代，还兴起了一座不起眼的建筑，但对后世影响极大，即耶律阿利吉建造碧云庵。

明代，太监大兴，多有太监居高位、挟巨资者，而太监年老出宫居住的规定使得他们大力扶持寺庙，以备老年居住。在皇帝、王室和太监的推动下，香山地区的寺庙得到极大的发展。

香山寺、碧云庵、功德寺、卧佛寺都有较大规模的复建和扩建，尤其是香山寺与碧云庵，更新建了宏光寺、玉华寺、宝藏寺、隆教寺、金山寺、圆通寺等诸多规模不等的大小寺庙。

香山寺殿五重，崇广略等，斜廊平檐，翼以轩阁。世宗幸寺，曰"西山一带香山，独有翠色。"神宗题轩曰"来青"。来青轩右上，转而北，为无量殿，转而西，曰流憩亭……正统中，太监范宏拓之，费七十余万，今寺有宏墓，墓中衣冠耳，盖宏从幸土木不归。②

香山寺是大太监范宏扩建的，其北的碧云寺则经过大太监于经、魏忠贤两次扩建。

正德中，御马监太监于经所造。经以便给得幸导上，于通州张家湾，榷商贾舟车之税岁入银八万之外，即以自饱，斥其余羡为寺于香山，而立蒙域于寺后，上尝亲幸焉。③ 碧云寺后有魏忠贤墓，本于经

---

① 《元史·文宗纪》。

② 《帝京景物略》。《怀麓堂集》则云："永安寺来青轩：轩居山半，俯瞰丛树，青黄相杂；循廊而上，殿阁崇丽，与平坡并峙，正统间太监范宏所建。"

③ 《涌幢小品》。

旧墓道，忠贤拓之，翁仲石麟羊虎森列，扶阑皆以白玉石为之，雕刻精巧。[①]明代，香山地区还创建了两座规模不大，但极有特点的"宗教空间"：一是香山寺上侧的洪光寺，二是万安山法海寺侧的晏公祠。香山附近诸寺庙名称与洪光寺情形，《帝京景物略》载：洪光寺径上指玉华寺，再上指玉皇阁，下指碧云寺，再下指弘法寺，十有八盘，而径尽至寺门，香山乃在其下。寺建自郑常侍同，生高丽，其国王李祹贡入中国，得侍宣宗，后复使高丽，至金刚山，见千佛绕毗卢之式，归结圆殿，供毗卢，表里千佛，面背相向，自为碑文，自书之。晏公祠情形复异，是以儒家历史、圣贤、经典为元素的祭祀性空间。《帝京景物略》载：晏公祠，正德中晏常侍忠所立也。过涧石桥，过桥，石门曰道统门，石殿三楹，像皆石，上像三皇五帝三王，左像周召孔孟诸圣贤，右像周程张朱诸大儒，壁五石龛，一龛标一经名，维以藏其经。殿外一石亭，亭壁列钟簴干戚钱镈弁裳之属，一如五经，以便治是经者，左龙马马毛旋五十五，数具一如河图；右洛龟龟甲四十五，数具一如洛书。东堂三楹，壁列忠臣龙逢以下、孝子曾闵以下，右图而左书其行事，以告观者。石像浑朴，不类汉以后及西域像。法堂后累石为洞，洞壁标先儒格言及咏道诗祠。

晏忠之所以为此，与明朝中晚期太监专权、学习文化有关，也与明朝理学的发展密切相关。此建筑不独中国少有，更是后人了解明朝儒学形而下化的标本载体。

另外，明代还是香山地区墓葬文化的大发展期，明朝景泰皇帝（其兄英宗亲征蒙古瓦剌部，被俘，景泰继位，后英宗放回，趁景泰病

[①] 《泠然志》。

中复辟）及诸多皇妃、公主、皇子、太监葬身此处。《长安客话》即载：景皇帝陵，在金山口，距西山不十里，陵前坎窞树多白杨及樗凡。诸王、公主夭殇者并葬金山口，其与景皇陵相属；又，诸妃亦多葬此。

在红山口到金山口、到香山，长达十数里的山边，尽是明人显贵墓葬，将香山地区的墓葬文化一下提升到一个前所未有的高度，如今香山一带的杰王府、四王府、娘娘府、小府、景泰陵、董四墓等地名和村民，都是以明代墓葬的坟户为基础，聚集转化而来的；而这又开启了近代香山地区墓葬文化的先河。

（三）清代：香山文化的繁盛期

清代是香山地区文化的繁盛期。

清代皇帝不惯京师夏季潮湿闷热——明末李伟治清华园、米万钟作勺园于海淀已开其绪，以海淀建造园林，避喧理政，先后建造起十数座皇家园林，并数十座达官显贵园林。

康熙十六年（1677年），皇帝于香山永安寺东麓建香山行宫，此为清代香山地区皇家园林的最早工程。十八年（1679年），以海淀清华园为基础修建园林，二十六年（1687年）完工，名畅春园。十九年（1680年），于玉泉山建澄心园，三十一年（1692年），更名为静明园。二十七年（1688年）前后，于畅春园西建西花园，供诸皇子居住、读书，于西花园南建圣化寺行宫。

康熙四十六年（1707年），在畅春园北部为三、四、五、七、八、九、十等（皇六子允祚康熙二十四年五月殇）七位皇子赐地建园，皇四子园名圆明园。六十一年（1722年），康熙驾崩畅春园，皇四子胤禛继位，即扩建圆明园，为其驻跸之地。

乾隆继位后，继续扩建圆明园，使圆明园成为规模宏大的皇家园林，嘉道年间仍有修改扩建。乾隆还对原有的香山行宫（乾隆十一年完工，更名"静宜园"）、建碧云寺行宫（十三年）、玉泉山静明园（十八年完工）进行扩建。乾隆十五年（1750年），于瓮山、瓮山泊修建园林，名清漪园，二十九年（1764年）基本完工。三十一年（1766年），复于圣化寺东建泉宗庙行宫。四十八年（1783年）建十方普觉寺行宫。

静宜园、碧云寺行宫、十方普觉寺行宫、静明园都在香山区域范围内，伴随皇家园林兴扩建一同发展的是香山地区的稻作文化。

清朝初年，于青龙桥西建稻田厂，为内务府所辖，种植、征收稻米，供应皇家。随着园林的建设，水系有所调整，园林内也点缀稻田；加之，康乾二帝极其重视农业，海淀京西稻的种植面积不断扩大，自六郎庄、青龙桥、北坞一带皆有种植，甚至石景山、黑龙潭有泉水处也有种植。于是，京西稻成为三山五园、香山地区重要的底色，构建了清代西山地区的稻作农业体系。

（四）1912年以后：香山文化的转型期

清朝灭亡，帝制在中国结束，1912年以后，是香山文化的转型期，与以前传统文化表现出截然不同的色彩。

先是，诸多皇家园林被私人化，有的保持了原有风貌，如基督教青年会租用十方普觉寺行宫，有的则被改造成近现代建筑，如诸多军政要员对香山各景点的占用和改造。周肇祥则在樱桃沟建造了退翁别墅。

这一时期，香山地区的主要大事有二：香山慈幼院的建立、中共中央到香山办公。

1917年9月，直隶省发生特大水灾，民国政府任命赋闲在家的前国务总理熊希龄督办水灾善后事宜。熊希龄走马上任后，于府右街北口路西成立慈幼局（局长为英敛之），收养灾民子女。

随着情况的转好，儿童多被父母领回，但有200多个儿童没有父母前来认领，在熊希龄、英敛之的努力下，由大总统徐世昌出面，拨静宜园为办学场所。1919年2月17日，香山慈幼院正式动工，经过一年多建设，于1920年10月3日正式开院。

香山慈幼院的整体教育理念是将学校、家庭和社会揉成一个整体，采用欧美国家单元教学模式，总院下分六个分院。将慈善与技能教育结合起来，培养了一大批有益于社会的人才，并引起了国际上的关注。

1949年3月25日，毛泽东率领中共中央、中国人民解放军总部从河北省平山县西柏坡村迁至北平，进驻香山——香山慈幼院于本月迁往城内，毛泽东住双清别墅，朱德、刘少奇、周恩来、任弼时住在双清别墅北面不远的来青轩。6月15日，因召开新政治协商会议，暂住中南海丰泽园菊香书屋。9月21日，中国人民政治协商会议开幕前夕，毛泽东由香山双清别墅移居菊香书屋。

中共中央在香山时间只有半年，但却与全国战局和中华人民共和国建立关系极其紧密。在双清别墅，毛泽东同志指挥了渡江战役，筹划新政协、建国大业，并写下许多重要文献和《人民解放军占领南京》等不朽诗篇，在中国共产党党史上具有极其重要的地位。

1952年10月12日，北京市人民政府园林局开始接管卧佛寺、碧云寺、八大处等地，随着时间的推移，形成了如今的北京市植物园、中科院北京市植物园、香山公园、八大处公园等，奠定了香山如今大略形势。

二、香山地区历史文化的分类与分布

全面盘点香山地区的历史文化，按照其属性，可以将香山地区历史文化分为如下几部分。

（一）传统园林文化

香山因其地理、形胜，历来受到人们的重视，但其真正得到开发是在清代。随着康熙、乾隆年间的建设，香山静宜园、碧云寺行宫、十方普觉寺行宫逐渐建立起来；而香山东的玉泉山则因其泉水而得名，其开发定型也是在康熙、乾隆之际。

作为传统文化集大成空间的园林，位于海淀的三山五园承载的不仅是清代300年的文化文物，更承载了中国数千年历史的文明，也承载着国人对美的追求和表现。

香山静宜园、玉泉山静明园不仅是"三山五园"区域最重要的组成部分，而且是三山五园中最有代表性的皇家园林，静宜园是最典型的山地皇家园林，静明园则是最善于利用泉水、最有代表性的石雕艺术的园林典范，碧云寺行宫、十方普觉寺行宫则是小型园林中的佳品。

从这个角度上说，香山地区的静宜园、静明园等皇家园林，不仅是旅游的优选目的地，更是海淀文化创意产业滋生的资源，更是海淀文化科技融合最好的题材，拥有无限前景。

（二）宗教文化

香山地区的宗教文化发迹较早，早在唐朝贞观初年，寿安山兜率寺即已建立起来，成为北京建寺最早的地方之一，金代香山寺、五华观的建立则将香山地区宗教文化推向一个小高潮。

元明清三代，北京成为统一中国的首都，香山地区的宗教文化更是得到蓬勃的发展，法海寺、碧云寺、宝藏寺、晏公祠、实胜寺、宝相寺、宝谛寺纷纷建立，香山寺、卧佛寺、五华寺得到扩改建，成为北京宗教文化最重要的代表区域。

作为今人旅游、舒缓社会压力的重要资源，香山地区的宗教文化空间，尚有整饬、保护、开发的巨大空间，如何在未来的发展过程中，整治道路、勾连交通，将资源的整饬、管理、开放结合起来，最大程度地发挥历史资源的作用，不仅是文物保护的课题，更是旅游、社会管理都应关注的对象。

（三）墓葬文化

传统时代，人们笃信风水，香山地区遂成为北京墓葬的聚集区，尤其是明代、清代、民国时期，香山地区名家墓葬迭出，如明代的景泰陵、清代的礼王坟、民国时期的万安公墓、熊希龄墓园、孙传芳墓园、梁启超墓园、王锡彤墓园、梅兰芳墓园、马连良墓园等，其主人在历史上都具有相应的代表性和相当的影响力；万安公墓更是李大钊烈士为首的诸多为中国现代发展努力和做出贡献人群的集中葬身地。

在这些名人、这些墓葬身上，寄托了国人对国家前途的关照、努力、奉献，是凝聚民众爱国心、进行爱国主义教育的重要资源。

（四）以稻作文化为核心的农业文化体系

历史上，香山地区水脉丰沛，经清代皇家的扶持，京西稻不仅成为优良稻米、作为宫廷专用稻米，更成为三山五园的重要借景。

京西稻中的御稻米，一称胭脂米，为康熙皇帝亲自培育推广，是第一个种过长城以北的稻米，也被曹雪芹写入《红楼梦》中，毛主席曾专门关照相关部门寻找。可以说，京西稻是中国，甚至世界农业史上最具文化内涵的农作物品种。

以京西稻为核心的京西原始农业体系，是北京历史的组成，更是历史上这一地区大众生活的载体，其创造的农业文化，已经入选全国第三批重要农业文化遗产。

除了京西稻为代表的农产、湖产外，董四墓的桃、西山的柿子等在历史上也久负盛名。

（五）文士文化

好山水自然引来了文人墨客，除了皇家为代表、为策源的文人墨客外，明朝末年著名史地学家、鉴定家孙承泽隐居樱桃沟，著《庚子销夏录》，吴伟业、钱谦益等著名文人都曾在樱桃沟留下诗篇；乾隆时代，著名文学家曹雪芹在正白旗写作《红楼梦》；道光年间，著名女文学家顾太清在香山镶蓝旗居住、成长；清末民初，著名画家、鉴定家周肇祥隐居樱桃沟。

其他名胜，如碧云寺、香山寺、功德寺等也都吸引了大量的文人墨客，留下诸多诗篇，成为香山深厚文化积淀的重要组成部分。

尤其是，曹雪芹、顾太清在清代文学史上占有崇高的地位，在中国文明史上也有较大的影响，应该成为北京、海淀、香山独特的文化符号，向世界推荐。

（六）旗营文化

乾隆十四年（1749年），将从金川前线（川西北）撤回京师的特种部队飞虎云梯兵，安插到香山左右两翼，建造营房、堆砌碉楼，号健锐营，并不断补充队伍，极盛时期，队伍3000余人。

旗人携妻、子居住，也就是说，香山地区曾分八旗驻扎万名旗人，旗人除了当差外，时间富裕、消费力强大，造就了香山地区独特的旗营文化（金启孮先生谓，因与京师区隔，较好地保存了乾隆中叶之前京师旗俗），还造就了如四王府、买卖街、门头村等一系列商业街区。

（七）红色文化

近代高等学府如清华大学、燕京大学、中法大学（法文预备学校设在碧云寺，后扩充为文理两科，改称中法大学西山学院）在海淀地区的成立和中国共产党在这一区域的活动，使得香山地区成为全国知名的红色文化区域。

孙中山先生曾一度在碧云寺厝灵、革命烈士李大钊埋身万安公墓、民先队在樱桃沟的活动、中共中央在香山等一系列革命事迹，使得香山在中国近现代史上、在中国共产党党史上占据重要地位。

在中央提倡不忘初心、重温入党誓言的历史时刻，应该将香山的文物文化资源好好利用起来，让红色更加成为思想和文化的主色。

当然，除以上主体文化外，香山地区的生态、采煤、山地农业、旅游文化等，都有其自身的特点，在北京历史文化中占有一定的位置。

三、新形势下香山地区
历史文化的保护与开发问题刍议

（一）香山地区所处的新形势

由于历史的原因，长久以来，香山地区的历史文化资源主要系香山公园、北京市植物园的对外开放，近些年来，因西山林场的道路整修，大众自发的爬山活动渐有影响。

随着《北京市总体规划（2016年—2035年）》的出台与落实，香山地区的发展方向日渐明确，那就是文化（园林、红色、红学、士人、旗营、农业）、生态加智慧城市。《北京城市总体规划（2016年—2035年）》涉及海淀未来发展定位的主要有两条：海淀区应建设成为具有全球影响力的全国科技创新中心核心区，服务保障中央政务功能的重要地区，历史文化传承发展典范区，生态宜居和谐文明示范区，高水平新型城镇化发展路径的实践区。[1]

具体到历史文化的保护与发展，在第四章《加强历史文化名城保护》中，明确指出：加强老城和三山五园地区两大重点区域的整体保护。

三山五园是对位于北京西北郊、以清代皇家园林为代表的各历史时期文化遗产的统称。三山指香山、玉泉山、万寿山，五园指静宜园、静明园、颐和园、圆明园、畅春园。

三山五园地区是传统历史文化与新兴文化交融的复合型地区，

---

[1]《北京城市总体规划（2016年—2035年）》第二章《有序疏解非首都功能，优化提升首都功能》第二节《推进中心城区功能疏解提升，增强服务保障能力》第23条功能定位与发展目标。

拥有以世界遗产颐和园为代表的古典皇家园林群，集聚一流的高等学校智力资源，具有优秀历史文化资源、优质人文底蕴和优美生态环境。应建设成为国家历史文化传承的典范地区，并使其成为国际交往活动的重要载体。

香山地区是海淀区最重要的生态涵养区、是海淀区最重要的历史文化区域，也是历史上马克思主义传播、中国共产党发展的重要基地，在北京城市发展中占据极其重要的地位。

（二）着力于历史文化的保护与开发

南水北调团城湖出水口在海淀的落成、永定河恢复供水的前景为香山地区历史文化的整治、恢复、开发提供了可以操作的条件；北京市东迁通州、香山红色教育基地的建成，又为香山历史文化的发展提供了难得的契机。

在这样的形势和背景下，香山地区的历史文化保护、整饬、发展需要从以下五个方面着力。

1. 中央层面的政策性支持

由于香山地区相应单位的复杂性、人口集聚的基数大等问题，香山地区历史文化的保护发展，不仅是海淀区的事情，更需要在一定高度和层次上取得北京市层面，甚至中央层面的政策性支持。

2. 整体性保护

《北京市城市总体规划（2016年—2035年）》关于三山五园地区整体保护、推动西山文化带发展的战略，要求将香山地区的历史文化资源做整体性保护，这种整体性体现在将整个香山区域纳入保护视野、计划中，而不是只保护几个重点。

如此，很多散落在不同单位，甚至散落在乡野的历史文物文化资源需要整体性的梳理、有计划的保护，并与得到相应保护的文物资源一起纳入发展计划。

3. 重点性研究、修复与宣传

当前，香山公园（含碧云寺）、北京市植物园、团城、四王府小学、香山小学内的历史文物文化资源，有专门的主管单位，能够得到较好的保护和利用，但其他相应的文物资源，包括西山林场范围内的，以及海淀区属管理的文物文化资源的实际保护、管理现状堪忧，更不用说利用和开发。

在这样的情况下，如何确保暂时没有相应明确力量保护、管理的文物文化资料的保护和利用，就应该成为重点研究的问题，如八旗印房、礼王坟、熊希龄墓园、旱河河道、袁氏墓园、妙云寺等。

另外，某些已经消失的文物文化资源，也应该给予适当的恢复和标志，如四王府广润庙、这一区域的跨沟石桥、引水石渠，门头村的番子营、关帝庙等。

重点性保护与宣传还应包括，对相应资源宣传和利用的重点照顾，香山地区的文化丰厚，但最主要的还是园林、红色、红学，这些文物文化资源的层次和对全国人民的吸引力，是其他文物文化资源所不能比的。在以后的发展中，对他们的重点扶持应是一大课题。

4. 地域性疏解

由于其他区域的整治，近几十年来，香山地区居住人口不断膨胀，建筑混乱，各种人口聚集。

在香山地区面临新的发展形势的背景下，香山地区的地域性疏解不可避免。如何既保证疏解的秩序，又符合市政府、中央保存原生状态的要求，是亟待考察的课题。

5. 相关产业的滋生

一个地域的健康存在，一定是相应产业的滋生，这就要结合本地域的既有资源和新型产业、消费模式综合考量。

总体看来，香山地区未来的发展应该是文化生态加智慧城市。文化，造就文化创意产业，造就高端旅游和相应消费（交通、餐饮、居住、文创消费）；生态不仅带来旅游、修养，还应带来市政层面的生态补偿；而智慧城市则为前者提供配套服务，包括交通、停车、导航、消费手段、相应服务等。

总之，中华人民共和国成立70周年，既为海淀、为香山的未来发展创造千载难得的机遇，也为海淀、为香山的未来发展提出了需要关注、解决的课题。如何关照、把握这个形势，成为摆在政府、社会各界面前的重大课题。

抛砖引玉，引发关注和讨论，或许才是本文的价值所在，谨以此文献给中华人民共和国70周年。

我与区政协提案工作

艾春吉

我不是政协委员,却担任过海淀区第五届政协提案委员会的特邀副主任。这一特殊的任命记下了我负责海淀区政府办理政协提案工作的一段难忘的经历。

走近区政协

1994年5月,我调任区政府办公室副主任。领导班子分工确定一位常务副主任分管政务科,负责办理人大议案、代表建议批评意见和政协建议案、政协委员提案。他出差,主任责成我临时代管一下,这"临时代管"此后竟延续5年,直到我离任。这期间,我想,海淀区的人大代表,尤其是政协委员中汇聚了海淀科学、教育、文化等领域人才的优秀代表,能接触他们,时时听到他们反映的社情民意和对政府工作的真知灼见,做委员参政议政的桥梁,可以为我做好分管的政府情况综合、重要文件起草、会务、信息、调研、文印、督察督办、档案等工作提供集思广益、吸收营养和获取信息的条件,就索性将此看成一个工作机缘。

"政协"是什么？政协与政府是怎样的工作关系？政协在基层的对应部门在哪儿、谁负责？"提案"是什么？怎么办理？因为工作没有"交接"，对于摆在我面前的是一大堆待解的问题，只能从学习和调研开始。

我首先来到政务科了解情况。当时，区政府办公室有38名行政编制干部，政务科区区3人，除负责办理人大代表建议和政协委员提案工作外，还有负责重大政务活动组织协调的职能。而每年海淀区应承办的市区两级代表建议、委员提案的数量居全市各区县前列。我了解到，仅1991到1993年，办复政协委员提案520件左右，比全市各县区都多。区委区政府领导对提案工作的充分重视，确保政协建议案和提案办理工作有力展开。但就具体工作而言我明显地感到，政务科一个科长两个兵，任务不轻啊。那时，区政协委员提案由区政协直接交给政府有关职能部门办理。但由于区政协没有对政府部门督查督办的行政职能，许多提案的办理迟缓，久拖无结；许多委员因不满意办理结果或答复意见而拒绝签字。这些几经多日扯皮而得不到解决的提案在基层走了一圈，才最后上转到政府办公室协调，效率不高。

我带着这些初步了解到的问题到区政协提案委员会听取意见。兼任提案委主任的秘书长陈世伟向我介绍了海淀区政协的界别、委员的构成及特点、提案委员会的工作职能和提案办理工作，并且他对政府系统办理提案工作也客观地提出了建议。谈到政协的性质，陈秘书长通俗而风趣地说："政协就是交朋友。"是啊，人民政协是中国共产党领导的人民爱国统一战线组织，党领导这个"朋友圈"，根据"长期共存、互相监督、肝胆相照、荣辱与共"的方针，不断充实与完善着多党合作和政治协商制度。随后,我拜访了主席张志田等区政协领导。同政协领导话题的重点自然是征求对今年和近年来政府部门办理政协建议案和委员提案的意见。

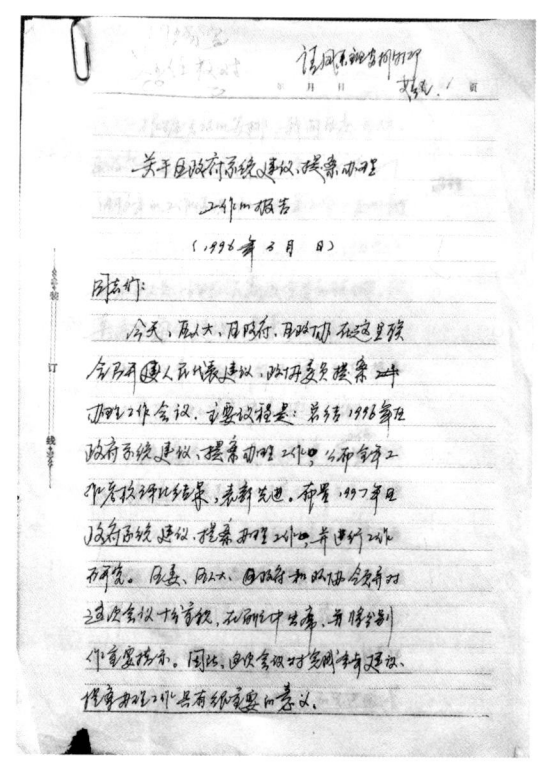

1996年3月作者起草政府系统建议提案办理工作报告手稿

通过同政协同志的接触,我对提案办理工作的政治意义和社会意义有了新的认识,思路上也有所启示。提案是人民政协履行政治协商、民主监督、参政议政职能的重要形式,办理好政协提案是各级党政机关的重要职责。政协提案是向政协全体会议或常务委员会提出的,是参加政协的单位和政协委员行使民主权利的组织行为,不是单位和个人直接面对承办单位的行为。

我带着区政协的意见和建议回到单位,同政务科同志在对提案办理中存在的问题进行分析后认为，一些单位对办理提案的答复不被委员认可，其主要原因在于对政协提案的政治属性缺乏基本认识；办理中对提案内容缺乏调查研究和具体分析；同委员沟通不够，方法上简单武断；办理过程中政府督查督办行政职能未能全程覆盖。

建立提案交办新机制

1996年4月，我调任区政府办副主任，正逢区人大、政协两会之后办理政协委员提案工作的初潮，也是诸多提案办理问题显露的当口。在调研中同政务科的同志一起对着一些"问题提案"内容进行了划类分析，大体划分出四种类型问题：一是职能所在，但认识不足，重视不够，办理拖延；二是职能所限或管理权限不在本区，未予协调，退回政协；三是办理条件（如物质、资金等硬条件，规划、跨部门等软条件）暂时不具备，且未列入后续计划；四是提案基本不可行，承办人员答复简单武断，提案人不满意。

我们分析，之所以出现这些问题，原因不在提案本身，更不在委员，而是政府办理委员提案工作需要改进。具体在以下几方面：

首先，解决前面我们讲的承办单位"职能所在，但认识不足，重视不够，办理拖延"问题。问题在单位，但责任在领导。必须通过持续的、一定形式的宣讲和教育工作，强化法规制度纪律约束，提高领导干部办理政协委员提案工作的认识水平和责任感。提高认识不会一蹴而就，需要设计教育平台，年年讲，经常讲，请区领导来讲，请先进单位来讲。要在总结经验的基础上，加强领导、严格要求、完善制度和机制。

其次，解决全程督查督办问题，制定办理政协提案工作考核办法。将区政府只对市政协委员提案和区委员"卡壳"提案办理协调督查，改为对所有涉及政府工作的建议案、提案全面加强全程督查、督办和协调；工作流程上实施一项重要的改革，就是凡是涉及政府工作的委员提案，其交办方式由区政协提案委员会向政府有关职能部门转交改为由区政协应届会议送交区政府，再由区政府通过政府办向有关职能部门下达办理任务，办理答复结果要先过承办单位主要或主管领导、政府办、主管区长和政协提案委这4"关"，最终由政协委员签属意见，才可以算办结。区政府制定了办理政协提案工作考核办法。

再次，强化区政府办公室在两会后召开的政府系统人大建议政协提案办理工作会议的动员作用。过去，会议由政府办一家办，现改为在区人大常委会和政协委员会支持下，同人大代表室、政协提案委共同办会。会议在总结上年度工作的基础上，将评先进、学经验、交任务、落责任、讲方法、解难题结合在一起，成为对承办单位主管领导、职能科室、工作人员办案工作的认识提高会、工作培训会和办理协调会。把政协委员提案办理工作同人大代表批评、建议和意见的办理工作统一部署，变政府"独角戏"为同人大、政协一起登台。就政协提案工作而言，这是政协提案交接的重要改变。

这个会议有四个针对性的突出特点，针对什么？一是针对个别单位不重视、不认真、不落实而出现上一年办理工作完成不好以至于影响全区工作进度的问题，提高会议层次，以区政府名义召开，由区政府常务副区长做动员讲话，提出工作要求，明确办理工作承办单位一把手负总责、主管领导负具体责任，政府办全程督查督办，重、大疑难提案由常务或主管副区长直接或协调办理的工作责任制；邀请区人大常委会于淑清副主任和区政协陈世伟秘书长出席会议，讲人大代表建议、政协委员提案在党和国家政治生活、改革建设发展中的重大意义。二是针对承办单位的认识不够和办理工作中职能不及、协作缺位、协调滞后等问题，会议上结合案例搞总结、表彰、进行部署。考虑到办理工作的双向性，对整体工作的总结、承办单位的评价和优秀提案工作的评定，都要听取人大、政协有关部门的意见；部署建议提案办理工作也不是简单交办，而是要求承办单位细审提案原文，依据本单位职能认领提案，对需要不同部门协同办理的，要当场协调协作关系。同时，及时将与承办单位职能不相符合的建议提案予以调整，以确保办理时限内完成。三是针对承办单位和人员在认识水平、工作能力、态度方法、人生事疏、办理流程等方面存在的问题，在会议中开设业务讲座，请人大代表室主任刘文焕专门来讲人民代表大会、讲代表、讲代表的批评建议和意见，请政协秘书长、提案委员会主任陈世伟专门讲政协、讲政协委员、讲委员提案。他们介绍优秀案例，回答承办单位的提问，同与会同

1995年6月工作会上邀请区政协陈世伟秘书长讲课

志互动沟通，解疑释惑。四是针对提案办理涉及市区、部门间协调、合办，在会议中明确责任和协作机制。

这个工作会议及"以会代训"的做法，为提案办理的顺利展开奠定了思想、方法和工作基础，得到了区委、人大、政府、政协领导同志的肯定和支持。政府办主办，人大代表室、政协提案委参与的集总结表彰、工作布置、学习培训、交流研讨、办案协调会议加培训为一体的方式成为一种有效机制和工作制度固定下来。基层单位承办政协委员提案也因循这一做法，还邀请相关政协委员参会协商，委员们很满意。

提高办理层级和开展委员咨询问政

海淀区是智力密集区，政协委员则集聚了众多科教精英、社会名流，可谓人才荟萃。政协委员提案，特别是许多优秀提案站位高、热点多、涉面宽，体现了很高的参政议政水平。为了充分发挥政协委员的这一优势，推动提案办理工作再上台阶，区政府因势利导，相继就"加强人大建议政协提案办理""办理人大建议、政协提案工作考评""办理人大建议政协提案专项资金管理"等做出规定；2003年1月制定并通过了《关于加强和改进建议提案办理工作的意见》，强化了委员提案办理工作政治要求、领导责任、制度约束，明确、完善了实践证明行之有效的办理机制。

海淀区的政协委员大多是社会名流和专家学者，他们的提案有许多真知灼见，一般性的办理不行，有些重大提案必须纳入区委区政府领导议事日程。李荻生等历届区委领导对党派提案都有办理批示，有的直接由区政府主管领导同委员面谈了解意图后再办理；李进山、王孝东等历届区政府分管这项工作的领导对党派、团体提案和重要的、有难点的提案办理也做出具体批示，有的则直接立会听部门汇报，进行协调和督办。王子生、于淑清、李进山、王孝东、张志田、周佩良等区领导都出席过两会后的建议提案工作会议，这就带动了基层领导，特别是党政一把手重视和过问委员提案的办理工作。

强化领导责任的同时，建立承办单位同政协委员的沟通桥梁是提高办案效率的又一客观需要。其中一项重要举措就是两会开幕前的"委员咨询问政会"。

当时，在协调提案办理时发现：提案涉及事项，有的不在承办单位职能范围内，有的办理职权不在区级，有的需要同驻区单位沟通协商，有的需要不同部门各自履行职能共同办理，等等。一些承办单位常常以职能所限、解决提案所提问题不具备条件难于办理为由而简单答复委员，委员很不满意，不签字；个别承办单位工作人员也想不通，跟我们发牢骚："政协委员也不能'金口玉牙'说啥是啥呀！"；有的提案则久拖不决，最终退给政府办重新分派，以至于延误办结时限。我们分析，办理这种提案，不仅提出了"需要协调"的工作要求，而且还提出了建立双向交流的工作需求：即政府部门要进一步认识政协工作的政治性、政策性和委员参政议政履行职能的权利义务，虚心倾听委员的心声；同时，还要让政协委员了解政府相关部门的职能和工作权限，让提案涉及事项准确针对相关单位职能提出，提高时效性。

我们同区政协提案委员会及时沟通、交换意见，采取了一些工作措施。一是区政协提案委通过多渠道在委员，尤其是新老委员中交流怎样撰写提案的经验，评选优秀提案；介绍办理政协提案的四类划分，满足三个条件，即 A 类表示提案所提问题已经解决或基本解决，B 类表示正在解决或已列入计划准备解决，C 类表示受目前条件限制或其他原因只能以后研究解决，D 类表示留作参考或说明为什么不可行。二是区政府各职能部门（包括市政府海淀分支机构）、街道办事处、乡镇政府利用书面、会议、面谈等方式向政协委员介绍本部门的职能和权属关系。三是要求同委员见面办理提案，有的要由党政一把手亲自出面，搞调研直接抓，杜绝简单的书面答复。四是前面提到的"委员咨询问政会"。小规模地把提案涉及问题集中，量大的部门，如教育、城建城管、环保环卫等相关单位将领导请来，再通过政协提案委把关注这些问题的政协委员请来咨询问政，敞开交流。区委区政府区政协领导高度重视委员"咨询问政"这一工作机制，将其提高层级、扩大规模。在每年政协会议开幕前夜，召开全区性的"政协委员咨询问政会"，区委区政府区政协领导悉数到场并讲话；政府各职能部门、街道办、乡镇政府主要领导带领各科室负责人，在会场摆台面对面回答委员提问、咨询，交流互动，气氛庄重、融和而热烈。政府部门以尊敬求沟通，以理解求合力，以协作求实效，推动政府办理委员提案工作上质量上水平。政协委员咨询问政活动成为制度化机制。

把提案办好 把好事办实

我在任的 1994 年到 1999 年，海淀区每年办理政协委员提案数量呈逐年上升的趋势，从不到 300 件，到接近 350 件。涉及范围也相当大，从经济体制改革、产业结构调整、科技园区建设、城乡基础设施建设、教育、卫生、社会治安、环境保护，到小区管理、通气通水、公厕修建、外来人口、入托入学、私搭乱建、市场扰民；还有些复杂的历史遗留的产权物权、部门利益问题，等等，可谓无所不有。许多问题的解决需要调查研究、多方协调、反复工作，甚至逐年推进。

提案所涉及的许多事项在区政府制定中长期规划和年度计划中都可以吸收或参考；有的须在实施中，注意吸收提案的有益意见。相比之下，一些具体的、微观"小事"关乎群众生活，涉及社会安定，牵扯部门单位利益划分，解决不解决，解决得好与不好，不是单单的回应委员提案的问题，而是委员和群众一起考问政府部们能否把提案办好，把好事办实。

我同政务科的同志说，到了政协建议案、委员提案办理时限时，能让区长在政协会议上对委员们说"对不起，还有多少件多少件提案没有办完"吗？大家都笑了——"那哪能啊！玩儿命也得拿下来"。这就是大家的共识。话虽这么说，但压力还是很大的。就我个人来说，我在政府办分管的文秘、信息、档案（修志）等多项工作事项比较繁重，但我不敢放松委员提案工作，尽量挤出更多的时间，应邀按时列席区政协常委会会议、参加提案委员会会议；同政务科的同志深入下去研究提案，一起拜访不满意办理结果和答复意见的政协委员，到承办单位与有关领导会商。许多提案都留下了深刻的记忆。

1994年，人大代表和政协委员相继提出解决志新村小区15号楼暖气不热问题。涉及石油勘探局、四通公司、市高教局、电子工程学院、首都师范大学等产权单位和设施改造工程及资金问题，解决起来相当棘手。经过同房产建设、管理部门长时间、多次协调，最终取得共识，使问题得以解决。

1996年，黄昌宁、林杏光委员提出《海淀图书城的经营特色和街容城貌急需改善》的提案，几年锲而不舍。考虑事关重大，就及时汇报，得到区领导的高度重视。人大、政府、政协的领导一起深入图书城调研，研究改造规划，落实提案。

1997年，侨联提出《小月河及周边地区实行综合整治》的提案，我们根据区委领导的批示，组织由区长助理主持的有关单位参加的现场协调会，落实提案。

1997年，董怡国委员提出《普惠南里居民楼安装煤气管道问题》的提案。他对我说，周围居民都通了煤气，就4~6号楼144户居民用不上煤气。看到60多岁的老人气喘吁吁地往6层楼扛气罐，我这政协委员的心平静不下来呀！"经过调研之后，成立了协调领导小组，我亲自当组长，协调街工办、区建委燃气办、拆迁单位、产权单位、

1997年1月18日，区政协五届三次会议提案组工作人员合影。

街道办事处,集资50多万元,完成了管道工程。通气那一天,在社区召开了隆重的仪式,居民们喜气洋洋,将"人民政府为人民""人民政协爱人民"两面锦旗,分别送给区政府和区政协。

把提案办好,把好事办实,成为我们最大的满足。

做政协可信的朋友

1994年区政协会议以后,根据提案工作的需要,我被特邀担任区五届政协提案委员会的副主任。通过参加政协的有关会议、委员视察活动,使我有条件了解政协的工作规则、规律和特点,也认识了许多名声不同凡响的政协委员。这对做好委员提案工作相当有利。

在一段时间的思想交流、对接磨合和协调配合中,我与政务科的同志同政协,特别是提案委员会建立了十分默契的工作关系和个人友谊。大家把委员提案工作看成共同的事业,彻底消除了你盯着我、我挑着你的距离感,成为信任、配合的好伙伴,以及志同道合的好

1996年区政协领导同提案组同志合影

朋友。

每年政协会，我同政务科的同志全都参加提案组，并抽调熟悉教育、城建、城管、政法工作的同志协助工作。委员一报到就是我们年度工作的开始，也是同政协合作的起点。

政府办召开提案工作会议，由于增加了会议内容，会期长，全区办案人员集中食宿，会议费用增加，人大、政协领导就对我说，你把会开好，预算的钱不够我们补。有的同志吃惊地说，还没听说人大、政协替政府花钱呢！

为了学习兄弟省市政协提案工作的经验，政协曾组织提案委员会外出学习考察，陈世伟、张秀慈两届秘书长都邀请政府办派人参加。

当时李进山同志担任区政府常务副区长，总是阶段性地听取我们办理政协提案工作的汇报，对于问题重要、办理复杂、进度缓慢的提案，就把相关承办单位的领导召集起来，研究、协调和督办。他的工作作风和方法，为基层领导树立了榜样，委员和提案委员会满意，我和政府办政务科的同志也很受鞭策，仔细查找工作中存在的不愿深入、不善研究、方法简单的弊端，不断改进工作。

曾经发生过一件让委员哭笑不得的事。某某委员以委员的身份就本部门存在但又由于政策或权限制约无法解决的问题提出提案，希望区政府协调解决。但这一提案由政府办工作人员按内容分类划归系统，找承办单位，结果提案又回到了这位委员本来就担任领导的单位，让这位委员又好气又好笑：这提案怎么成了我给自己提的呀！这类事情的发生，说明我们对提案内容研究的不透，对委员要求谁解决问题没搞清。后来，我们加强了提案内容分析，为了准确确定承办单位，确立了确定提案承办单位必须经过从政府办具体工作人员到政务科长,再到主管副主任三级审核的程序。

正是从领导到工作人员都秉承着不断改进的精神,提案办理工作总体上得到委员们的肯定。办理提案工作很辛苦、很复杂;很长见识,很要水平。这恰恰锻炼了我和始终凝聚心力干

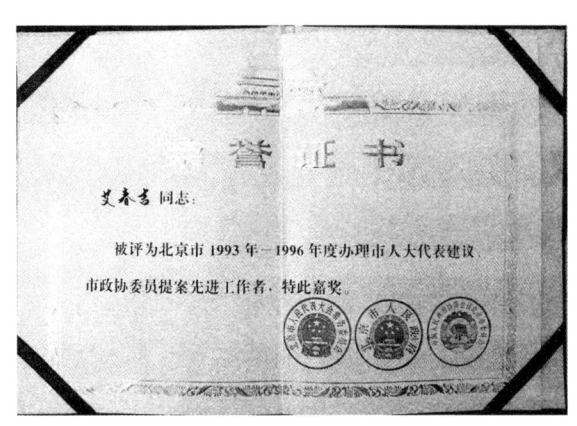

1996年11月作者获得的荣誉证书

工作的政务科的同志,大家同政协和工作委员提案结缘,也赢得了信任和荣誉,1996年11月,我同政务科长李学江被市人大、市政府、市政协评为办理市大代表建议市政协委员提案先进工作者,为海淀区这项工作赢得了荣誉。后来李学江同志被提职任用,我也于1999年调任海淀区精神文明建设委员会办公室主任。在离开这项工作之前,我同政务科同志进一步完善了办理人大代表建议、政协委员提案的工作制度、规范和办案程序,以期使这项工作建立起长效机制。

政协工作改变了我的人生

陈世伟

人民政协成立70周年,作为一名老政协工作者,心中难抑激动振奋之情。想起彼时偶回故里,同窗对我说"你好像变了一个人",此话曾引起我许多久远的联想和琢磨。我变了吗,哪儿变了,变什么样了……是啊,16年政协工作,真实不虚地改变了我的人生。

俯视·平视·仰视

调到区政协之前,我一直从事教育工作,当老师16年,在机关12年。28年来,养成了一些职业习惯的臭毛病,例如,学生永远在我视线以下,在学生面前,总会自觉不自觉地摆出一副"教育者"的姿态。即使错了,也得拐弯抹角地挽回一点自己的"面子"。到教育机关工作,和学校有个上下级关系,那种要不得的"俯视"恶习还会时不时地流露出来。

1981年海淀区政协成立,召开第一次全体会议,我有幸被抽调担任工作人员,连续三年负责每一次全会的简报组工作。尽管开会采访、写稿改稿,天天忙到深夜,甚至通宵达旦连轴转。但是,不知哪儿来的一股劲，累并快乐着，忙却振奋着。忙过之后冷静下来，我明白了，在我的服务对象，这些党请来的社会各界精英面前，我虚心学习还来不及呢，除了仰视，还有什么可以给"自我"留点余地、摆点讲究的呢？三次会议服务，使我增进了对政协工作和政协委员的认识和感情。

正值换届之际，时任区政协主席、原区教育局长李书龄执意又恳切地要我到区政协工作。老领导的信任和厚爱，除了服从，我说不出别的。就这样，1984年1月，我调到区政协办公室工作，成了一个名副其实的政协工作者。

工作内容变了，服务的本质不能变；服务对象变了，服务的方式必须变。作为政协机关工作人员，首要的是为政协委员服务好，为他们参政议政、咨议献策创设条件，疏通渠道，为他们合理的诉求协调各方、排忧解难。与委员交知心朋友，活动中品味净友殊荣，交谈中汲取处世涵养，学习中增强爱国情怀，采访中心树时代榜样。

到政协工作一段时间后，我似乎感到自己的视线调整过来了。因为，委员的经历、知识、能力、社会交往，都优于高于自己，做好服务工作，只有守住谦虚、谨慎努力学习的本分。在这个新的氛围之中，无论处人阅世，只有"平视"和"仰视"，绝没有也不可能有任何一丁点儿"俯视"。这样的收获，假如让我再回到原工作岗位，或到别的单位，一定能够更好、更自然地持正心态服务到家。

近视·远视·透视

初到政协，难免有点懵。一是原来局限于学校学生，眼界没那么宽、那么远；二是习惯于就事论事，缺乏理论思考联系分析。听委员发言、看提案分析、读有关文件、拟相关文稿，突显自身浅薄，深感求知迫切。

参加会议，聆听委员发言是非常解渴的学习。特别是委员中的专家教授，他们的发言针对区情特点、联系国内国际形势，不乏引经据典，列举数据案例，建言献策颇具科学性、前瞻性；几位高新科技企业的老总，能够透过文件中的文字，整理出带有方向性的解读；一些基层工作的委员，密切结合实际，详情分析利弊，提出具有可行性的中肯意见和积极建议；民主党派的咨议，站在全区的高度，提出全局性、政策性、能够整体推进的分析建议。政协的参政议政和各种意见建议，因其高质量和代表性，理所当然地受到区委区政府高度重视，被吸收采纳见诸成效。

机关给了我极好的进修机会，补文化、学理论；提供多种学习文件参阅资料，析政情、理大势；参与各类会议委员活动，听发言、学分析；接受各类文稿的起草撰写任务，练功力、提素养。就这样，自己迫于形势，养成了一些适用的习惯：看报读书适当做些摘录索引，阅读文件突出归结几点精华，聆听委员发言专心记录要点，参加委员活动及时追记补录。就这样，平日详记的笔记本，积攒的各种资料，到时候信手拈来立派用场，明显提高了工作效率。

在政协工作16年，也是学习长进的16年。还说眼界吧，好像治好了原先的"近视"，目力和视野拓宽展远了。在一定程度上，还能联系往今、顾及环周，形成比较立体全面的思路心径。

要说变，政协工作的锻炼，使我培养起读书看报勤记笔记的习惯。退休以后，依然故我，每天不少于两个小时。还有对待问题，学会冷静思索，避免一时冲动，减少浅尝辄止，尽可能把情况前思后想、悟得透一点，把排忧解难的办法想得周全一点。思想方法的转变，是人生价值的可喜蜕变。

知心·交心·同心

人民政协高举团结民主两面旗帜，贯彻落实党的统一战线方针政策，团结一切可以团结的力量，调动一切积极因素，通过政治协商、民主监督、参政议政，为民族振兴、国家富强、人民幸福，发挥巨大而不可替代的作用。政协以委员为主体，无论哪种组织形式、参政议政方式，政协整体功能的发挥，都有赖于全体委员的担当、能量、责任心和积极性。作为政协机关工作人员，首要的是热爱政协和政协委员，了解委员、读懂委员、服务委员，做委员的知心朋友。这方面，政协制定的"联系委员制度"，分工走访采写委员集撷成书，都是卓有成效的良方佳法。

在政协工作的日子里，我也通过服务、联系、采访，结交了许多良师益友，留下了许多隽永记忆，收获了许多人生教益。

北京大学教授、区政协陆卓明副主席，为人爱国刚正、敢于直言，他当着区委书记质疑电子一条街是"骗子一条街"，领导责成我陪同教授实地调研，经过调研，他终于表示理解并书面提请区委加强领导，提出几条积极建议。我曾向他请教"区位论"，他运用毛主席的《矛盾论》，深入浅出地为我讲解。他患病以后，我代表政协多次看望，在一次做完化疗之后，他贴近我的耳朵用沙哑的嗓音费力地说"谢谢政协！"看着他消瘦不堪的脸庞，我止不住流下了眼泪。他去世的消息，家属第一个告诉我。后来，陆夫人特意将教授关于"区位论"的遗著郑重地转送给我。

孙肇玲和孙文璟委员，一位研究员，一位中学教师，都是台胞台属界别的活跃委员，参政议政热情奔放。她俩不幸先后罹患不治之症，就在孙肇玲委员离世的前一天晚上，她强忍病痛对我说："看见你，我高兴！"孙文璟委员病重期间家属对我说："她最想见你"。她去世后，由我陪她爱人按照孙委员的生前嘱咐，将抚恤金等捐赠给区图书馆。

跟委员交往感人肺腑的事例太多了。心仪的工作，贴心的服务，教给了我人生处世的真谛，学会统战政协的处人处事风格：爱心宽容、体贴入微、求同存异、无往不胜。

手勤·腿勤·脑勤

政协机关是一个很锻炼人的地方，工作的性质、服务的对象，多党的组成、老少的搭配，构成了特殊的氛围。作为一名工作人员，领导和同事督着你，委员和党派看着你，容不得将就和懈怠，架不住偷闲和安逸。你就得自觉慎独，你定要找准定位，你必须奋发有为。

我在实践中，渐渐悟出了作为政协工作人员必须遵循的七字要诀："干说学写思得文"，并且自己带头做到。我认为，前4个字是对干部的一般要求，谁都应当这样做。但对政协干部还有更高一层要求，应当"行有所思"，用理论来指导实践。还要"思有所得"，即不断总结，努力上升为理论的总结。还要"得而成文"写总结、写论文，留点东西。我也是被逼上梁山的，每年撰写公文10多万字，还主动结合工作撰写论文，屡屡得到中央、市区有关部门的认可与刊发。值得提及的是我写的《政协秘书长的位与为》一文，被中共中央办公厅秘书局主办的《秘书工作》1998年第3期全文刊登。《试论人民政协政治协商和民主监督的经常化、制度化》一文，1988年9月经北京市委统战部推荐，被收入《第二次全国统战理论会论文选》。

政协机构层次较多，上下内外联系较多，分工协作相互关联。我体会，摆好自己的位置特别重要，尤其是担任秘书长以后，如何给自己定位，我写了一首打油诗："兵头将尾未敢前，干说学写身为先，协调服务当助手，酸甜苦辣讲奉献。"还给自己规定做到"六个善"："善思考，善文稿，善说道，善结交，善协调，善检讨。"关于秘书长的工作体会，除了整理成文，还在市政协讲过2次：一次在区县政协秘书长会上，另一次是2007年我退休后的第9年，应市政协邀请给各区县政协新任秘书长讲的，反映不错。

政协工作对我既是考验又是锤炼，逼着我勤学以胜任，奋力为达成。忙不在乎，专心致志；旁无杂念，以苦为乐。以至于，退休之后，惯性使然，热心公益，忙不嫌累，心地充实，利他利己，健心健体。

如今我81岁，身体尚好，精神更好，忙忙活活，常乐知足。退休21年，曾给区政协编辑20周年画册、30周年画册和文集、35周年文集；担任《海淀区志》副主编，主撰《概述》和《综述》；给市政协修志撰写"政治协商"部分初稿；到一家民营企业组建党工团组织，开展思想政治工作，构建企业文化，后来该企业获得北京市委和全国工商联的褒奖；担任党的十八大、十九大精神宣讲员，受到区委和街道称赞；担任区老干部关心下一代工作委员会负责人，坚持活动发挥作用，当年委员会被评为市"老干部工作先进集体"；连续10年担任《海淀老干部》杂志义务校对员；除自己出书、写稿近百篇外，还联系30多位老同志写稿改稿，刊登各类文稿40多篇……有的同志夸我："老头儿好使！"这话，我特别爱听！

若要问我哪儿来的这股劲？有初心，有惯性；有善心，有韧性。但是，我要说，还是在政协工作期间养成的爱心、宽心、仁心和脾性。政协工作改变了我的人生！我要倾心高呼：我爱你，感谢你，我的政协，人民的政协，永远的政协！

下篇

丹棱文萃

开创性的金代水利工程

张文大

北京城的前身蓟城建在高梁河水系的莲花池支系，高梁河水系左右是温榆河、永定河水系。金代在蓟城旧址上建立了中都城，人口剧增，需要更多的粮食和清洁水源。北京地区粮食生产不能满足需要，必须由外地调运。金代开始尝试借用永定河水解决漕运问题，结果失败了。接着借用温榆河水获得成功，不但解决漕运水源问题，也为后世解决漕运水源提供了新思路。中都城需求大量清洁饮用水，尤其是皇家用水。金代开凿了金水河，将玉泉山的清洁水源引进皇宫别苑，也为后世皇家用水提供了有益的经验。金代水利工程具有很强的开创性。

一、金中都水源

金中都城建在蓟城基础之上。今天广安门北街心花园中矗立着蓟城纪念柱，上面镌刻 16 个字：北京城区，肇始斯地，其时惟周，其名曰蓟。自周武王褒封帝尧之后于蓟，始建蓟城，历秦、汉、魏、晋、隋、唐、辽、金，虽然城市范围逐渐有所扩大，但城址始终没有改变。所以蓟城水源就是金中都水源。北魏时期的《水经注》记："㶟水又东，与洗马沟水合，水上承蓟城西之大湖，湖有二源，水俱出县西北平地导泉。流结西湖，湖东西二里，南北三里，盖燕之旧池也。……湖水东流为洗马沟，侧城南门东注……其水又东入㶟水。"① 蓟城水源于城西的大湖，大湖水流经蓟城外的西湖，西湖即今莲花池，西湖是"燕之旧池"，所以史学界认为蓟城建在莲花河水系的莲花池东侧。

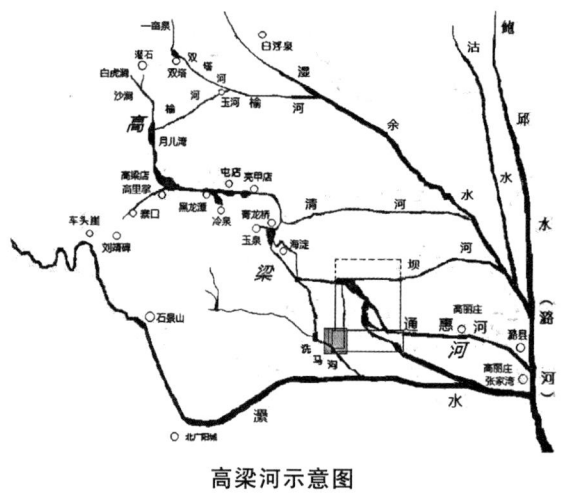

高梁河示意图

据文献记载，广安门一带除有莲花池水外，还有来自高梁河水系的玉渊潭、燕家泊水。《光绪顺天府志》记载："大湖在府治西四十里，南流入洗马沟，与玉渊潭、燕家泊诸水汇而为西湖。"② "洗马沟、大湖、玉渊潭、燕家泊四水，旧与西湖俱合㶟水。"③ 另一版本《水经注》记："㶟水又东，与洗马沟水合，水上承蓟水，西注大湖，湖有二源，水俱出（蓟）县西北平地，导源

---

① （北魏）郦道元撰、清杨守敬纂疏、熊会贞疏《水经注疏》江苏古籍出版社，1989，第 1195 页。

② （清）周家楣、缪荃孙编纂《光绪顺天府志五》北京古籍出版社，1987，第 1247 页。

③ （清）周家楣、缪荃孙编纂《光绪顺天府志二》北京古籍出版社，1987，第 619 页。

流经西湖，湖东西二里，南北三里，盖燕之旧池也。……湖水东流为洗马沟，侧城南门东注……入灢水。"①《古燕国史探微》作者历史学家常征先生认为蓟水讹为金水，再后讹作"金沟河"，东流入玉渊潭。蓟水源自模式口和八大处、香山一带，东流过杨庄，在龚村南、老山北、梁公庵以西一带汇聚成湖，疑是大湖。石景山区杨庄以东、老山以北、龚村之南、田村山以西的大片沙石坑极有可能是大湖，只是流入大湖的两个平地泉已经毫无踪迹。"大湖有二源，水具出县西北平地"，疑是香山下的普安店、翠微山下下庄一带，今南旱河路可能是蓟水遗迹。金元两朝开金口河导致卢沟河泥沙淤积大湖，成为今天的砂石场。

关于燕家泊。史地专家张有信先生研究地下水资源，花费3年时间跟随28支钻探队，收集西郊28处地层资料，撰写了《对京西水系形成和变化的探讨》一文。其中有以海淀区政府为中心，巴沟、万泉庄、万柳一带的建设钻探地层资料，资料显示区政府西侧地下有4米厚草木炭，巴沟、万柳等地略薄，草木炭面积是昆明湖面积的三倍，疑是燕家泊。

既然西湖（莲花池）水源来自玉渊潭和大湖，玉渊潭水又来自燕家泊，燕家泊、玉渊潭水即高粱河水。另外高粱河入积水潭后，从西南出，经西直门内横桥折而南，即今赵登禹路、太平桥大街、佟麟阁路，到蓟城北护城河，称之为高粱西河。此河至民国时才改成排水的暗河、马路。高粱西河也是蓟城水源之一。莲花池水系是高粱河水系的一个支系，所以高粱河水是蓟城的水源。

① 常征《古燕国史探微》，聊城地区新闻出版局，1992，第267页。

二、金代首开金口河、闸河　借永定河水济漕

灢水（永定河）早在唐代已经不再从广阳城北往东北流，经过蓟城南、东流到通县笥沟（金港沟河），而是从广阳城南流经大兴、安次县到泉州（古天津）入海。洗马沟水、高梁之水不再入灢水。洗马沟水东流汇入高梁之水，再沿灢水故道继续东流，即后来的凉水河，到通州笥沟。由于高梁之水（即高梁河）原本水量不大，到平原成网状河更是浅涩，很难用于漕运。金代开始引卢沟水，通过金口河到中都城北护城河，再经高梁河东流到通州张家湾（后来的通惠河），称之为闸河，计划用于漕运。

金口河示意图

1170年制定计划，1172年金口河、闸河完工。《金史·河渠志》记载："大定十年（1170年）议决卢沟以通京师漕运。……及渠成，以地势高峻，水性浑浊，峻则奔流善崩，浊则淤淖成浅，不能胜舟。……竟未成功。"[①]金代金口河、闸河的开凿没有成功，留下的只有教训。

---

① 清于敏中等编纂《日下旧闻考三》引《金史·河渠志》，北京古籍出版社，1983，第1554页。

"大定二十六年（1186年）三月，尚书省言：孟家山金口闸下视都城百四十余尺，恐暴水为害，清闭之。从之。"[1] 金代金口河、闸河存在十余年，并未达到漕运的目的，最终还是堵塞关闭了。但是闸河为泰和年间的韩玉、元代的郭守敬漕运河道奠定了基础。

三、首创引温榆河一亩泉水通漕

《光绪顺天府志》载："金运河导源一亩泉。金节高梁河、白莲潭诸水通漕。世宗时，开卢沟金口通漕无功。泰和中，韩玉建言，开潞水漕渠，盖用一亩泉为源也。"[2] 即金世宗时，金口河没有解决通漕的问题。到金章宗泰和年间，韩玉建议用一亩泉水通漕。一亩泉在昌平县，属温榆河水系，是双塔河、榆河的源头。温榆河与高梁河相邻。要把温榆河一亩泉水引进高梁河，必须开凿一条人工河道，《天府广记》记载这条人工河为官河，"官河源

官河遗迹示意图

---

① （清）于敏中等编纂《日下旧闻考三》引《金史世宗纪》，北京古籍出版社，1983，第1727页。

② （清）周家楣、缪荃孙编纂《光绪顺天府志五》，北京古籍出版社，1987，第1346页。

出昌平县一亩泉,分为二流,一曰官河,流入宛平,合高梁河。一曰双塔河,经双塔店入榆河。"① 官河源自一亩泉,在双塔店以北,官河沟通了双塔店和高梁河,高梁河道成为金代运河的主干道。

一亩泉的具体位置,《元史·河渠志》记载:"双塔河源出昌平县孟村一亩泉。"② 明清志书记一亩泉泉址由孟村改称新屯。天顺五年(1461年)《大明一统志》记:"一亩泉在昌平西南新屯,广约一亩。"③《日下旧闻考》云:"一亩泉有二,一出昌平州西南新屯,一出南苑。"④ 此条及后条《元史·河渠志》《元一统志》诸书所述,皆指昌平之一亩泉。

但是到清末,由于河道变迁、文献匮乏等缘故,志书记载出现混乱。《光绪昌平州志》在南沙河条中云:"一亩泉在北辛立屯东,东南流经皂角屯西明太傅珠墓前,入南沙河。"⑤《光绪昌平州志》认为北辛立屯是《日下旧闻考》中的新屯。《光绪昌平州志》所记的北辛立屯,今称辛力屯,在双塔西南三里。按《读史方舆纪要》所记一亩泉在双塔北分二流,一为官河,一为双塔河,所以一亩泉应在双塔以北。辛力屯在双塔西南,地势低于双塔,辛力屯一亩泉水不能流到双塔北的双塔店,所以辛力屯一亩泉不是《日下旧闻考》

---

① (清)孙承泽纂《天府广记》,北京古籍出版社,1984,第528页。
② (清)于敏中等编纂《日下旧闻考四》卷一百三十四,北京古籍出版社,1983,第2166页。
③ 《大明一统志》卷一《顺天府》,第17页。
④ (清)于敏中等编纂《日下旧闻考三》卷八十九,北京古籍出版社,1983,第1498页。
⑤ (清)缪荃孙、刘万源等编纂《光绪昌平州志·山川记第四》,北京古籍出版社,1989,第186页。

所说的新屯一亩泉。

《元一统志》记录白浮堰所受各泉位置的顺序是："昌平白浮村之神山泉下流，有王家山泉、昌平西虎眼泉、孟村一亩泉、西来马眼泉、候家庄石河泉、灌石村南泉、榆河、汤泉、龙泉、冷水泉、玉泉诸水毕合，遂建澄清闸于海子之东。"① 可见一亩泉在虎眼泉之西、西来马眼泉之东。文献记载，虎眼泉在旧县西南，马眼泉在小亭子庄村南，一亩泉必在旧县西到小亭子庄之间。通过实地踏勘，在这个范围内有个辛店村，村东北有一个数百平米的大坑，大坑以北数里是关沟、塘泥沟（龙潭谷），有大量山泉水入渗地下，在辛店大坑复出。大坑南连接一条干涸的河道，今称辛店河。辛店河向南流到双塔店。因此断定辛店村水塘是一亩泉，辛店就是《日下旧闻考》说的新屯，元代叫孟村。

高梁河发源今昌平、海淀两区交界的白虎涧、沙涧，东南流到高梁店，即今海淀区温泉镇的高里掌村北。高里掌是高梁庄谐音。高梁河从高梁店向东流，绕过百望山入七里泊（又称瓮山泊，即今昆明湖），再东南流到今西直门，从西直门北侧入积水潭。高梁河主河道是积水潭，又称白莲潭，金代"为闸以节高梁、白莲潭诸水"，在白莲潭建闸截流，使水经过高梁西河流向金中都北护城河，东流接大定年间的闸河，东到现在高碑店、杨闸，杨闸附近原有村名高丽庄。再东流到通州张家湾高梁庄。今张家湾有大高力庄、小高力庄村，应是因村庄地处高梁河畔得名高梁庄，谐音演变而成今名。高梁河水少，不能满足漕运需求，故金代借用一亩泉，通过人工开

---

① （清）于敏中等编纂《日下旧闻考二》卷五十三，北京古籍出版社，1983，第851页。

凿的官河、入高梁河、闸河，漕运获得成功。

官河从双塔店向南流，即可入高梁河。笔者多次到双塔寻找官河遗迹。一次见双塔村西、双塔店南岸有一段河道被一家民居挤占，变得很窄，往南一段已经平整土地成了果园。继续往南，有一家养鱼场，三四座鱼塘南北排了一串，显然是改造河道而成。鱼场门前是一条东西向小马路，马路以南是一条笔直的干沟，经测量沟宽21米，深1.5米左右，长约2000米。村民在沟里耕种，称长幅地。长幅地个别地段建了饲养场，几处有建筑遗迹，河床泥土中有大量蚌壳、螺蛳壳。村民的长幅地明显是一条废弃的古河道。长幅地尽头由于建设住宅等原因，河道痕迹消失了。从卫星地图上可以清楚看到这条宽阔的古河道。笔者认为这条古河道应该是金代开凿的官河遗迹，往南在沙涧村东接高梁河。

现在，双塔村与西闸村紧邻，属海淀区。双塔河东有东闸村，属昌平区。东闸、西闸之间的河道中，20世纪70年代挖沙曾挖出许多花岗岩条石，条石之间有银锭铁相连，可能是双塔店闸基础遗址。西闸、东闸似是两闸，其实是一闸，闸西、闸东各一村。枯水季节闭闸蓄水，洪水到来开闸放水，过量的洪水东南流经双塔河入温榆河，保证流入官河的水量适度。

双塔闸是官河水利配套工程之一。开凿官河成功，一亩泉水才能助力高梁河。金代官河为漕运带来了平稳充足的水源，大大节省了运粮的费用。据记载，水运米每石五十文一分二厘七毫，钱则每贯一文七分二厘八毫。陆运佣直，米每石百里百一十二文一分五毫，钱每贯三文九厘六毫。水运米、钱的价格比陆运的二分之一还低，可见官河引一亩泉水入高梁河、闸河，给金代带来很好的经济效益，是一项智慧的创造。

金泰和年间解决了漕运用水问题，首功是建议者韩玉。《金史·韩玉传》载，韩玉是章宗明昌五年（1194年）经义、辞赋两科进士，入翰林为应奉。"泰和中，建言开通州潞水漕渠，船运至都。升两阶，授同知陕西东路转运使事。"① 负责工程指挥的乌古论庆寿，也得到奖励。《金史·乌古论庆寿传》记："泰和四年（1204年），迁本局（近侍局）提点。是时议开通州漕河，诏庆寿按视，漕河成，赐银一百五十两，重币十端。"②

韩玉引一亩泉水入高梁河成功，不仅解决了金代漕运用水，同时也为元代解决漕运水源打开了新思路。《日下旧闻考》记载："至元二十八年，郭公守敬上言：大都运粮河不用一亩泉旧源，别引北山白浮泉水。"③ 其实郭守敬的白浮堰仍用了一亩泉水，白浮堰水与一亩泉会合后所流经的河道也是金代运河故道。郭守敬兴建通惠河时设闸之处，往往挖出旧时砖木，也证明郭守敬利用了金代运河故道。白浮瓮山河从白浮神山泉西引到一亩泉是郭守敬的创新，以下河道并非郭守敬开浚。《桂文襄集》记"此河元郭守敬由古河道开浚，非自守敬创始。"金代引一亩泉，走高梁河道，入闸河，东到通州张家湾。高梁河从昌平县的白虎涧、沙涧东流到通州，全长150余里，是韩玉引一亩泉、郭守敬引白浮泉漕运水源的基础河道。郭守敬开凿通惠河并非完全人工河道，金代引一亩泉入高梁河为通惠河打下

---

① （元）脱脱等撰《金史》，中华书局，1975，第2429页。
② （元）脱脱等撰《金史》，中华书局，1975，第2237页。
③ （清）于敏中等编纂《日下旧闻考三》卷九十八，北京古籍出版社，1983，第1498页。

了坚实基础。

四、金　河

金河是封建社会专供皇城用水的河流。金代称金河，元代称金水河。现在，从故宫太和门前流过的河称内金水河，天安门前金水桥下的河称外金水河。

北京的金水河始自金代，时称金水、金河。金水源头在玉泉山。元代《析津志》记"自古金水河流入燕城，即御沟水也，入南葫芦套，盛杂莲花，复流转入周桥。"[1]御沟就是金河。葫芦套，《析津志》有记："葫芦套在城南西。奉陪枢府相君祈雨南城，因过。所谓葫芦套者，乃相君之苑也。"[2]周桥是皇宫正门前的桥。说明金中都皇城用的水是玉泉山的水，经过相君之苑、盛产荷花的葫芦套，即今莲花池，流入皇城前的周桥。金代通往金中都的金河因沧桑巨变故迹已难寻了。

《辞海》记金水河："金始导今北京城西北玉泉山水东注今三海，元重加修浚，以下游被圈入禁苑之内，故称金水河。故道自玉泉东南流，在今西直门南入城，东注今三海，又自三海南端东至皇城东南，注入通惠河。明改引玉泉为通惠河源，城西金水河道遂湮废。玉泉水入城至今什刹海后分为二支，一支东南流为通惠河，一支南注三海，东贯大内，为金水河，又自宫苑南出，绕皇城前东入通惠河。

---

[1]　（元）熊梦祥《析津志辑佚》，北京古籍出版社，1983，第243页。

[2]　同上书，第114页。

清在紫禁城内者为金水河,在皇城前者为外金水河。相沿至今不改。"①金代从玉泉山引水东流入今北海、中海两海(南海开凿于明,金元时尚无),在北海琼华岛兴建太宁宫。元朝灭金,毁金中都城,城外太宁宫幸存下来,忽必烈以琼华岛为中心兴建新都城。"至元四年正月……峙万岁山,浚太液池,派玉泉、通金水,萦带畿甸。"②元代的金水河是疏浚金代金河而成,从元代史籍中记载的金水河踪迹可以了解金河。

文献记载,元代金水河上有金代留下的几座桥。《析津志》记:"西寺白玉石桥,在护国仁王寺南,有三碇,金所建也。"③护国仁王寺是元代忽必烈察必皇后诏建的寺院。护国仁王寺规

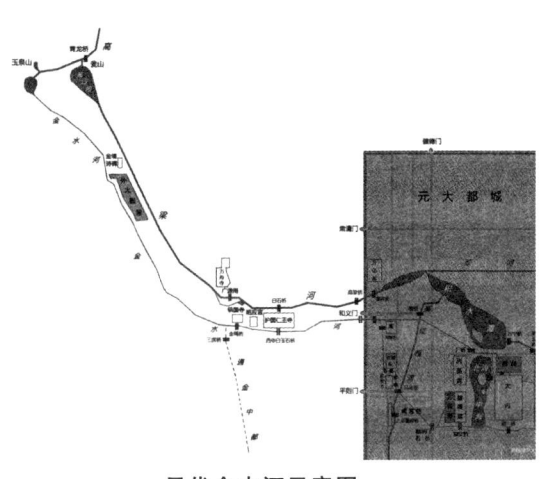

元代金水河示意图

模宏大,建寺用了3年时间,有殿堂175间,房屋2000余间,寺院拥有水旱土地近11万顷,经济实力超常强大。察必皇后过世后她的遗像安放在护国仁王寺。护国仁王寺建在金水河北岸、高梁河南岸,寺前的白玉石桥在金水河上,是金代物,可证元代通往今北海的金

---

① 辞海编辑委员会编《辞海》缩印本,上海辞书出版社,一九七九年版,第1693页。

② (元)陶宗仪撰《南村辍耕录》,李梦生校点,上海古籍出版社,2012,第229页。

③ (元)熊梦祥《析津志辑佚》,北京古籍出版社,1983,第100页。

水河就是金代的金河。在护国仁王寺西面，察必皇后还建了祭祀北方玄武神的昭应宫，昭应宫西建了镇国寺。

《析津志》记载："和义门外石桥，金所建。"①"金水河水门在和义门南。"②元代和义门即明清西直门，说明金代在今西直门外南侧地方的金河上建了一座桥。金水河入城后又分为两支：一支东南流向西单甘石桥，一支东流到北海。

流向西单甘石桥的《析津志》有记"无名桥，蒲萄园金河一。"③可见金河从西直门南水门往南流，经过蒲萄园，蒲萄园的无名桥在金河上，是金代建。蒲萄园是胡同名，在元代大圣寿万安寺（今白塔寺）以北。蒲萄园胡同到寺东，折向南，胡同名蒲萄馆，蒲萄园、蒲萄馆是一条带拐弯的胡同。金水河到白塔寺东，遇到高粱西河，《析津志》记金水河跨过马市桥，入咸宜坊。咸宜坊在今赵登禹路以东，阜成门内大街以南，西单北大街以西，辟才胡同以北。金水河入咸宜坊后，东南流经西斜街到西单甘石桥，分两支，一支往东经隆福宫前入中海，从中海东岸出，入大内，经崇天门前周桥出大内，往东并入通惠河。另一支自甘石桥东北流，入后妃居住的隆福宫西御苑。西御苑有石假山，山上有香殿，后讹为显扬殿。《析津志》记："山子上殿阁……山子西有大殿屋，一派直抵西墙下。山殿上内顿一小金殿，刻漏仪制在焉。皆出自宸衷睿思，为宫廷甲冠。"④山子，又称小山、旋磨台，是隆福宫西御苑的代称，在今西安门大街南侧，

---

① （元）熊梦祥《析津志辑佚》，北京古籍出版社，1983，第101页。
② 同上书，第102页。
③ 同上书，第99页。
④ 同上书，第111页。

原有图样山胡同。图样山即兔园山谐音。兔园山元代时山上有殿，内置计时用的刻漏仪。刻漏仪出自"宸衷睿思"，即帝王奇思妙想的产物。此帝王有文化、通科技，绝非金元两代游牧民族的帝王，而是有先进科技文化的宋代帝王。小山上的刻漏仪和北海太湖石、南城披云楼直南寺里的司天浑仪一样，是金朝从北宋汴京抢掠来的。《钤山堂集》记小山"叠石为峰，巉岩森耸，元氏故物也。"① 古人常金元不分，元氏有可能就是金氏，小山太湖石也是从汴京掠来的北宋艮岳石。小山是与北海万岁山相对而言，所以山子的历史可以追溯到金代。金河通到隆福宫西北山子上也在情理之中。

金水河入和义门南水门后，流向北海的一支，经半壁街、柳巷胡同。柳巷东口有跨河跳槽，跨过高梁西河，折向东南，经斜向的八道湾、北帽、大帽胡同，穿过今新街口南大街、护国寺街到厂桥。《析津志》记："无名桥。海子西金水河一。"② 海子西金水河上的无名桥与今厂桥位置相符，厂桥是金水河流经地。金水河过厂桥后，经北海北墙位置的高地流到今北海后门东边改向南流，沿东墙内到北海公园东门。今北海北墙、东墙内是一道土山，北墙内的静心斋有东西向水面，东墙内的画舫斋、濠濮涧有南北向水面，应该是金水河遗迹。金水河到北海东门跨过陟山桥上岛。《南村辍耕录》记："山之东有石桥，长七十六尺，阔四十一尺半，为石渠以载金水，而流于山后以汲于山顶也。"③ 金水河绕至万岁山后，靠转机运戽，汲水

---

① 陈宗蕃编著《燕都丛考》引《钤山堂集》，北京古籍出版社，1991，第434页。
② （元）熊梦祥《析津志辑佚》，北京古籍出版社，1983，第99页。
③ （元）陶宗仪撰《南村辍耕录》，李梦生校点，上海古籍出版社，2012，第233页。

至山顶。出石龙口，注方池，伏流至仁智殿后，有石刻蟠龙，昂首喷水仰出，然后分东西两道流入太液池（今北海、中南海）。关于汲水至山顶的机械装备水车，《析津志》有详尽描述："其制，随井浅深，以挈硾水车相衔之状。附木为戽斗，联于车之机，直至井底。而上人推平轮之机，与主轮相轧，戽斗则倾于石棍中，透出于栏外石槽中。自朝暮不辍，而人马均济。古无今有，诚为可嘉。"①今北海琼华岛上的金代水井，清乾隆时掘出，乾隆皇帝撰文"永安寺古井记"，并命人镌刻于石碑镶嵌在水精域外墙上。

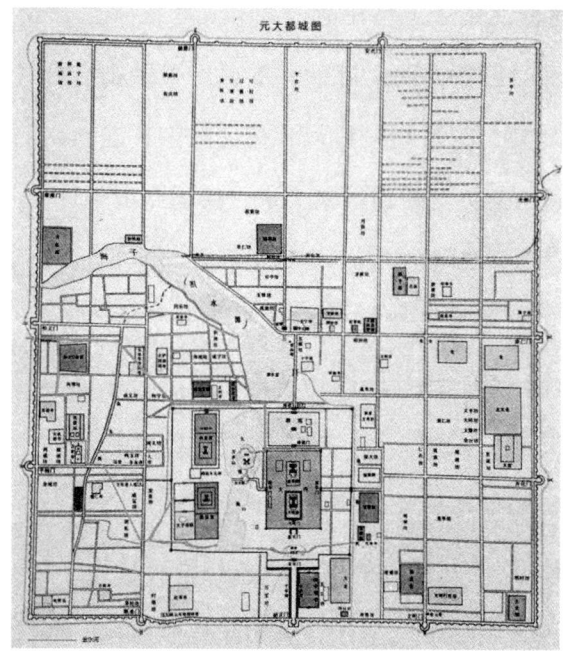

元大都城图
图片来源：《侯仁之与北京地图》

《元大都城图》②画金水河入和义门南水门之后东去，在西直门内红桥折向西南，走今赵登禹路，过丰盛胡同西口后折向东，在训礼坊拐弯后，一支向东入皇城，一支沿皇城北去，折向东，在北海北门附近入北海。金水河从玉泉引来，不走高梁河，入城后却入高梁西河，与高梁河水相混，这样做，违背为皇宫用清洁水而开金水河的初衷。

---

① （元）熊梦祥《析津志辑佚》，北京古籍出版社，1983，第110页。

② 岳升阳主编《侯仁之与北京地图》，北京科学技术出版社，2011，第57页。

文献记载金水河与高粱河、护城河、高粱西河相交时，要经跨河跳槽，避免两水混合。《析津志》记金水河到马市桥，东入咸宜坊。金水河从和义门南水门入城，一支流向马市桥，一支流向北海。流向马市桥的一支，从南水门往东南，必然经过社稷坛、大圣寿万安寺。马市桥设有跨河渡槽，才能使金水河不受高粱河污染。去北海的一支也要跨过高粱西河，在虹桥以南应架跨河跳槽。《元大都城图》中金水河入城后的流向与《析津志》记载不符。

明代以后，金水河疏于管护疏浚，水量减少以致断流。城外接近西城墙地方河道渐渐被占用，雨季排水受阻，从今紫竹院公园地方将金水河引到高粱河里。清乾隆三十五年（1770年）又在蓝靛厂建设外火器营，金水河只好在火器营北入高粱河（南长河）。金水河失去了本来面貌，也失去了它的清洁品质。现在有不少文章把金水河与长河混为一谈，误把高粱河（御河、玉河、南长河）当做元代金水河。随着社会经济的迅速发展，现存的金水河的遗迹将会很快消失，研究记录下金水河踪迹时不可待。

历代名人与清河

杜泽宁

清河位于海淀区东北部,金称清河馆,元称清河社,明称清河店,清称清河镇,是北京城通往居庸关的必经重镇,为出入北京城的第一道门户。古往今来,曾有许多名人涉足于此,并留下佳话。

元顺帝理政大口店

大口,即今天的清河镇,也称大口店(明朝称清河店),是古幽州通向居庸关外的通衢路站,且地处平原,河宽水阔,旧有河津渡口,大口当取自大河古渡之名。元修建大都城后,因大口店在元大都城北,便成为元朝帝王出城后的第一个纳钵地(辽金元时国君的行营)。

据史料记载,元帝起驾当日,行幸队伍以马驼旗鼓开道,其后是旗幡招展的皇家仪仗,随后是禁卫军护卫的帝王象辇以及后妃、朝臣的车轿,外围由扈从军骑兵警戒。元人胡助在描述出行盛况的《京华杂兴诗》中称:"翠华慰民望,时暑将北巡。牛羊及骡马,日过千百群。庐岩周宿卫,万骑若屯云。毡房贮窈窕,玉食罗膻荤。珍缨饰驼象,铃韵遥相闻。"

当数千人的行幸队伍在大口度宿时，除大批骡马放牧四野外，扈从军队以及随行官员要扎营驻在。此时，茫茫苍野、帐幕绵绵，大口纳钵俨然是一座营帐之城。元人张翥对此有精彩描述，诗云："驻跸平原上，周庐彩帐攒。虎臣擷具剑，龙鸟镂衢鞍。玉馔幪舆入，朱弦进酒弹。高秋望云气，还北候回銮。"

当时，元帝王居住的"皇帝牙帐"，称作"虎皮大帐"。大帐是帝王度宿、接见朝臣、处理政务的处所，在行幸驻跸期间亦是如此。元籍《宪台通纪》曾有一篇元顺帝在大口店理政的记载，体现了元顺帝在早期亲政时豁达、纳谏的为政之风。

在元顺帝登基之初，还是一个"深居宫中，每事无所专焉"的傀儡君王。权臣伯颜以右丞相的身份专擅朝政，大肆排斥异己、聚敛钱财，并与太皇太后私通，企图另立新王，以取代顺帝，乃至"天下之人惟知有伯颜而已"。至元六年（1340年）二月，元顺帝利用伯颜出猎之机，果断发动政变，铲除权臣集团，从此才始得亲政。

此时正是元顺帝亲政之初，"图治之意心切"。九月初七，在由上都回銮驻跸大口店时，元顺帝发出一道谕旨，为玉枢虎儿吐华等监察御史免责。事情起因是：监察御史玉枢虎儿吐华等人，曾参奏朝中高官有弊端瑕疵，由于与事实不尽符合，故而受到多方压力，只好纳印辞职。为此，朝中高官向元顺帝奏本，要求对监察御史加以管束，借以弱化监察御史的言事权。《宪台通纪》中记载，元顺帝在返回大都的路上"好生寻思"，监察御史有上奏言事之责，尽管有言过其实之词，只要加以注意即可，何必引咎辞职。

元顺帝大口店处理政务，为政坛吹来一股广通言路、清新求治之风。令人遗憾的是元顺帝没有善始善终，而是逐渐怠政、沉湎享乐，最终在至正二十八年（1368年）闰七月，元顺帝最后一次经过大口仓皇北逃，从此结束了元帝王在中原的统治。

李东阳借宿清河铺

路出沙堤向草堂，北归曾此驻行装。

风前爇火烟生面，夜半开门雨到床。

今日闾阎真富庶，旧时童仆尚苍黄。

人生剩有悲欢地，何必他乡与故乡。

这首诗是明朝中后期茶陵诗派的核心人物，诗人、书法家、政治家李东阳所作的一首《清河即事》诗。

李东阳，明朝首辅大臣，字宾之，号西涯，祖籍湖广长沙府茶陵州，弘治十六年（1503年）纂修《大明会典》，后晋升太子太保、户部尚书、谨身殿大学士。

《清河即事》诗是李东阳众多诗文中的一首，也是他途经清河的见闻实录。旧时地处京城北郊的清河镇，是进出京城的北行必经之地，李东阳作为明朝的一代官吏曾住宿清河，有回忆、有感悟，充满诗人体察生活的此情此感。

当年，清河向北亦称沙河大道，李东阳巡边北归途经清河，小憩住在清河铺官房中。他回忆起数年前留宿清河时的情景，不免感慨万千。夜半风起，掀起的灶烟熏黑了脸庞，细雨溯进屋门，又将床被打湿，由此联想到乡间平民生活的艰辛。如今重访古镇，街巷人来人往，生活也好过了许多，就连旧时烧火的童仆都有了变化。

为此李东阳感叹：尽管人生到处都有悲欢，何不把清河这块热土当作故乡呢？

李自成策马过清河

明崇祯十七年（1644年）二月，闯王李自成率大顺军自西安起兵，一路斩关夺隘，所向披靡。三月十三日进入昌平州，一路人马攻打居庸关，一路人马由德胜口兵临昌平城。三月十五日昌平州城失陷。三月十六日大顺军乘势南进，作为京城最后一道防线的清河早以无人驻守，是夜李自成的大顺军包围了岌岌可危的北京城。

三月十七日，李自成令刘宗敏率领的南路军迫近京师，合围北京。在整军备战期间，派人化妆成商贩、脚夫混入北京城侦察打探。民坊传言：当晚，李自成的大顺军暂歇在清河的明军小营中。三月十八日晨起，大顺军冒雨猛攻德胜、西直、彰仪等门，傍晚彰仪门（广安门）攻破，大势已去的崇祯皇帝吊死在煤山（景山）寿皇亭前的槐树下。三月十九日李自成在得知京师已被攻克的消息后，在数百精兵骑士护卫下，自沙河、回龙观一路南下，穿清河老街挥师进京。

李自成攻进北京后，明王朝被推翻。不过，北京城对于闯王李自成来说，只是他人生旅途中经历的最大的"客栈"，饮马、歇脚、饱餐一顿，然后打道回府。崇祯十七年（1644年）四月二十九日，面对强大的入关清兵，大顺军战势失利，李自成只呆了42天便撤出北京。

时至1990年7月，北京第十一届亚运会前夕，为增添京城旅游路上的沿途景观，人们在当年大顺军经过的清河镇，塑造了一尊闯王李自成的铜像。该铜像高 6 米，底座 7 米，置于清河小营环岛中央，李自成头戴毡帽，身披斗篷，腰配长剑，骑乘着昂首奋蹄的骏马，行踏在进京的路上。1998 年扩建八达岭高速公路，李自成铜像被移至昌平西关环岛。

乾隆帝御诗清河道

清高宗爱新觉罗·弘历，是清朝第六位皇帝，25 岁登基，在位 60 年，退位后又当了 3 年太上皇。

在清朝的历史上帝王北巡是一件大事。自康熙十六年（1677 年）到嘉庆二十五年（1820 年），143 年中，康、乾、嘉三帝共出塞北巡 124 次，行猎木兰 92 次。当时帝王御驾一般有两条路线：一条是东道，从东直门出京城；另一条是西道，自圆明园起驾，西道是康熙四十六年（1707 年）新开辟的路线，乾、嘉两帝多走此路。

旧时，圆明园是清朝皇帝盛夏避暑、听政、处理军政事务的"夏宫"。如果由圆明园启驾，清河镇是京畿御路途径之地，因此在乾隆御诗中留有多首过路清河的诗作，其中《清河道中》记录了乾隆帝木兰秋狝的出行盛况。诗曰：

> 始发清河道，将为塞上行。
> 看山青觉近，问路景如迎。
> 风爽催征辔，云光猎彩旌。
> 所思明旧制，岂为骋游情。

据史料记载，乾隆六年（1741年）七月二十六日，乾隆帝奉皇太后自圆明园启銮，开始了初次木兰秋狝之行。二十七日，驻跸怀柔县，三十日，在古北口阅兵。此后一路行围。九月初三，乾隆帝抵至承德避暑山庄，驻跸五日，初八回銮，二十日回到北京。

乾隆十二年（1747年），乾隆帝又过清河北巡，御制诗《过清河桥》曰：

> 长虹饮明波，游龙连万骑。
> 景物纷萧飒，孤蒲霭苍翠。
> 扁舟底用呼，轻裾已可试。
> 发轫塞北行，入画江南意。
> 鱼跃破渚烟，鹭飞点芦穗。
> 俯仰对空澄，即月惬幽思。
> 回忆前度期，忽作经年事。

在众多的御制诗中，有一首《过清河》的七言诗，是乾隆帝秋游射猎的御作，详细描写了经过清河时的心情和沿途景色。诗曰：

> 潦尽烟凝秋意多，
> 垂鞭轻骑过清河。
> 仲秋射猎诚云快，
> 未若沿途看好禾。

这首诗作于烟凝霜露的仲秋时节，当为农历八月，这时雨季已过，秋意渐浓，清河沿岸的洼地流水和庄稼地里的积水已经消退，放眼四野，一派金秋景象。这就是诗的第一句"潦尽烟凝秋意多"的含意。潦是指雨水大，或路上流水、积水。

诗的第二句"垂鞭轻骑过清河"。乾隆帝骑马行进在清河道中，不是扬鞭打马，而是信马垂鞭，为什么要"垂鞭"呢？为的是有意慢行，好贪看清河沿途的秋色美景，可见乾隆帝路过清河时的心情。诗的第三四句"仲秋射猎诚云快，未若沿途看好禾"点明了这层意思。既仲秋射猎诚然是件快乐的事情，但是不如沿途看看田野里侍收的庄稼更为愉悦，乾隆帝此时的心情已表露无疑。

孙中山视察清河

清河镇曾留下革命先驱孙中山先生的足迹。那是民国元年（1912年）9月8日，孙中山亲临清河视察，由清河车站下车，途经清河陆军第一预备学校，移至清河溥利呢革公司参观。

据1912年出版的《申报》和《孙中山年谱长编》等史料记载，"9月6日早晨九点，孙中山乘袁世凯预备的专列火车从前门站开赴张家口视察京张铁路，11时到南口……9月7日上午十点半抵张家口……9月8日上午十时，由南口开车，十二时至清河织呢厂，总办谭次度登车欢迎。其时大雨淋漓，车旁伫立各界人等衣为之湿。谭总办备有车轿10余乘，马十余骑。孙先生及从者冒雨行道，经陆军第一预备学堂，校舍宏畅，校长某亦欢迎于道左。移时至织呢厂，招待员排立门之左右，国旗飘扬于厂之四围，红灯满室，孙先生与总办同至织呢厂参观。孙先生阅时，工人较平日纺织为更力，若借此以欢迎孙先生,孙阅毕随至会合厅午餐,三时登车回京。"

从查阅的史料看,9月8日孙中山先生在清河停留了约3小时,先后途经清河陆军中学,重点考察了溥利呢革公司(即清河制呢厂)。孙中山先生亲临溥利呢革公司视察参观时,工人们在办公楼前扎起迎宾牌楼,两旁贴着大字:"恭祝民国万岁!""欢迎孙中山先生!"工人们参加了欢迎仪式,并听取了孙中山先生"实业兴国"的讲话。他说:"你们要学习西方的先进技术,要成为现代的工厂"。当孙中山先生来到机织车间参观的时候,机织工人热情的为他表演。北京清河毛纺厂档案室至今还保留着1912年孙中山参观溥利呢革公司的历史照片。这张珍贵的照片上孙中山着黑色外衣,戴黑色礼帽,着白色衬衫,系深色领带。照片上共有近50人,大部分是随行官员或公司的领导,只有右上角好像是几个工人。

徐兰沅清河教京戏

说起徐兰沅先生,或许不太为人所熟知,而提起京剧大师梅兰芳,人们是再熟悉不过的了,而徐兰沅就是梅兰芳的琴师,一代京胡演奏家。他曾任北京戏曲学校副校长,熟谙京剧音乐,一生为京剧大师谭鑫培、梅兰芳操琴伴奏,被梨园界誉为"胡琴圣手"。在长期的琴师生涯中独具造诣,对京剧音乐的创造与革新有着重要贡献,因此人们尊称"六场通透"。

20世纪二三十年代,中国主流社会掀起一场"乡村教育"运动。正在清河乡镇搞农村社会调查的燕京大学社会学系,为办好平民教育,由系主任杨开道教授出面,特邀徐兰沅先生到清河授课京昆,以提高民智，服务社会。那时，徐兰沅先生正在为清华大学京昆班学生讲课，于是便接受邀请，每次都由燕京大学的学生万树庸陪同。

1933年前后，由徐兰沅先生授课的京戏辅导班在清河镇公所西屋开课，约定星期六下午来清河，由燕京大学出车接送。为普及京剧知识，徐兰沅免费授课，不取分文，连茶叶都是自带。来听课的有老有少，不同职业、不同层次，大部分是家居清河的戏曲爱好者，有工人、学生、商贩、店铺掌柜和住在清河的宪兵。

徐兰沅先生在清河授课京戏，自称是"替祖师爷传道"。老生戏一般以《四郎探母》《空城计》唱段为主，旦角戏是选梅兰芳的《太真外传》唱段。指导乐器演奏，主要从京剧音乐的曲牌入手，讲京胡的指法、弓法，亲自示范或拍掌打点。

经过徐兰沅先生的指导，辅导班的乐器行当逐渐齐全。当时在小乐队里拉京胡的是清河西后街的安英，拉二胡的是永泰庄的王庆峰，弹月琴的是家住清河街里的陆建波。经常接受辅导的还有喜欢唱青衣的安景生，唱老生的侗月波。一般是徐先生打板指挥，性情上来时也会亲自操琴，并有针对性的讲一些用胡琴托腔保调的技巧和要领。多年以后，这些清河戏迷们赶上年节时，凑在一起不再是自娱自乐地清唱，而是有板有眼彩妆演出一些折子戏，有些人甚至成了戏园子里的"票友"。

在20世纪30年代，徐兰沅先生做为京城一代著名琴师，为开发民智，授课大众，在清河古镇传播国粹艺术当属世间美谈。

李万禄的武德和医德

侯敬德

李万禄（1898.1.8—1971.10.17），男，号福堂，汉族，弟兄三人，排行第三，海淀区苏家坨镇西埠头村人，身材魁梧，双臂较长，身高1.78米。小时候，家里只有3亩坡地，几间旧房，靠父亲在丰台区南苑本家一个庄园里当大师傅，两个兄长为别人打短工和做长工维持生计。

李万禄自幼经历了艰辛的生活，只在私塾读过3年书，十几岁就随父亲去外边做工，分担家庭生活的重担。

幼年，李万禄即酷爱武术。村里有一个姓孔的人，自称"天下十三省，就属我老孔"，武艺相当不错，做了他的启蒙老师，他从那时便开始练习武术。家贫，有时只能采树叶果腹，仍习武不辍。

1913年，李万禄15岁，又遇到了孔师父的师兄王文辉。一天，李万禄和母亲出门讨饭，半路遇见来柳林村化缘的王文辉。王文辉，人称万能真人，又称万能道人，凡笙管笛箫皆会吹奏，是武子门亲传弟子，其师父是赵丈五。王道长见他很苦很可怜，却生得聪明伶俐，是一块练武的好坯子，遂向李母说明要收李万禄为徒弟，且吃、穿、住均由王师父负责（这也是武术界师访徒三年，看准了才肯传艺予人的例证）。儿子能有地方吃上饭，还能学些武艺，母亲欣然同意。李万禄随师父学武一学就是5年。李万禄勤奋练功，用心习武。在柳树林里，人们经常看见师徒二人练武的身影。不论寒冬酷暑，他跟着师父坚持不懈习武，且悟性极好，所以武功日渐长进。

李万禄进入武子门后，主要学习本门的"子母拳六路、小拐四路"。因其刻苦钻研，勤奋努力，深得师父喜爱和赏识。后来，在天桥跟着师父帮场子，认识了有"北方二侠"之称的黄国标、王荣彪。李万禄与黄国标过招比试，结果被黄打倒了，站起来接着干再打倒了又站起来，还接着干，最后急了，还要跑回家去取拐。这时，站在一旁的王荣彪说："这孩子还真有点不服输的劲头，是练武的材料，你还不收了他？"

于是黄国标便收下了他，向他传授武术和正骨技术。20岁那年，他来到黄国标在张家口开办的"同斌堂药铺"学医。在学徒期间，管饭吃但不挣工钱，按照规矩为师父写下了学徒字据，学期为8年。在此期间，李万禄白天随师父撂地摊儿，打场卖艺，晚间回来给师父做各种家务，闲暇时候跟着师父学习武艺和骨伤科知识，极其辛苦。但为了学好武医技艺，他坚持下来了。

4年后，李先生回家探亲，自己在家开始为人治病。据说第2年，治疗本村一个叫二瑞头小姑娘胳膊肘扭伤，因治疗不当，落下了残疾。此事对李先生触动极大，深感医术还没学到家，于是又重返张家口，踏踏实实向师父学习。从此，他吃了几倍于常人的辛苦，学武、学医更加用功，武医技艺提高很快。这次，师父把接骨膏、生肌散等药物的配方和制作方法也传给了他，这些方子都是武林人士多年传下来的自救、救人的秘方，效果显著。

经过勤学苦练，刻苦钻研，李万禄终于出师了，于是回到了家乡，从1925年开始，在西埠头村种地、行医，走上了半农半医的道路。这期间，他又拜在会友镖局江湖上称为"四亭"（王鹤亭、孙立亭、王显亭、王兰亭）门下，认王兰亭为义父。过去的会友镖局，人人都是武林高手，身怀绝技，拜在义父门下的李万禄，如虎添翼。加上原来王文辉师父传授的武子门功夫和黄国标师父传授的武术与医道，使李万禄练就了一身好功夫，学到了一套过硬的正骨技艺，武术医技结合的道路越走越宽，用之社会即大放异彩。

有一次，军阀张作霖在沈阳的都督府举办了千人的比武应试大会，张作霖亲自担任总裁判，李万禄参赛即获得了第一名。比赛时，对方是沧州一个练枪的。双方穿着黑大褂儿，去掉枪尖，枪头上抹上白灰，点到身上就是一个白点儿。李万禄被点了一下，对方被李万禄点了三下，判李万禄为胜，但他自己却说输了，很给对方面子。对方认为李万禄为人谦虚实在，遂结为挚友。这个人在李万禄那里住了两年，后来被人请走了。

李万禄武艺精湛，技艺超群，在比赛中成绩第一，捧回了奖状和奖章，一下子在东北和京城武林同道中名望突起。

日伪时期，在海淀曾有自称武艺高强的13个日本兵，扬言愿与中国人打赌比武，若中国人胜一个日本兵可赢得3块大洋，若日本人胜一个中国人则赢得1块大洋。就这样趾高气扬，藐视中国人。年轻气盛的李万禄按捺不住这口气，决心要为中国人争光，挫败日本人的锐气。当时登场就和日本人比了起来，打败一个又一个，一连打败了12个日本兵，最后一个日本兵见状，吓得赶紧就跑了。李万禄连败12个日本兵的英雄举动，灭掉了敌人的威风，长了中国人的志气，在场围观的人高兴得无不拍手称快，纷纷为他叫好。

抗日战争期间，李万禄到门头沟的原因有这样几个说法：

一是在此期间，李万禄和八路军有了联系。他曾协助八路军向妙峰山一带运送粮食，被日本人发现了，结果，一群日本兵到了他家西埠头，企图要将他捕获。他无法回家，只好躲避来到了门头沟。因老家个叫张万仓的亲戚在门头沟北坡的宏顺窑当二头，他先去了这里，之后去了南坡的中兴煤窑护矿。但是他与八路军仍然保持着联系。如地下工作者张昆山等人常去中兴煤窑躲避，有李万禄的保护，自然很安全。

二是在西埠头村，有3个知名人士，一个姓郝的，能说会道；一个姓吴的，笔下厉害；再一个就是李万禄，武功高强。当时，当地伪军有个杨部队，因粮食不足常去各村强要，但是都不敢去西埠头。时间长了，次数多了，他们特别恨李万禄，就想方设法要抓他。这时，李万禄的内侄正好在杨部队担任参谋，知道了这件事，将这个信儿转告了李万禄，他连夜逃走，让敌人扑了空。从此，李万禄来到了门头沟中兴窑躲避。北安河、西埠头一带凡有抓兵等一类的事情，很多人也都跑到李万禄那里躲起来。

三是因为中兴煤矿经常受到小偷和土匪侵扰，柜上常遭到盗窃、抢劫，日子很不太平。经徒弟安长廉介绍，李万禄来到中兴煤矿参加护矿。在此前后，收了本村的安长廉、屈风亭、屈景善；柳林洪生等十数人为徒。从此，中兴矿平安下来。

李万禄的弟子对他印象很深，他说："李先生皮肤很细润，往那儿一坐，根本看不出来他是个武林高手。但其实他功夫已经练到了炉火纯青的地步，武人练到了文相，练到了无形无相的地步。"

据说有一次，李先生和一个人说完话，说了一句，算了吧，随后向后一甩手，谁知手指竟然将那个人的马褂袖子给划开了一个口子，可见他的指力功夫非常了得。还有一次，刘贵先生想请教和感受一下李先生的功力，李先生让他站好了，然后一只手贴在他的前胸，只轻轻用了一两成的功力，就让刘贵立刻感到五脏六腑都在晃动、脑袋发晕。

拜师学艺，是人生的一件大事，但要寻得一位好师父就不是什么容易的事了，必须经过相当长时间的探访、求索才成。古谚云"名师出高徒"便是此理。要想学到真才实学，还必须得到名师的指点。名师，首先是世人所敬仰的有识之士，不仅要功夫了得、有高超的技艺，博学多识，还要有良好的人品修养，有博大的胸怀崇高的武德。要寻得这样一位德才兼备的师父实乃不易，故有"徒访师三年"之说。

"徒访师三年"不易，"师访徒三年"就更难了。尤其是寻求位传承弟子，需要有天赋、有悟性，还要有坚韧不屈的意志和勇敢无畏、虚心好学的精神，最关键的还是人品要好。古谚云"江山易改，本性难移"，好的人品也是培养良好武德的基础。师父找到了这样的继承人，才能够将本门武术很好地传承下去。如果没有武德，就是再有天分也不可妄传，教的越多则祸害越深。到末了儿，无非是为非作歹，或是争强斗狠，不是被人打死丢了性命，就是打死了人被关入大牢，倒不如当初不教。

得识老师，是学生从师学艺的第一步。通过耳闻目睹，及在交往中更深一步的了解，对师父的技艺和为人产生了敬仰之心，有了求师的愿望，由家人委托师父的同门，或与师父交情过密者，将自己的求师心愿转达给师父，并代为引荐。引荐人，即介绍人要向师父禀明求师者的年龄、出身、家庭状况及社会关系等概况。经师父同意后,再由引荐人引来拜见师父。师父先要对求学者进行必要的武德教育,并郑重告诫其本门派的清规戒律,务必严格遵守。

李先生会的武术技艺很多,有些是比较稀有的,如八步蹬空、八步赶船、八步打灯(传给了门头沟的韩文芳)、铁档功(传给了李士瑞)等。对十八般兵器李先生也无所不精,器械歌谱、拳谱烂熟于胸,弟子们根本学不完。一般是徒弟喜欢什么,他就教给什么。

让李先生在门头沟能够长期居住下去的原因是这里小煤窑很多,矿上工伤骨折时有发生。背煤的人都是穷人,因无法去大医院医治,落下许多残疾,很需要像他这样的骨伤科医生,这样使他安心居住下来。

由于李先生有独到的跌打损伤的正骨技术,除在中兴煤矿护矿外,还当起了矿工们的治伤医生。附近的矿工,凡是受伤者都来请李先生医治。每天看病的人络绎不绝,李先生名气越来越大。

矿工王保子的儿子王大套,小腿在井下砸成粉碎性骨折,经李万禄与徒弟安长廉精心治疗,奇迹般地被完全治愈,恢复了运动功能,没落下一点残疾。

1951年,中兴煤矿停办,李先生失去护矿工作,就在原住址滑石道大街23号挂牌行医。自此,专以行医为业,救死扶伤。

在没有X光机的年代里,李先生对骨折、脱臼、骨劈裂,软组织损伤等伤者的治疗可谓技术精湛,诊断准确,处理得法,恢复顺利。对各种关节脱臼的治疗可以说手到病除。特别是对常见病单纯性肢体骨折,治疗更有特效。

在京西矿区工人眼里,李万禄就是神医,有口皆碑,治疗技法独特,远近闻名，仅在他个人开办诊所6年中的不完全统计，就医治伤者1万余人。

1955年，李万禄先生与洪巨川、杜国成等同行创建了正骨科联合诊所，他担任该所主任。此后，把正骨技术传给了王文信、杨宝华。为了更好地为广大患者服务，对那些不便来诊所医治的患者采取送医上门的办法，如本区清水、大台等边远山区，石景山区北辛安、苹果园、板凳沟等地，丰台区、海淀区、通县（今通州区）、大厂回民自治区（今大厂回族自治县）和市内前门等地区的患者均能得到及时治疗。

1966年，正骨诊所与东辛房医院合并，他率领杜国成、王文信、杨宝华组建了正骨科，增加和补充了医疗设备，建立健全了医疗制度，扩大了业务范围，并逐步走上了正规化。使正骨治疗更加满足了广大群众的需要。

为正骨技术后继有人，诊所开业时期，除王文信、杨宝华外，李先生还培养了刘子发、苑德亮、李风洲、刘贵等30余人。与此同时，李先生还为大台、北岭等公社卫生院、石景山区北辛安卫生院、首钢医院、解放军医务室等医疗机构代培了初级正骨医务人员，为北京市医疗事业做出了重要贡献。在李万禄行医的20多年中，据不完全统计，经他医治的伤病患者有3万余人次。直到李先生去世多年后，仍有从外地到门头沟来的人，打听李先生，可见名气之大，影响之深。在门头沟乃至京城，李万禄以武艺高深，医术精湛，成为武子门的代表人物。

从同义厚到王致和
——探寻中华老字号与田村的历史渊源

李廷富

2019年,是中华老字号"王致和"350周岁华诞,亦即"王致和"落户田村61周年。值此之际,谨以志纪念。

旧时田村的商号,当首推同义厚。同义厚的存续年代为1938年至1949年,共计11年。客观地讲,"同义厚"是田村近现代历史不可缺失的一页。如果没有昔日的"同义厚"酱园,"王致和"就有可能不会落户田村,田村的历史将会与今天不同。笔者曾就这段历史走访过多位耄耋老人,村内现年94岁高龄的尹德江老人提供了宝贵的历史信息和资料。老人早年家住同义厚隔壁,与同义厚东墙为邻,年轻时曾在同义厚做工,对同义厚当年的事情记忆

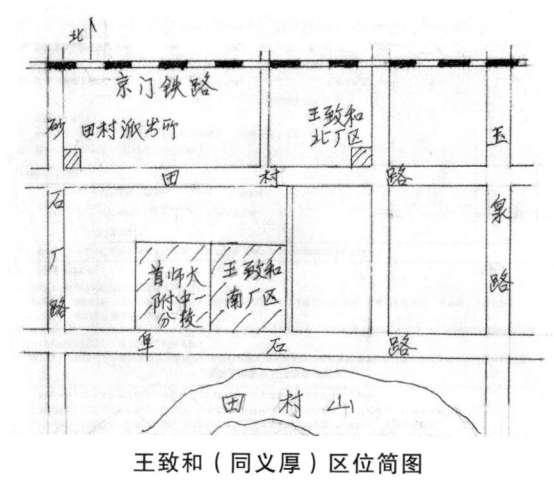

王致和(同义厚)区位简图

深刻，是这段历史的亲历者和见证者。

田村地处京西古道与官马古道的交汇之处，是一块风水宝地。南有田村山，山上有万国高尔夫球场，山下曾是清陵暂安处。民国初期，清陵暂安处的土地变卖，其东南部的一块土地，南至山脚下，北至村内民居，计有七八十亩，被城里大资本家、人称"朱经理"的朱翰然购得。请风水先生勘定吉地奉为祖茔，以安置先人。其余土地作为坟田。雇用村内刘姓人家——刘金声（1892—1956年）之父刘庆元（1854—1948年）看护坟茔并耕种，按时交租。刘家乃清陵暂安处八家陵户之一，其祖上曾看护清陵暂安处。此块地即是今天的王致和南厂区。

朱经理每年都来田村，来时不坐汽车，夫妇乘坐一辆欧式四轮马车，有专职驭手，高头大马，十分气派。村内老人讲，这位朱经理是天津人，当时40多岁，十分精干，资产丰厚。并且与军阀势力关系密切，据说他曾经支持冯玉祥，为其部队提供过军饷。朱太太曾与人言，其先辈有遗训：后世子孙可事农商，不可为官。所以，朱经理专于商场，无意仕途。在北京有多处买卖，在南苑有十多处庄子，每个都有十多顷地。在天津还有海船。城里的"同德成"商号，其粮栈的粮食垛，堆成小山。运送粮食都是用汽车从火车站直接拉到粮栈入库，由此可知其雄厚的经济实力。一年清明节，大致在1937年前后，朱经理来田村扫墓祭祖。发现坟前的石供桌有所破损，十分不满。责怪守坟人未尽看护职责，决意将其更换。遂找到村内"烧饼王"——王永山（1931—2008年）之父，暂时代管并托其寻找适合的人选。因其以烙烧饼、炸油饼、捏面人为业，故人称"烧饼王"。当时村内"苏记油坊"的老板苏沛然，与乡绅蔡和安（人称蔡六爷，曾任田村村正）因事纠纷，诉讼于官，败诉后获刑3年。期满释放，油坊已经停业，正赋闲在家。经"烧饼王"推荐，朱经理找到苏沛然，让其负责坟茔和坟田的管理。苏沛然十分尽心，朱经理甚是满意。此后，朱经理看中了田村这块风水宝地，决意在田村投资，与苏沛然商议合作，开办商号，并委托他寻找适合的铺房与场地。于是苏沛然找到村内"孙记商铺"老板孙万福。孙万福为人头脑灵活，善于经营，曾先后开过3个买卖，是村里最为精明的商人。他在田村前街路北有一所房产，临街三进院落。其位置即今天的"王致和"北厂区。3人商议，合资开办"同义厚"。取众人同义，利润丰厚之意。股份朱经理占大头，投入资金和土地，孙万福投入房产，苏沛然投入油坊设备并负责日常管理。其时为1938年。"同义厚"集农、工、商于一体，人们都称其为"同义厚庄子"。初期在南厂（今王致和南厂区）开油坊、粉坊。磨香油和漏粉条。其余土地种植果园和农作物。北厂开酱园，制黄酱、酱油和醋，还有门市商铺。建有库房贮存粮食、原料和物资。北厂路南，是牲口棚，饲养骡马，停放运货马车。后来增置汽车，用于远途运输。当时的汽车，还烧劈柴、木炭。其产品不仅供应城近郊区，还远销至长辛店、门头沟、涿州等地。

随着生产规模不断扩大，同义厚又大量购置田产，其范围涵盖铁道以北的双槐树、行集寺、十王坟乃至后王坟等村，有上千亩土地，人称北庄子。雇长工七八十人。据今年已经85岁高龄的石永泉老人回忆，小时候就曾经在同义厚北庄子干过活，因为年龄小，只管饭不发工钱。同义厚还有养猪场，猪饲料用豆饼。在那个穷人吃糠咽菜的饥荒年代，富人家的猪吃的比穷人还好，很让村人感慨。当时"同义厚"管事的是苏沛然，人称苏老板。在日伪时期，吃共和面。老百姓挨饿吃不上饭，街上时而见到冻饿而死的穷苦之人。苏沛然负责招收工人，招工时，他尽可能地照顾村里乡亲，多招一些人，不管他能做些什么，先招进来，让他有口饭吃，别饿死，就这样，帮助了一些穷人。

"同义厚"的第一任账房先生是苏沛然的大儿子苏宝廉，后来苏宝廉调往朱经理在城里的"同德成"商号管账。继任者叫王天芬，人称王先生。为了加强管理，朱经理又从"同德成"调来一个姓刘的二老板协助苏沛然，此人一只眼有残疾，人们都叫他"刘瞎子"。有一年利润分红，朱经理分给孙万福、苏沛然、王天芬三人每人十亩地，由此可见，当年"同义厚"的盈利十分可观。

1948年年底，解放军进驻田村，田村解放，人民政权成立。朱经理逃到城里，没有了消息。孙万福已于解放前夕因病而死，其儿子孙志海接替做了"同义厚"股东，中华人民共和国成立后，划分阶级成分时被定为破产资本家。苏沛然到城里扁担胡同找同村人范德英一起做生意去了。新政权接管了"同义厚"。

中华人民共和国成立初期的"同义厚"已经名存实亡，老板逃走，工人散去，设备厂房空置，处于无人管理状态。当时社会治安很乱，时常闹土匪、老抢。当时村农会负责人王福海（田村人，1903—1982年，1949年加入中国共产党，全国劳动模范）找到王福兴（京东三河人，1925—2009年，中华人民共和国成立前加入中国共产党，在田村以绱鞋为掩护，从事地下工作），委派他去看护"同义厚"。当时，田村归石景山区管辖，王福兴每个礼拜上区里接一次头，汇报情况。"同义厚"的员工只剩下董振兴一个人，看守大门。董振兴即是后来

"王致和"腐乳厂老员工王连生的舅舅。但他此时也准备离开。王福海留住了董振兴,由村里发给小米,让他负责看护"同义厚"北厂。王福兴看护"同义厚"南厂。至此,彻底结束了"同义厚"在田村11年的历史。

1952年前后,市里派来了第一任厂长刘建平。同义厚改叫田村酱园,后来叫田村酱厂。新厂重新招工,恢复生产,基本沿袭"同义厚"的规制,南厂生产粉条,北厂生产黄酱、酱油和醋。其余的土地参加土改,后加入人民公社。时至今日,虽历经几十年,"王致和"曾几易其名,但田村的人们依然称其为"酱厂"。

1958年,公私合营。"王致和""致中和""王芝和""王政和"还有永定门外琉璃井的"惠康酱油味精厂","四和一厂"合并,迁来田村酱厂,成立"田村化学酿造厂"。当时,化学一词十分流行,被认为是科学和先进的象征,故用此名。南厂成立两个车间,一个腐乳车间,一个味精车间。从此,翻开了"王致和"历史的新篇章。

据今尚健在的王致和老人回忆,李中英(河北玉田人)、胡友兰(北京市人)夫妇是公私合营那年从永定门外琉璃井的惠康酱油味精厂来田村的,林修俊(山东栖霞人,1933—2015年)是从致中和过来的,王兴文公私合营前,是王致和的股东,曾代表"王致和"参加公私合营,与原王致和人员周尔柱(1927—2018年,曾是王致和账房先生)、聂恩泽(河北玉田人1919年生,已故)、步宝森(河北冀州人,1935—1992年,据其子女讲王兴文是其师傅)等人一起来到田村。王兴文(1898—1969年)祖籍安徽,明朝永乐年间政府移民,安徽、河南等地居民北迁。其先祖由老家安徽迁至唐山玉田达王庄,至今已传21代。据王兴文之子王宜怀(1960—,王致和退休职工)

讲，其祖父叫王宗林，祖母娘家姓彭，是王致和的东家。祖母之弟（即王兴文之舅父）掌管王致和。后由于经营困难，遂将其股分转让。王宗林变卖家中田产，投资入股，成为王致和股东。王致和的另一个股东叫李少卿，与王宗林同时期，其子李连邦，据说曾居住顺义，其他情况不详。李少卿与王宗林同是河北玉田人，两家相距不过二三里地，鸡犬相闻，亦算是同乡之谊。如今，当年公私合营时期的老人均已入耄耋之年，很多人已经离世。但他们亲身经历和见证了"王致和"的发展历史，为我们留下了宝贵的历史记忆。

1958年建厂初期，工人们来自"四和一厂"，从城里来到田村。拖家带口，厂里没有宿舍，无法安置。于是，就在村民家租房居住。当年，村中许多村民家都曾经住过王致和的家属。

王致和老厂房

他们和田村人民生活在一起，和睦相处，在田村成家立业，繁衍生息。有的王致和家属，小孩出生后没有奶水，便抱到房东大妈家，与正在哺乳的孩子一起喂奶。小孩长大后，还一直管房东大妈叫"娘"。其关系密切，亲如家人。腐乳厂与田村地方的关系也十分友好、融洽。20世纪60年代至90年代，为解决职工住房困难，王致和腐乳厂与村里协商，在田村大队的土地上划出地块，建起了宿舍区。职工住上了新房，有了自己的家，成为了田村的永久居民。在人民公社年代，

"工业支援农业",每当三夏、三秋农忙时节,只要村里有需要,腐乳厂都会无私援助,出动汽车和机械帮助解决生产困难。无论是生产队或是村民在生产生活中遇到困难,需要加工或修理零件,找到腐乳厂,一般都能解决。村里的粉坊缺乏技术力量,就请王致和的师傅过来指导,帮助培养技术人员,扶持村里企业发展。农业生产离不开肥料,腐乳厂的养猪场有几百头肥猪,村里生产队与腐乳厂联系,由队里派人负责清理圈舍,粪肥归生产队。厂、队配合,相互支援。农闲时节,若遇腐乳厂基建或辅助岗位人手不足,生产队便会派人支援,厂里支付报酬,当时叫"搞副业",是农民除农业收入之外的一种增收方式。村里有一所田村小学(现名北京教育学院附属小学),一所育强中学(现名北京首师大附中一分校),腐乳厂子女的中、小学教育,基本上都是在这里完成的。不管今后他们考上什么样的大学,接受多么高级的教育,都不会忘记田村是他们接受教育的启蒙之地。王致和还与田村有着亲密的姻缘关系,腐乳厂的青年职工与村里的年轻人相爱,结为秦晋,有的招为田村的女婿,有的成为田村的儿媳。现在,王致和人在外边都称自己是田村人。

王致和大门

"王致和"是有着350年历史的中华老字号。"金狮酱油龙门醋,王致和的臭豆腐"是广泛传播于京城的市井民谣。"王致和"品牌作为著名的中华老字号和驰名商标，早已闻名遐迩，"臭名远扬"了。关于王致和的历史，社会上流传着许多美丽的传奇故事。传说康熙八年（1669年），安徽仙源县举人王致和进京赶考求取功名。无奈考场失意，名落孙山。川资用尽，困顿于京。因其家世代以磨豆腐为生，遂重操旧业，卖起了豆腐。一日，忽然记起一件事，数月前曾将卖剩下的豆腐切成小块，撒上盐和花椒置于坛中，因终日忙于生计，竟然忘记。已有时日，不知是否还可食用。于是启坛查看。打开坛盖，一股刺鼻臭味扑面而来，豆腐上长满了一层青白色绒毛。王致和不忍弃之，取少许品尝，奇迹发生。豆腐虽已发霉长毛，但细品其味，臭中含香，咸淡适口，别有一番风味。闻着臭，吃着香，妙不可言。于是，时来运转，王致和臭豆腐应运而生。从此以后，王致和在宣武门外安徽会馆旁边的延寿寺街路西，开基创业。租房、雇工，创建王致和南酱园。前店后场，生产臭豆腐、酱豆腐、豆腐干、酱菜等。从此，王政和臭豆腐走入千家万户，摆上了老百姓的餐桌。康熙十七年（1678年）经过几代人的苦心经营，王致和臭豆腐已经享誉京城。至清光绪年间，一些聪明的商人，纷纷借用王致和的影响，一时间，王政和、王芝和、致中和等臭豆腐品牌纷纷上市，但叫得最响、最受欢迎的，依然是王致和。

旧时卖臭豆腐和酱豆腐的商贩，推车挑担，走街串巷。臭豆腐、酱豆腐常和韭菜花、辣椒糊、疙瘩英、酱萝卜一起卖。边走边吆喝，"臭豆腐——，酱豆腐——"其声悠扬响亮。街巷胡同中的居民听到吆喝声，便手拿一个瓷碗，花几分钱买两块臭豆腐、酱豆腐，然后，卖者用一根筷子（一端用线绑着一个小铜钱），在油瓶中蘸两滴香油，淋在臭豆腐上。这是老北京的讲究，叫做卖臭豆腐饶香油。臭中带香，特别有味儿。拿回家去，就着刚出锅的窝头、贴饼子，抹上半块臭豆腐，再来一碗棒子面粥，趁热一吃，那叫一个香。这是普通劳动者的习惯吃法。还有一种"不雅"的吃法——臭豆腐拌面。一大碗刚出锅的热面条，加上一块臭豆腐，浇点辣椒油，再来几瓣蒜，趁着热乎劲儿边拌边吃。食者越吃越香，闻者无法忍受，避而远之。这种吃法实在不受欢迎，不值得提倡。

300多年来，王致和臭豆腐已然成为十分流行的佐餐食品。喜好此味者绝非仅为推车引浆者流，当年王致和的臭豆腐曾作为御膳小吃进贡皇宫内廷。慈禧太后食后大加赞赏，因嫌其名不雅，亲赐御名"青方"。咸丰年间，徽州状元孙家鼐为王致和酱园撰写两幅对联，其一：致君美味传千里，和我天机养存心。其二：酱配龙蟠调芍药，园开鸡跖钟芙蓉。以赞其美。两联藏头，首字合称为：致和酱园，以此为其扬名。孙家鼐，咸丰九年（1859年）状元，安徽寿州人（1827—1909年），曾任内阁大学士、吏部尚书，光绪帝师。据医书记载，臭豆腐可以和中益气，和脾胃，消肿胀，清热散血，下大肠浊气。王致和腐乳不仅是中国人餐桌上美味，而且也深受外国人的青睐。1947年燕京大学的几位美国教授，品尝了王致和臭豆腐，经过化验，其蛋白质、维生素含量丰富，经过微生物发酵，口感细腻，具有特殊的硫酯香味，是一种营养丰富的食品。并美其名曰："中国奶酪"。日本友人冈山先生亦曾赞美王致和腐乳："腐乳是含有高植物蛋白的食品，以王致和为上"。

1991年，王致和赢得了"中国知识产权第一案"，即著名的"一元钱"官司案。改革开放初期，1984年，北京顺义李桥中学开办校办企业"致和腐乳厂"。1992年王致和腐乳厂向顺义县人民法院提起侵权诉讼，王致和腐乳厂败诉。复诉至北京市中院、高院，最终王致和腐乳厂胜诉，但"王致和"放弃了 40 多万元的经济赔偿，只象征性地收取 1 元钱。"王致和"维护了商标权，同时树立了良好的企业形象。这场历时 625 天的商标维权案，是中国品牌"知识产权第一案"。2007 年"王致和"又赢得了中华老字号在海外维权第一案。2006 年王致和腐乳商标被一家德国代理商"欧凯百货公司"在国外抢注。欧凯公司欲以王致和商标为筹码，换取其在德国的总代理权。"王致和"表示，为了维护王致和腐乳的商标权，不管诉讼费多么高昂，也要将这场官司打到底。遂委托中、德律师团队向德国慕尼黑地方法院起诉维权。2007 年 11 月 14 日德国慕尼黑地方法院一审判决："王致和"胜诉。欧凯公司不服判决上诉。2009 年 4 月 23 日，德国慕尼黑高等法院终审判决王致和胜诉。此案被称为中国加入 WTO 以后的中华老字号海外维权第一案。具有十分重要的示范意义。

今天"王致和"已经 350 岁了。站在王致和汉白玉雕像前，面对南山，仿佛依稀看到 350 年前的王致和，为了求取功名，从黄山脚下，一路风尘来到京城，来到延寿寺街，走遍京城大街小巷，最后来到田村，驻足骆驼山下。生前虽然金榜无名，却无心插柳，成就了身后造福世人、名存史册的大功名。

中华美味,誉满天下,致和腐乳,百世留香。

作者与王致和雕像合影

大觉寺 30 年回顾

张蕴芬

大觉寺坐落在北京市西郊阳台山东麓，是一座保存完整规模宏大的古建群落，也是中国北方地区著名的一座禅宗寺院。自辽代清水院创建至今，已愈千年，历经辽、金、元、明、清五代世事沧桑与荣枯兴衰，一直独颖于西山寺庙之林。

大觉寺千年的历史遗存下众多的文物古迹，蕴涵着丰富的文化内容。其中的古代建筑、金石碑刻、园林生态、绘画雕塑、佛教典籍等寺庙文化内容丰富多彩。大觉寺及周边古迹，以山水林泉之胜、皇家寺庙园林密集闻名，自古以来就是风水宝地。大觉寺自 1992 年正式对外开放以来，以悠久的历史，深厚的文化底蕴和清幽静谧的自然环境吸引众多中外游人前来观光揽胜、探古寻幽。如何有效地保护好这些历尽沧桑、硕果仅存的佛教建筑及相关文物，更好地开发文物旅游资源，使人们在游览这座千年古寺庙的同时，既了解了佛教文化又能得到历史、民俗和审美多方面的收获，是我们文博工作者责无旁贷的任务。

自 20 世纪 80 年代后期北京市文物局接管大觉寺以来，经过近 30 年的修缮与建设，千年古刹又展新姿。作为一名普通的文博工作者，我经历了大觉寺从接收时的荒圮逐步走上新时代兴盛的历程，脑海中印下了大觉寺在当代一步步复兴的画面。

我记得1986年，一位有识之士曾在报刊上发表文章，写道："大觉寺是一处价值连城的瑰宝……可惜现为非文物部门使用，尽管倍加爱护，但远远发挥不了它应有的作用，"作者在文中呼吁："把大觉寺交归文物部门使用，辟为博物馆，进一步修缮对外开放，不仅可使寺中灿若星宿的珍宝为游者赏心悦目，还可以搞活一大片毗邻地区，造福众生，这一带山水之奇难以尽数……"我们可以真切感受到社会各界对古刹大觉寺的热爱和关注。1989年年初成立的北京西山大觉寺管理处，隶属于北京市文物局，管理处全体工作人员在北京市文物局的领导和支持下，解放思想、开拓进取，始终坚持贯彻党中央提出的"保护为主，抢救第一"文物工作方针和"有效保护，合理利用，加强管理"的文物工作原则，并使之贯穿于大觉寺工作的各个方面，从古建保护、藏品管理、安全保卫、展览宣传、科学研究等方面加强管理，努力工作，使大觉寺管理处近30年的文博工作处处呈现蓬勃发展的新局面。自1992年对外开放以来，先后对寺内古代建筑进行了不同程度的修复，修缮后的殿堂建筑更显古朴庄严。古树养护工作也是寺内文保工作的重点，寺内古树以松、柏、银杏为主，被人们誉为"活的文物"，它们以其古朴的树姿、美丽神奇的传说，吸引了众多游人，是不可多得的旅游资源。其中的古玉兰和千年银杏堪称京华之最。安全工作是大觉寺一切工作的生命线，管理处始终把安全工作放在一切工作的首位，坚持落实"安全第一，预防为主"的方针，极大地提高了消防安全工作的水平。此外，为加大宣传力度，为游人提供丰富的文化内容，自开放至今，先后对寺内大觉寺历史文化展览进行多次改陈，无论在内容还是在形式上，陈列展览工作水平都有了新的提高。科研工作是博物馆各项业务工作发展的基础，管理处历届领导对科研工作都给予了高度的重视，确立了加强和发展科研工作从而带动相关业务工作提高和发展的指导思想，先后出版了《大觉寺》《大觉禅寺》《大觉寺藏清刻禅宗典籍八种》《大觉寺藏清代契约文书整理及研究》等图书。

大觉寺是阳台山自然风景区内保存完整、规模宏大的古代建筑群，周围林木茂盛、古迹众多，泉水丰沛、空气清新，旅游资源丰富，极具开发价值。管理处于1997年与国风企业合作，依托大觉寺天然环境及丰富的泉水资源，在寺内开设了北京明慧茶院，以其古雅清幽的风格成为京城独具特色的品茗聚会之地，每年的4月玉兰花开之际寺内都举办玉兰品茗节，游览古寺之余，花间小坐品茗，既可以观赏到怒放的玉兰，又可以欣赏到精湛的古琴演奏及传统的茶艺表演，充分领略中国传统文化的博大精深。

北京大学教授季羡林先生非常喜爱大觉寺，生前多次来大觉寺，1998年写有《缘分与命运》一文登载于《新民晚报》；1999年写有《大觉寺》一文登载在《光明日报》上，文章分别记叙了他对大觉寺的喜爱以及与大觉寺的不解之缘。寺内明慧茶院雅间里悬挂着季老书写的大幅墨迹。20世纪80年代初的一天，他不顾年事已高，驱车三四十公里来到大觉寺，看到了怒放的玉兰花，感到生命力的无穷无尽，感到人间的可爱，留下了难忘的记忆。1997年，寺内明慧茶院开业，季先生作为嘉宾，为明慧茶院开业典礼剪彩。是什么这样吸引季老，使他对大觉寺这么情有独钟呢？从他的文章中可以得知，是这里的自然朴趣、这里的静谧幽深、这里的庄严肃穆使他远离了喧嚣，从烦躁与无奈中得以解脱出来,有一种久在樊笼里复得返自然的喜悦,所以他在大觉寺一文中直舒胸意:"我现在希望得到的是一片人间净土、一个世外桃源。"我记得季先生在《大觉寺》文中这样写道:"我每次从燕园驱车往大觉寺来,胸中的烦躁都与车行的距离适成反比,距离愈拉长,我的烦燥愈减少,等到一进大觉寺的山门,我的烦躁情绪一扫而光,四大皆空了。在这里,我看到了我的苍松、翠柏、丁香、藤萝、梨花、紫荆,特别是我的玉兰和太平花,它们都好象是对我合十致敬。还有屋脊上蹿跳的小松鼠,也好像对我微笑……"

随着文物及旅游事业的不断发展,大觉寺这座具有悠久历史的千年古刹越来越为人们所关注。每年春秋两季管理处举办的"玉兰节"和"银杏节"两大文化活动就是借助大觉寺及周边地区浓厚的文化氛围,以自然景观、古迹名胜、宗教文化、民俗风情、登山健身、娱乐祈福为主线,以玉兰节、银杏节为载体,充分开发、展示、宣传大觉寺及周边地区悠久的历史和丰厚的传统文化内容。活动以宏扬中华传统文化,建设和谐社会,整合区域旅游资源,激发观众的爱国主义和民族精神为宗旨。如今,一年一度的大觉寺"玉兰节"和"银杏节"两大旅游产品已形成品牌,吸引着京城众多游人。

在北京市文物局的直接领导下,在各界人士的悉心关怀下,在社会公众的热心参与下,在管理处全体职工的团结努力下,大觉寺文博事业必将蒸蒸日上、盛名远扬。铭记历史,不忘初心,在大力弘扬优秀传统文化的今天,作为大觉寺管理处的一名工作人员,我将继续保持勤劳、勤奋、勤勉、严谨的工作作风,本着踏踏实实、勤勤恳恳的工作态度,守护这一方文化净土。

香山健锐营历史文化遗产

和 平

一、香山健锐营营房的整体布局

香山健锐营的设立源于清朝乾隆时期的一场战争——金川战争。清政府平定大小金川，一共两次，第一次是平定大金川的土司叛乱，第二次是平定大金川和小金川的联合叛乱。

北京香山成立健锐营主要是第一次金川战争的结果。

大金川战争一览表

时间	乾隆十二年（1747年）至乾隆十四年（1749年）正月
起因	大金川土司对小金川土司和其他两个土司的侵略
主将	大金川：莎罗奔 清　朝：张广泗、讷亲、傅恒、岳钟琪
战术	大金川：凭借险要的地势和碉楼 清　军：先攻碉后绕战碉直捣贼巢
兵力	大金川：当地土著兵数量不详 清　军：6万
战果	大金川土司莎罗奔乞降，清军名胜实败

续表

耗资	大金川：莎罗奔土司花费不详 清　军：1100多万两
主将 战后命运	莎罗奔保住了性命。张广泗、讷亲战中被斩，傅恒被封一等忠勇公，岳钟琪被封三等威信公
重要成果	直接促使乾隆皇帝在北京香山成立健锐营

健锐营的总体布局在《日下旧闻考》中有明确而详细的记载，这为我们提供了在健锐营组建之初当地村落以及健锐营营房的分布情况，而且目前香山一带的地名仍然保留着当时健锐营的特点，为我们对比《日下旧闻考》中的记载提供了实物资料。

（一）健锐营衙门

"健锐营在静宜园东南，围墙四角有碉楼4座，共房22楹。皇上阅兵演武厅1座，后有看城及东西朝房、放马黄城"。《日下旧闻考》的这段话中"健锐营"指的是健锐营衙门，也就是健锐营八旗印房，是健锐营掌印总统大臣、翼长等办公和储存有关健锐营档案等的地方。"皇上阅兵演武厅1座，后有看城及东西朝房、放马黄城"，指的是健锐营大教场建筑群，这个教场中最引人注目的是高大的圆城。健锐营八旗印房和大教场位于静宜园大门东南里许，是健锐营指挥、行政和军事训练的中心。

（二）健锐营的八旗营房分左右两翼布局

健锐营八旗营房的布局犹如鸟儿的两翼，由静宜园宫门两侧向东（左）、南（右）两个方向伸展。

左翼四旗沿静宜园北山南麓由西到东至娘娘府。"静宜园东四旗健锐云梯营房之制：镶黄旗在佟峪村西，碉楼9座，正白旗在公车府西，碉楼9座，镶白旗在小府西，碉楼7座，正蓝旗在道公府西，碉楼7座"。

右翼四旗沿静宜园西山东麓由北到南至魏家村。"静宜园西四旗健锐云梯营房之制：正黄旗在永安村西，碉楼9座；正红旗在梵香寺东，碉楼7座；镶红旗在宝相寺南，碉楼7座；镶蓝旗在镶红旗南，碉楼7座"。

此外，还在正黄旗南营和红石山分别建立了由平定金川俘虏的藏民组成的番子营和由福建等地招募来的士卒组成的水师营。

香山健锐营地理全图（注字版）　　汉文：宋鹏远　满文：和平

（三）文献记载的健锐营营房分布和当地现存地名之间存在差别

《日下旧闻考》中所记载的健锐营营房分布和现在当地地名存在差别，按照《日下旧闻考》中的记载，右翼四旗中最南端的是镶蓝旗，完全符合八旗定制的排列方式。但是现在所留地名中，最南端是镶红旗，而镶蓝旗位于镶红旗以北。也就是说，将八旗定制中镶蓝旗和镶红旗对调了，由于从健锐营设立之初的乾隆年间到现在数百年，健锐营所在地方的相关资料比较缺乏，因此镶红旗镶蓝旗对调的原因尚不明确。这种情况有三种可能，一是《日下旧闻考》记载有误；二是《日下旧闻考》成书时健锐营营房分布是符合八旗定制的，后来因为某种原因而作了掉换；三是现在的地名和当初健锐营营房之间有一个转化的过程，这个过程中有可能出现某种变化。例如原来正红旗营房所在地，现在叫做"红旗村"。但将镶红旗和镶蓝旗名称互换，可能性似乎不大，对此，民间有一种传说认为这是因为风水的因素，取镶蓝旗中的"蓝"与"拦"同音，将镶蓝旗设在此处用来阻挡煞气。

香山健锐营历史地名与现在地名对照表

左、右翼	历史地名	现在地名	备注
左翼四旗	镶黄旗：北营、南营、西营、新营	北营、南营、东营、新营	部分沿用
	正白旗：营子里、营子外	正白旗	沿用，不分营子里、外了
	镶白旗	镶白旗	沿用
	正蓝旗	正蓝旗	沿用
右翼四旗	正黄旗：北营、南营	北正黄旗、南正黄旗	沿用，以红山头为界
	正红旗：上营、下营	红旗村	该地被军队和某单位使用
	镶蓝旗	门头村	门头村、镶蓝旗、番子营（小营）合并统一称门头村了
	镶红旗：北营、南营	南河滩	位居健锐营最南又是河滩

（四）健锐营营房的数量

关于健锐营营房的房间数量，光绪年间《钦定大清会典事例》有详细记载："（乾隆）十四年（1749年），议准：随征金川云梯兵1000名，别设一健锐营，分为两翼，左翼翼领1人，右翼翼领1人，各给房13间。每旗参领1人，给房13间。副参领1人，给房10间。前锋校，镶黄正黄二旗各7人，余六旗各6人，均各给房6间。八旗前锋，每名给房3间。左翼建四层碉楼14座，三层碉楼18座。右翼建五层碉楼2座，四层碉楼10座，三层碉楼24座。

乾隆十八年（1753年），奉旨健锐营增设骑千名，盖造官兵营房2152间。红石山水师营，委署前锋参领2人，各给房8间。副前锋校8人，各给房3间。骁骑120名，各给房2间。镶黄、正黄、正白、镶白、镶红、镶蓝六旗，每旗委署前锋参领2人。正红、正蓝2旗，委署前锋参领1人。均各给房8间。八旗骁骑各110名，每名各给房2间。"

二、香山健锐营的历史文化资源

香山地区文物古迹众多，其遗址中除了与健锐营驻军和生活有关的以外，还包括健锐营成立以来此范围内的其他文物古迹，如：寺院庙宇、名人故居、墓地碑刻等。所以，香山健锐营历史文化资源是北京海淀三山五园历史文化遗产的重要组成部分。

时代发展到今天，香山地区的很多历史文物遗迹已经被新的建设所包围或取代，我们必须客观全面地认识"香山健锐营"这一宝贵的文化遗产，而不能仅仅从孤立的角度片面地认识和理解，经过不断的学习和探究，我发现，香山地区分散的文物古迹社会知晓度较低，作为历史文化资源并没有得到整体有效的宣传保护和利用等问题。

（一）文物古迹

1. 实胜寺

实胜寺碑亭又称皇亭子。碑亭中央树立着一座四面方碑，汉白玉材质，碑体巨大，通高5.70米，碑身高3.10米，宽1.55米，有"西山碑王"之美誉。碑额有篆书"御制"二字，

实胜寺碑亭

四面均雕成"二龙戏珠"；碑侧雕有高浮雕云纹、龙戏珠；下部须弥座式；碑身四面分别用满、蒙、汉、藏四种文字书写碑文。

"实胜"意为"大获全胜"，皇太极曾在沈阳修建了一座实胜寺用以表彰自己的功绩。乾隆在取得金川之战的胜利之后，就打算效仿其祖先也修建一座实胜寺，来歌颂自己的战功。只是乾隆没有新建一座寺庙，而是将原来就存在的明代鲍家寺改名为"实胜寺"。

"实胜寺"大殿原址位于正对实胜寺碑亭、香山南路的路西，其殿宇早在解放初期就已经荡然无存了。只有一块篆有满汉两种文字的御制实胜寺碑，孤零零地伫立在曾为海韵艺校的大院之中，使人

还能通过它辨别出实胜寺坐落的大体位置。碑文中的汉字为乾隆皇帝御笔，其碑文内容与实胜寺碑亭中的碑文内容完全一致，这两块碑一东一西，遥相呼应；一大一小，繁简相形，共同记述了健锐营成立的历史原因。从现存的实胜寺碑亭依稀可感受到当时的繁盛。

2. 松堂

香山南路松堂的石敞厅

松堂位于实胜寺碑亭的西南，又名来远斋，坐西朝东，整座建筑的梁柱都是由白石砌成。松堂的周围种满白皮松。清乾隆十四年（1749年），乾隆帝为庆祝大小金川之捷，在此设宴款待健锐营将士。如今在松堂的石敞厅石柱有御制对联一副，"指云际千峰兴怀蜀道，听松间万籁顿入梵天"，感慨金川战争之艰难。厅内还立有一石屏风和楹联，上篆刻有乾隆御笔"乾隆十五年御制赐健锐云梯营军士食即席得句"的碑文，记载了当时欢宴的景象。

3. 碉楼

健锐营碉楼是香山健锐营建筑的一大特色。健锐营各营区都建有碉楼，是首次金川战争后，金川地区俘虏模仿其家乡的石砌藏式碉楼所建，分三层、四层和五层，共计68座。此外，健锐营印房另有4座碉楼，团城教场还有一座西城门楼，也称梯子楼。时至今日，用以演练云梯作战的碉楼已不在，一直存在的碉楼建筑实体也所剩无几了。

清代健锐营八旗碉楼的具体位置及数量表

左翼四旗	右翼四旗
镶黄旗在佟峪村西，碉楼9座	正黄旗在永安村西，碉楼9座
正白旗在公车府西，碉楼9座	正红旗在梵香寺东，碉楼7座
镶白旗在小府西，碉楼7座	镶红旗在宝相寺南，碉楼7座
正蓝旗在道公府西，碉楼7座	镶蓝旗在镶红旗南，碉楼7座

　　金川人善于以巨石垒筑碉堡，几乎每家都有一座碉楼。碉楼像一座小城，上窄下宽，有的高达三四十丈。楼内分数十层，每层四面都设有可用来施放枪炮的方孔。各个碉楼不仅坚固，且彼此呼应，形成易守难攻的石碉群。这使首次征讨金川的清军一时难以攻破。为此，乾隆帝令在京西香山脚下建造仿金川的碉楼，并设云梯，命精锐士兵日夜练习攀堡技能，以备战时之用。在第二次平定大小金川的战役中，健锐营将士为清军的克敌制胜起到了重要的作用。

　　我家祖辈久居香山正白旗，与中国古代四大名著之首《红楼梦》的作者曹雪芹是邻居。我的家在一座高高的山坡上，曾经是正白旗档房的碎银处。房舍后面就是碉楼，可能是活碉楼，在我未上小学时就坍塌了，只剩下基座和断壁。向北向西眺望，还有两座碉楼，是死碉（死碉即实心碉，用于健锐营八

香山南路红旗村某大院里的羌式死碉楼

香山西山森林公园里坍塌的碉楼残壁

香山植物园里的藏式死碉楼

香山正蓝旗的羌式活碉楼

旗兵练习攻碉之用），至今完好。西边的那座碉楼为上部比底部略窄，有向中心收拢之势，碉楼顶部齐平，长出一小片儿细小的植物，根根挺立。北边那座碉楼在军管区，保存更加完好，也是上部比底部略窄，与旗营中其他碉楼不同的是顶部还有一个比主体碉楼缩小一圈的方敦儿，矗立在主碉之上。

在香山正蓝旗象鼻子沟口有一个保存完好的碉楼，矗立在正蓝旗甲一号大门口，具体位置在香山正蓝旗公交车站北边，它是香山地区唯一现存的羌式活碉楼。此碉楼呈四棱锥体，上部比下部略窄，四周略向中心收拢。主要以黄石砌筑，以青石腰线划分为四层，其中第四层（顶层）平面向北缩进整个进深的一半，使南边形成一个小平台。

碉楼主体有方孔为两层，每层三个，碉体东、南、西三面有方孔，而北面是没有方孔的一面墙，最高一层由于只有主体的一半，东、西两面各有方孔1个，南面有方孔2个，在两个方孔的中间还有一个比方孔大很多的门。整座碉楼共有方孔22个。碉的南面，在阶梯状的碉顶部均有排水设施，每层东西各1处，每层2处，共4处。

碉顶既然有小门儿，说明人是可以从碉底爬到此处向远处瞭望的。

北方工业大学建筑系的安沛君老师曾经实际攀登过该碉楼，安老师说："碉楼的入口不在碉底与地面接触的地方，而是在碉北面的二层，须从碉外借助梯子进入碉楼，一层是实体，碉楼内部全是楼梯空间，并不分层，只有踏步从入口通至碉外小平台。"

碉楼的西墙被老百姓用作自家房屋的山墙，北墙被军队围在院里，且被营房遮挡，无法考察到了。但幸好有军队驻守，这座碉楼得以完好保存下来。碉楼下立一碑写着：海淀区文物保护单位，清代碉楼，海淀区人民政府1992年立。

4. 教场

香山健锐营教场，原名团城演武厅，位于海淀区"三山五园"风景区内香山南路红旗村1号，始建于清乾隆十四年（1749年），是清代帝王操练和检阅健锐营云梯部队之所。主要建筑有团城、演武厅、西城门楼和实胜寺碑亭。

演武厅是清朝皇帝检阅这支部队的地方，看城即团城，是大臣们观看这支部队演习、操练的地方。城上有南北城楼各一座，北城门嵌有玉石门额，额书"志喻金汤"，南门额书"威宣壁垒"。城内为一圈空地，东西踏步直通城上。

团城，旧称看城，是健锐营教场最醒目的建筑，一座圆形的城堡。

圆城实际上是一圈城墙围成的椭圆形小城，东西长，南北短。东西直径50.2米，南北直径40米，城高11米，城厚5米，城外四周均有排水设施。

南北设两个城门，门上建有四周回廊的城楼。南面城楼5间，北面城楼3间，是红柱硬山、绿琉璃瓦、重檐歇山顶的建筑。内藏乾隆皇帝手书的《御制实胜寺后记》。城墙外围上端一圈设有排水的水槽。南北城门上端有玉石门额，分别雕刻着"威宣壁垒""志喻金汤"，均为乾隆御笔。

北城楼内存有巨大的四体卧碑，为乾隆皇帝御书《实胜寺后记》，此文是清代重要的史料。

团城内北城楼下东西各有登城的踏步

香山健锐营团城侧面

团城北面的御路小桥

团城内青砖墁地，有东西朝房各3间。北城门东西两侧有踏步可以登上团城，随城的圆形行走一圈，极目远眺，视野开阔，周围一切尽收眼底。

团城北城楼内的清代卧碑，碑文为汉满蒙藏4种文字记述

演武厅，是教场最主要的建筑，其功能主要是供阅武者在此阅武，最主要的要求是视野开阔。

香山健锐营团城演武厅全景

清代乾隆、嘉庆、道光、光绪等多位皇帝曾在这里数十次阅武。

在健锐营教场圆城（俗称团城）的南面是演武厅，位于健锐营教场整组建筑的中轴线上，坐北朝南。面阔五楹，宽21米，进深二间，深10米。前抱厦三间，四周有回廊。单檐歇山顶，黄琉璃筒瓦，绿琉璃瓦剪边。厅前有一宽敞的月台，月台的东、南、西均有踏步。演武厅两侧各有一座5间硬山建筑。

团城北面有御路小桥，是皇帝专用进入团城的通道。

5. 印房

健锐营八旗印房旧照

健锐营八旗这样一个庞大的组织需要一个统一的军政部门来管理，而这个部门的所在地就被称为印房。印房，又称印署，印务处，是管理管营大臣印钥及文档的地方，即健锐营衙门，它是全营最高统治机构。史书对健锐营印房的描述为："健锐营衙门，在香山静宜园东南，围墙四角有碉楼四座，共房二十二楹。"

健锐营印房香山北正黄旗21号，建筑遗址部分尚存，早为民宅多年，碉楼仅存两座。

6. 学堂

健锐营设有官学，设清语教习、骑射教习等员，教育本营八旗幼丁，即养育兵。[①] 乾隆十五年（1750年）乾隆奏准建"健锐营营房三千五百二十间。"即以静宜园为中心，以镶黄旗、正白旗、镶白旗、正蓝旗为左翼，以正黄旗、正红旗、镶红旗、镶蓝旗为右翼，建造八旗驻军营房。同期建造的还有以演武厅和团城为主体的校场，即健锐营定期合练的演武场，以及与官兵们相关的生活及服务设施，

---

① 中国第一历史档案馆编著：《中国第一历史档案馆馆藏档案概述》，中国档案出版社，1985年。

包括子弟接受教育的学房。①

健锐营官学,乾隆四十年(1775年)奏准设立,教学内容为满文满语和骑射等技艺。该官学设教习八人,专管教训该营八旗幼丁满语,后定兼授满文,三年期满,如有成效,咨送吏部,以笔帖式用;再由护军校蓝翎长前锋内,每旗各选一人,在学会同教训骑射等技艺。其教习原由吏部在八旗翻译生员内考取,至乾隆五十年(1785年)因赴考者不多,改从礼部考取人员中补用,一切考试、叙用规程,均照各学教习之例办理。②

健锐营官学校址在京师健锐营附近。清代官办学校创办于乾隆五十年(1785年)专收健锐营驻防八旗子弟,入学年龄比照其他官学。学习内容为满、汉文艺,《四书》《五经》等,课余训练马步骑射。挑选品行端正、学识优长者任教官。学制5年,学习期满,经考试合格者,可补用笔帖式等职。清代后期日渐废弛。③

光绪二十七年(1901年)冬,健锐营官学改为健锐营高等小学堂,次年以八旗之序分建健锐营第一至第八小学堂。④

值得一提的是,位于健锐营印房西南方向的香山小学校舍(红山头北)最初是健锐营印房的一部分,是文书办公的场所,后为健锐营高等小学堂校舍。校舍整体依山而建,自东向西,乘势而上,为三层阶梯式园林庭院格局,占地13亩,周围古树环抱,其间枝叶

---

① 《钦定大清会典》卷872。
② 王炳照、李国均、阎国华著:《中国教育通史·清代卷》(中),北京师范大学出版社,2013年。
③ 顾明远主编:《教育大辞典》(4),上海教育出版社,1992年。
④ 张学强主编:《明清多元文化教育研究》,民族出版社,2006年。

婆娑，幽静典雅，书香飘逸，具有典型的清代古建筑群落风格。现校名为北京市海淀区香山小学。

香山小学正门

香山小学校舍全貌旧照

修葺中的香山小学踏步

香山健锐营的石头墙

7. 石头墙

香山一带，山上的大石头不仅可以垒筑碉楼，也是建造房屋和垒墙的极好材料，用石头垒的墙结实美观，被称为"虎皮墙"。

除此之外，香山健锐营地区还有许多重要的文物保护单位和文物遗迹、名人墓地，或多或少地承载着健锐营人们的历史记忆和文化精神。

香山地区文物保护单位及文物普查登记项目表①

级别	文物名称	地点	公布时间（年）
全国	景泰陵	香山路娘娘府	2001
	碧云寺	香山东麓	2001
	十方普觉寺（卧佛寺）	香山寿安山南麓	2001
北京市	静宜园	香山东麓	1984
	双清别墅	静宜园内香山寺以南	
	团城演武厅	香山南路红旗村甲1号	1979
	实胜寺碑亭	团城演武厅以南500米	
	旭华之阁及松堂	香山南路万安山东麓	1984
	李大钊烈士陵园	香山万安公墓内	1982
	梁启超墓（"戊戌变法"主导者）	香山植物园内东部	2001
海淀区	清代碉楼	香山地区	1981
	香山八旗高等小学	香山北正黄旗36号	1999
	北坞村金山寺及戏楼	香山以东玉泉山下	1999

① 海淀文化委员会编：《海淀文史》，文物出版社，2002年。

续表

级别	文物名称	地点	公布时间（年）
海淀区	熊希龄墓（著名慈善家）	香山煤厂街	1999
	孙传芳墓（民国军阀）	香山卧佛寺东南	2001
	法海寺遗址	香山万安山东麓	1999
	晏公祠	香山万安山东麓	1999
	普安塔	香山四王府东北普安山南坡	1999
	遗光寺山门	香山路林科院东北侧	
	万安公墓	香山以东玉泉山西	1983
	董海川墓（八卦掌创始人） 任锐墓（革命烈士） 朱自清墓（清华大学教授）	香山安公墓内	
	瑞王坟（咸丰皇帝胞弟家的墓地）	香山门头村以南	
	佟麟阁墓（抗战名将）	香山狼涧沟东口	
	刘天华墓（音乐大师）	香山玉皇顶	
	刘半农墓（北大中文系教授）	香山玉皇顶	
	梅兰芳墓（京剧表演艺术家）	香山万花山西麓	
海淀区文物普查登记项目	香山八旗印房	香山北正黄旗21号	2012
	正白旗北庙（四王府小学）	香山正白旗甲9号	2012

未列入文物登记项目的部分香山名人墓[①]

江瀚墓（清末民初学者）	梅竹芬墓（京剧名家、梅兰芳之父）
曲同丰（民国将领）	梅雨田墓（京剧琴师）

---

① 香山地区文史作者户力平整理。

续表

张绍曾墓（民国总理）	梅葆玥墓（梅兰芳之女）
韩复榘墓（民国时山东省主席）	梅葆玖墓（梅兰芳之子）
周树模墓（民国平政院院长）	马连良墓（京剧名家）
何思源墓（爱国民主人士）	任志秋墓（京剧名家）
萧振瀛墓（民国将领）	王少楼墓（京剧名家）
沈醉墓（起义将领）	言少朋墓（京剧名家）
路友于墓（民国烈士）	朱斌仙墓（京剧名家）
王以哲墓（爱国将领）	徐兰沅墓（京剧琴师）
马占山墓（抗日名将）	周和桐墓（京剧名家）
邓文辉墓（民国烈士）	刘喜奎墓（戏剧艺术家）
郑国材墓（民国人物）	刘继卣墓（现代画家）
吴佩孚墓（北洋军阀直系首领）	萧军墓（现代作家）
张宗昌墓（北洋奉系军阀）	戴望舒墓（现代诗人）
段祺瑞墓（皖系军阀首领）	王莹墓（著名电影演员）
袁家坟（袁世凯五姨太）	陈白尘墓（现代作家）
李子鸣墓（八卦掌大师）	曹禺墓（现代剧作家）
梁振蒲墓（八卦掌大师）	蒋风之墓（音乐教育家）
王锡彤墓（近现代实业家）	孙敬修墓（儿童教育家）
冒鹤亭墓（近代著名学者）	王力墓（语言学家）
冯友兰墓（哲学家）	季羡林墓（国学大师）
容国团墓（乒乓球世界冠军）	梁启雄墓（梁启超之胞弟，古典文学家）
刘司昌墓（山东快书名家）	梁思庄墓（梁启超之女，图书馆学家）
启功墓（当代书法家）	梁思达墓（梁启超之子，经济学家）
魏巍墓（现代著名作家）	

（二）非物质文化遗产

健锐营是清朝军制中的一支特种部队，也是清朝在北京西山东麓驻军形成的一个特殊的社会群体，一个只有3000多户人家和4000多官兵的社会群体。从乾隆十四年（1749年）征战大小金川取胜设营到宣统三年（1911年）解体，在160多年间为清朝贡献了一大批能征善战的将领。据统计，从健锐营士兵和基层官员提拔为提督、将军、统领、都统和总兵等正二品以上的高级官员达60多人。①从乾隆皇帝的"十全武功"到后来抵御英法联军和八国联军入侵，健锐营对清朝统一和管理国家事务，包括管理民族事务都发挥了巨大作用。同时，健锐营士兵和家眷160余年的驻军生活，也为香山健锐营地区留下了丰富的民俗文化，是非常重要的非物质文化遗产。学界对健锐营的研究始于20世纪后半叶，大致情况如下。

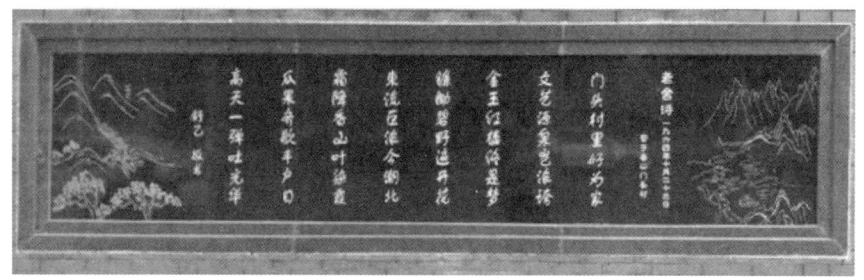

香山门头村新建的小区墙壁上记录着老舍1964年写的诗

1. 业余文史爱好者和史地民俗学者的研究

他们大多从民俗文化，特别是从满族文化的角度来看待健锐营，这些研究侧重于健锐营的历史、营兵的民俗文化和相关的故事传说等。这些研究者有些是熟悉当地历史文化的健锐营旗兵后裔，他们拥有

---

① 常林、白鹤群：《北京西山健锐营》，学苑出版社，2006，第155页。

从祖辈生活和流传故事中搜集到的一手文献资料，但多半没有公开发表只是保留在各自手中。

例如，正黄旗的张家鼎①掌握大量未发表的材料，镶红旗的白鹤群②在中央民族大学民族学与社会学学院学生洪文雄的帮助整理下，出版了《北京西山健锐营》，还有镶黄旗关绶文③的《实胜寺、阅武楼与香山健锐营之往事》，赵书④的《西山脚下的健锐营》等。满族民俗文化研究对健锐营也偶有涉及。例如，刘晓萌的《满族从部落到国家的发展》、支运亭的《八旗制度与满族文化》等。还有一些做文学研究的学者，根据曹雪芹在香山写《红楼梦》，老舍到门头村体验生活写《正红旗下》的相关考证资料而提及健锐营。例如，胡德平根据正白旗舒成勋⑤的口述整理出版了《曹雪芹在西山》一书，就根据西山一带的民俗风物考证了《红楼梦》创作中的一些原型以及黄叶村和正白旗的情况等，从而记录了健锐营旗人的一些生活习俗。西班牙华裔女作家张琴撰写了口述史《北京香山脚下旗人的命运》一书，书中正白旗的鄂秀华是我的同村人，幼年就读过香山八旗高等小学堂，是香山小学

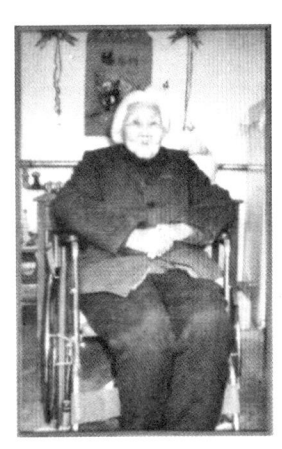

2008年香山正白旗的旗人鄂秀华老人

---

① 张家鼎，1954年香山小学毕业生，2008年5月看望母校。
② 白鹤群，2008年2月曾与香山小学校史研究小组成员进行访谈并到学校做讲座。
③ 关绶文，2008年曾与香山小学校史研究小组成员进行访谈并回访家乡学校。
④ 赵书，蓝靛厂火器营人，2013年5月曾与香山小学进行访谈。
⑤ 舒成勋，健锐营最后一个笔帖式，中学语文老师，作者的邻居。

的老校友，103 岁高龄去世。

2. 专业历史研究人员的研究

他们多从清朝史料典籍入手用历史研究方法考察和分析研究八旗军制，从而涉及健锐营。他们讨论的角度多从八旗军制来探讨八旗军（包括健锐营）的征战作用和在清军中的地位和变迁。例如，刘庆、魏鸿文在《清八旗军盛衰的历史教训》中从军事领域的各个不同侧面，揭示其由盛转衰的历史教训，清朝中后期的统治者没能顺应社会时代条件的变化而调整八旗军事制度。

3. 非物质文化遗产的传承工作

从很早开始，海淀区文委等单位便积极开展《香山传说》①的搜集、整理、汇编、申报工作，2007 年 3 月《香山传说》被列入第一批《海淀区级非物质文化遗产名录》。2007 年 10 月被列入第二批《北京市级非物质文化遗产名录》。2011 年《香山传说》被列入"北京市非物质文化遗产丛书"（第二辑）。

健锐营人敬祖宗，每户房舍里屋都供祖宗匣子和与本旗颜色相同的"挂钱儿"，非常具有民族特色。健锐营人重视各种传统节日，北京人的许多饮食习惯和食品都源于满族人。例如，每天清晨一壶茶，叫"冲龙沟"。健锐营人喜欢吃黏食和酥皮儿点心，每户家中常备点心盒。五月初五包粽子，还得拿着自家包的粽子去串门，让老街坊也一起品尝，还进行互换食品的民间交流活动。旗人曾经都会清语②、骑射，但现在的满族人会说英语不会说满语了。旗人尚武，摔跤曾经是一项非常受满族人喜爱的体育活动，清代流行的摔跤形

---

① 李克主编：《香山传说》北京民间文学丛书，中国文联出版公司，1985 年。

② 清语即满语。

式叫"布库",但现在只听说蒙古族有摔跤比赛,看不见健锐营人以"布库"为健身项目了。岔曲是外火器营人文小槎①从征西域及大小金川的奏凯归途中创新的娱乐项目,由健锐营人士表演艺术家荣剑尘唱"火",但现在却难得见到手拿八角鼓的岔曲演员。

许多反映香山健锐营地区民众生活和文化精神的非物质文化遗产,随着新农村的改造和老人们的故去,日渐消失,亟需系统记录整理和传承。

可喜的是近年来,香山小学的学生正在学习传承民族体育项目,排练"八旗阵"。香山小学的校友铁慧颖(80后)正在投身制作传承北京独具特色的传统民间工艺——鬃人、鬃狮、甩燕儿,民间非遗项目后继有人。

三、对香山健锐营历史文化遗产的建议

(一)加强香山健锐营物质文化遗产的保护传承利用

1. 多办讲座,多参观,让更多的香山人了解香山的历史

近年来,政府已经加强对香山地区历史文物遗迹的保护了,在不同的年份挂了文物标牌,如团城演武厅、八旗印房、香山小学、四王府小学等,但对历史文物的宣讲活动不够丰富,不了解香山地域历史的人还很多,香山街道举办过香山地区历史文化方面的普及性讲座,次数太少,应该持续多讲,并且要把听众带到文物面前去讲,才能达到传承传播的良好效果。

---

① (清)崇彝《道咸以来朝野杂记》,北京古籍出版社,1982年。

健锐营衙门西南角碉楼现状　　　　健锐营衙门西北角碉楼现状

健锐营衙门（印房）大门的东、西门垛现状

香山南路红旗村的实胜寺锁在果园里

2. 利用每年满族族庆日颁金节活动宣传香山健锐营

香山健锐营、蓝靛厂火器营和圆明园护军营是京旗外三营，都是满族人的聚居地。完全可以由这三个营的代表登台分别用凝练的语言，介绍香山健锐营、蓝靛厂火器营和圆明园护军营的地理位置、现存遗迹等，让更多人了解，从而产生想去看看的浓厚兴趣，从而使更多的人知道香山健锐营。

（二）建立香山健锐营非物质文化遗产挖掘研究团队

我觉得应在政府的帮扶下，建立香山健锐营非物质文化遗产的挖掘团队。文史研究非常辛苦耗时，若不是真心爱好的人很难坚持走下去，仅凭文史爱好者单打独斗地挖掘、寻访、探究，进展速度是缓慢的。如果能将文史人团结在一起，进行分工合作，发挥各自的优势，结成对子，形成团队，一定会取得事半功倍的研究成果。

香山碧云寺水泉院

高云昆

一、历史沿革

碧云寺位于香山静宜园之北侧,坐落在"寺后山势,旋舞外张,两翼如抱,寺枕中冈,独收其胜。基之两旁皆深谷数仞,后山嵯峨,松柏插天"的聚宝山下。

初为金章宗翫景楼,年久废坠。元代耶律楚材后裔耶律阿勒弥(又称阿里吉)于至顺二年(1331年)舍宅开山建成碧云庵。到了明代宦官擅权,权势熏天,正德时太监于经利用亲上之便诱导武宗皇帝开煤矿,从中获利扩建碧云寺,使寺院瑰壮靡丽、廓然焕然。天启间魏忠贤也相中该寺,对其大加修整、仿明皇陵建生圹,规模宏大,覆压数里,郁葱绵亘,金碧辉煌,奢侈逾甚。

清康熙年间仆碑铲墓,乾隆好山乐水,崇佛礼教,于乾隆十二年(1747年)"驻跸静宜园,时过此寺,乐观林壑之美,而念古刹之有待于护持也,爰命重加修葺",除将原有建筑修缮一新外,增建罗汉堂、金刚宝座塔及行宫。历经元、明、清三朝修葺,碧云寺形成南北中三轴线对称的格局。

民国时期碧云寺成为文化教育事业的重要场所，有中法大学西山学院、农业试验场测候所等单位先后驻寺。1925年，孙中山在北平辞世，灵柩暂存碧云寺，现有孙中山纪念堂及金刚宝座塔衣冠冢。

1952年10月，北京市人民政府接管了碧云寺，并对公众开放。1957年碧云寺列为北京市第一批重点古迹文物保护单位，2001年列入全国第五批重点文物保护单位范围。2017年9月1日香山碧云寺获得北京市对台交流基地称号。

碧云寺以其独特的汉藏结合建筑形式和景色出众的"碧云十景"享誉北京，成为历代文人墨客、帝王权贵拈香礼佛游赏的必游之处。与潭柘寺、戒台寺同为"京西三大寺"。经过近700年的历史积淀，使其拥有丰厚的物质文化价值和非物质文化价值。明代康从理有碧云卓锡泉诗文："卓锡何年水，泠泠喷石龙。湿云深度壑，飞雪冷穿松。今古无停息，清虚可鉴容。不留功德地，东向亦朝宗。"

水泉院位于碧云寺西北最深处，是一处以泉取胜的院落。院内有天然流泉，泉水出自山神庙下石罅中，潺潺有声，此泉元代起就有"卓锡"之名，明代声名显赫。在《长安客话》记载："水自寺后石岩出，喷薄入小渠，人以卓锡名之"。当时有"碧云寺以泉取胜"的说法。《佛学辞典》解释"卓锡"为"锡者锡杖也，僧人所持卓者拄立，故谓僧人居处为卓锡，意通锡杖，释为：锡者，意取锡作声，鸣杖、锡杖任情称……头上唯有一股铁卷，可容三二寸，安其铹管长四五指，其竿用木，粗细随时，高与肩齐，下安铁纂，可二寸许，其环或圆或扁"。

水泉院依山就势，山石叠筑，亭台池桥，峭壁如城，被历朝皇帝所喜爱，明代皇帝至此题匾，清代皇帝至此修缮，形成幽静典雅之境。历代文献对该院情形进行了真切的描述,《宛署杂记》载:"卓锡之前,有一小亭,又前为小池,蓄泉水,布莲其中,延池松柏年久,状如虬龙,每岁夏,泉水流溢,荷花盛开,上下云烟,如坐天上。万历十四年(1586年)驾至,爱之,为书'水天一色,苍松古柏'……泉前有御书沼堂"。《珂雪斋集》载:"(卓锡)泉从石罅出,有声,石壁色甚古,亭曰听水佳处。泉绕亭而出,流于水池,种白莲百本,塘前穉竹树嫩绿有致,竹旁有银杏二株,阴荫一亩。其左一洞若夏屋,泉复绕之而出,达于廊下"。可惜水泉院明代时的大部分建筑到清初都已不存在。清谈迁《北游录》记载清顺治十一年(1654年)八月游览碧云寺,"东北,其园卓锡泉,自石罅龙吻出。下注飞涛,监军御史吴阿衡题曰龙湫……中堂艺竹,俗曰黄金间碧玉……南亭之阶,镌二石枰,枰旁各刊诗,草书。又银杏树一,其大甲于西山。右藏花洞,以石室备冬者。"《天府广记》记载康熙年间碧云寺"岩下一泉汨汨,石渠导之,过斋厨,绕两廊,出殿两庑,左右折复于殿前石池。泉旁一柳有大瘿,人呼瘿柳,柳左堂三楹,万历御题水天一色,前临河沼,沼南修竹成林,岩下一亭曰啸云。"

乾隆十三年(1748年)对碧云寺进行扩建的同时,也对水泉院进行了修整,因而大部分建筑因移动与明代时的位置有所不同,《日下旧闻考》详细地记载了碧云寺扩建后建筑设施的存废状况:"瘿柳左之堂及啸云亭今俱无考。水天一色匾已废。……寺内泉源今从岩罅吐注,非螭口也。……听水佳处亭无考,(其左一洞若夏屋)洞屋今存……苍松古柏诸额今废"。对水泉院添建的建筑物作了记载:"碧云寺北为涵碧斋……为洗心亭,又后为试泉悦性山房"。

明清时期的水泉院,以其泉之胜、景之幽、建筑之靡丽而形著于人们的笔墨。延续到民国时期，水泉院之名泉胜景不亚于昔日。通过那时的文章记载可知水泉院仍是碧云寺景致最清幽的场所。

1936年庄俞在《京都新记》上的发表文载："旁有水泉院，小而幽，石岩有泉渗入小池，清响不绝，仍留作游人憩息之所，院中有银杏一株，里于枯根间，称初为槐，历百年而枯，在根中复生一柏，又历数百年而枯，更生一银杏，今亦参天矣。又有一桑，其根茎为三株，合绞而成彼具其姿。……此院由天然之山岩石形成，位西有一个小庙，庙底下有水泉一。"

1941年，忏菟在《西山之胜迹》载："别有一院，山石磷峭，树木蓊蓊，复甃石为池，有泉自石隙喷薄入小渠，曲折达于寺前，泉旁旧有亭榭，柱石尚存，亭前为三仙洞凡三穴……洞外有古柳一株，其杆大曲如弓，枝叶垂青，姿态绝佳。"

二、园林布局

水泉院是碧云寺皇家园林寺庙的点睛佳作，因泉而建，由泉而名，规模有限，却耐人寻味。在《宛署杂记》载元代僧续溥所作碧云十景诗中便有四景是涉及水泉院的专门描述，古代诗词题咏更是占据了碧云寺诗词的一大部分。水泉院处于碧云寺的北次轴线上，有清朝乾隆年间修建的涵碧斋和含青斋行宫别院，是一处景致幽深的山水院落。碧云寺共有三条轴线，从山门经至塔园这一轴线为主轴线，其南次轴线贯穿禅堂院和罗汉堂，北次轴线贯穿涵碧斋、含青斋和水泉院。水泉院因其独特的地理位置，在北次轴线的尽端，与乾隆行宫成为完整的建筑景观序列。

水泉院与它前面的含青斋组成了碧云寺特有的一处休息、赏游的行宫别院。含青斋行宫建成后，水泉院中的洗心亭和试泉悦性山房成为诗咏最多的所在，也是乾隆皇帝在水泉院从事园林活动的最佳载体。水泉院最大特点就是借景，充分体现出中国古典园林"巧于因借，精在体宜"的造园理念。

借泉为院，有明代穆光胤卓锡泉诗文"林锡原龙化，山泉一卓通。根深连地脉，溜曲绕珠宫。"诗中前两句道明了卓锡泉的传说和来源。多数的园林寺庙，将园置于寺之后院，水泉院却座于碧云寺的北次轴线的末端，是卓锡泉的所在决定了水泉院的存在。水是寺之命脉所在，河南嵩山少林寺有诗云："深山藏古寺，碧溪锁少林，"其中"溪"能"锁"寺，可见水源之重要。卓锡泉水终年不涸，古时其水不仅供寺内使用，还流出寺外，供寺外所用。它与香山双清泉均为香山地区重要的水源。清代《余文敏集》载："碧云寺泉从山西壁螭口中吐出，去渠尺许，微有飞沫下注于渠亭前有沼可一亩，渠水注之"，明代《帝京景物略》记："左侧有泉，屋之，纳以方池，吐以螭唇"。在饮用之余，将泉水作为造景的元素。卓锡泉位于水泉院的最西头，于是水泉院由西向东展开，以泉、瀑、潭、池、沼、溪，水景序列共同组成了以水、泉为题的庭院。明人陶允嘉有诗云："金风猎猎吹远松，青霞朵朵生残云，西山一经三百寺，唯有碧云称纤秾。山僧不放山泉出，缭绕阶前声瑟瑟……"，诗中所说的，便是最大限度地对水资源的综合利用。

借水为池，碧云十景中池泉映月便是此景。水从泉眼涌出，明代时"吐以螭首"，注入渠中，渠水入池沼，这样的景致是明代书籍中所记载的池泉。泉水涌出，加以人工理景，喷以螭首，绕亭而出，纳水入方池；到了清代，乾隆的重建，则水出石罅隐泉入奥，导泉入渠成小瀑，入方池，可谓"凿石引泉香"，池使自在的水有了容身之所，为景所用，池是为纳水而成的。

借墙为背，水泉院的高墙给人留下很深刻的印象。这堵高墙由于寺庙与水泉院的高差而形成，高十余米。平直的高墙是依托架空建筑的平台，具有"先难而后得"之妙，也起到了围合水泉院幽静空间的重要作用，借壁成墙造园者正是借用石壁的高而平直，将建筑依石壁而建，以国画"补壁"作法弥补高墙空旷之弊。水泉院以壁为背的建筑有3个：弈棋台、清净心、照壁亭，错落有致。此举可化解高墙的突兀与单调。

借势掇山，院中多有山石堆叠，均采用北太湖石。龙王庙所在地势能借其高而堆叠成山，下部叠山中部造就了山谷之势，空而有迎人态。清净心抱厦东西分向连接照壁亭、弈棋台，峰回路转，沟壑蜿蜒，大有"居山者几忘东山之为山"，宛若置身游历西山之中，且自然天成，宛若天开。彰显清代"山石张"张氏叠山流派的自然风格，注重叠山艺术的真实性，依墙就势，逶迤连绵，聚散、虚实对比、开合章法有度。

借湿植竹，竹在古时北方是稀罕物，限制因素是干旱。水泉院种植了大量的竹子，修竹喜暖喜湿润，水泉院水量充沛，空气湿度大，是竹类生长的极佳场所。元代萨都剌写道："绕松生翠色，灌竹长清幽"。成片的竹类种植，原本幽静的水泉院更显幽邃之感。

水泉院不仅有借景，还有障景，古人常说"山重水复疑无路，柳暗花明又一村"。障景意趣盎然，障景不仅增添游趣，更是对水泉院进行空间分隔、塑造丰富的空间层次，水泉院这一手法的运用自如，三道屏障，将院分隔为三进。这种屏障并不是单纯的实体，而是似断似连，从而使景物能相互渗透，又互成对景。所以此处的障景，即为障，本身亦成景，其增加了景深，在感官上增加了庭院的面积，以障为隔，不着痕迹地塑造出了既相互关联，又相互独立的空间。

独特围合性的园林空间又增加了植物造景，如十景中所提及的"修竹欺霜""乔松傲雪""奇桧连阶"。其中，竹为成片种植，油松、白皮松、桧柏点缀其间。还有宛如园门的"篆柏"分隔清净心临水蹬道与试泉悦性山房，穿过"篆柏"，仿佛置身"洞天仙境"。

三、主要建筑

水泉院凿壁开洞的清净心独具特色，原称藏花洞，元、明时期用作花卉佳木越冬。洞位于水泉院之南墙壁，《大复山房集》载"寺前有泉亭竹树……其西峭壁如城，有石室三，临涧石门石窦，盛夏可以避暑，冬则徙卉木藏焉"。清乾隆年间进行改造，在洞内陈列了佛像和菩萨像，布置了相应陈设。洞外修建抱厦，并赐名"清净心"，使其成为行宫御苑内一处供佛之地。清净心，意为菩萨在修成佛时，发愿要清净己心、教化众生，以便众生都能往生佛所居住的净土去。佛经说："得净土当净其心，随其心净，则佛土净。"因为洞内陈列佛像，后人也称其为"三仙洞"。

清净心洞在中国第一历史档案馆《黄册》档案中对清净心修缮工程也做了一些记载：乾隆五十年（1785年）十二月至五十一年（1786年）六月，"碧云寺清净心抱厦三间揭瓦头停，挑修椽望，拆去后檐墙，添安夹堂板，改做暗沟，泊岸上筑打灰土四步"。同时还记载了清朝无具体朝年代的修缮工程："清净心抱厦三间，六方亭一座……揭瓦头停并拆砌虎皮石大墙，以及找补、油画、裱糊"；"清净心洞内添安青白石神台三分，配安白玉石炉座一分，以及油画、裱糊"。"清净心"修缮完工后，又对其陈设进行了精心布置。

前院居中建筑洗心亭建于清乾隆年间，位于碧云寺水泉院内清净心洞前。原亭湮没年代不详，现只留有亭基，面积为64平方米。中国第一历史档案馆《黄册》档案对洗心亭东侧大墙、山石维修曾做记载："乾隆四十三年（1778年）七月初十，碧云寺洗心亭东边拆砌隔断院墙一段，这项工程与其他十几项工程共用银四千九十六两九钱三分九厘"。另有："洗心亭拆砌大墙二段，长十四丈一尺七寸；洗心亭前拆葺院墙一道长七丈，随墙门口一座满换过木槛框；碧云寺洗心亭东边靠墙拆堆有碍太湖山石高峰三座，奏长五丈一尺，均高八尺五寸，拆宽五尺……洗心亭堆砌太湖石、山门外泄水沟东南沟帮包堆本山石，与樱桃沟水源处开创清理，实用工料银七百九十四两八钱一分六厘"的记载。

洗心亭建于池水中央，水岸遍植翠竹，乾隆皇帝的御制诗多次强调洗心亭是对杭州云栖寺洗心亭的写仿，这种写仿有三个层次。第一层是对写仿对象命名和周围环境意境的呼应：杭州洗心亭位于云栖竹径之内，"云栖竹径"亦名"云栖梵径"，是著名古刹云栖寺附近一条遍植毛竹的山道，洗心亭始建于明代，初建时便以"万竿绿竹影参天，几曲山溪咽细泉"的优美风光而闻名。乾隆皇帝写仿洗心亭时，利用了水泉院原有的竹林和山泉，虽然景观与杭州云栖寺大相径庭，但亭、竹和水这些要素均在，从而呼应了江南名胜。第二层是对"洗心"禅意的解读："借得云栖题额字，境观虽异洗心同""祛却尘心悦性灵,禽言听似摩诃声""身是菩提心似镜,洗如拂拭去尘埃"是乾隆皇帝对洗心的理解。古人有洗耳和濯足的典故,表示洁身自爱。禅宗更近一步,有"即心即佛"的说法。洗心亭坐落于古刹内一汪碧水之中,天光云影烘托出浓厚的禅学韵味,呼应了"洗心"之名。第三层是由禅学"洗心"引申到华夏经典和治国之道:"君子洗心退藏密,易经早已着精辞",《易经·系辞》有"圣人以此洗心,退藏于密"之说,这里的"洗心"强调的是"圣人以此齐戒,以神明其德"这个过程,澄静内心,荡涤疑虑,借助"洗"而整肃自身,达到"洗心"的目的,继而把德行提升到高深而纯净的境界。"便教掬尽是间水,那洗忧民一片心",乾隆皇帝在游兴时不忘理政,在强调忧国忧民的同时,也深谙儒家"内圣外王"之道,"内圣"是儒家对心的最高期望,也是乾隆皇帝追求的治国之道。

试泉悦性山房位于水泉院二进院卓锡泉源前,是清乾隆十三年(1748年)建造行宫时所建,当时为皇帝贵族游览听泉赏景之所。乾隆在试泉悦性山房诗中曰:"德水堪方性,澄泽见本初。每来试汲绠,便以拟浇书。五字片时就,千峰一牖虚。松门章奏鲜,适可悦几余"道出了该处之意境。《日下旧闻考》对该处题额做了记载:"试泉悦性山房,檐额曰境与心远,后檐额曰澄华,是为泉水发源处。"

清代嘉庆三年(1798年)试泉悦性山房存有大量陈设记载,其中明间记载"明间靠南墙向北设:竹丝格一对(随几一件),内设:文竹三阳开泰陈设一件(乌木座),文竹宝月瓶一件,内供:花二枝(乌木架座),文竹有盖提梁卣一件(乌木架座玉顶),文竹海棠盆景一件(乌木座架),文竹双管瓶一件(内插:桃花一枝、乌木座),文竹盘一件(内盛:文竹香橼一件,乌木座),文竹花盆景一件(乌木座），紫竹山子文竹虎耳草一件（乌木座），文竹云龙方瓶一件（内插：梅花二枝、乌木座），文竹鼓式盆景一件（乌木座），文竹文王有盖四足鼎一件（紫竹盖玉顶乌木座），文竹枸杞一件（乌木座），文竹盆景一对（内插紫竹、乌木座），紫竹山子水仙盆景二件（内栽花二枝），文竹花瓠一件（内插：绣球梅一枝、乌木座），文竹碟一件（内盛佛手一个、乌木座），文竹蓍草瓶一件（内插：玉兰一枝、乌木座），文竹渣斗一件（内盛：海棠花一枝，乌木座）。最为有意思的是殿内陈设大量的竹类制品，内部的竹类陈设与院内的"修竹欺霜"园林景观遥相呼应，园林情趣与使用陈设巧妙契合，再次突出了清高纯朴的气质、清丽脱俗的风韵、清幽雅致的意境。

洗心亭突出了乾隆皇帝在水泉院中的思考和感悟，试泉悦性山房承担了实际活动——饮茶。择水是古人饮茶艺术中的一个重要组成部分，乾隆皇帝计量各地名泉，以愈轻为愈佳，故以北京西郊玉泉山玉泉为"天下第一泉"；济南珍珠泉，为第二轻；扬子金山泉，为第三轻；惠山、虎跑，为第四轻，平山第五轻；清凉山、白沙、虎邱及西山之碧云寺卓锡泉，第六轻。乾隆帝仿照惠山寺竹炉山房在皇家园林中有泉水的地方建各种饮茶建筑，如玉泉山竹炉山房、香山竹炉精舍等。竹炉源自南方，是一种外为竹编的特殊煮茶工具，乾隆帝多置其于建筑中用以煮泉品茶。"试泉悦性山房"也是一处利用卓锡泉泉水，供乾隆皇帝煮茶品茶的建筑。有试泉悦性山房诗云："泉虽输第一，房自纳三千。清暇值偶尔，烹云便试旃。竹炉文武火，芸壁短长篇。境诣于焉验，心希四十贤。""洗心亭北入松门，别有山房临水源。瓷铫筠炉俱恰当，试泉悦性且温存。""便试越瓯非别品，南方贡到雨前茶。"

龙王庙位于碧云寺水泉院的最深处，为最后一进院落，传说龙王是统领水族、掌管兴云降雨的王，旧时迷信的人向它求雨，故为它建庙宇。乾隆多次在香山龙王庙祈雨，尤其在水泉院龙王庙祈雨最为灵验。

四、历史湮没

啸云亭位于古藏花洞前水池南，为明代水泉院建筑景观之一，疑为洗心亭旧址。文人陶允嘉记载了该亭的位置和名称"（碧云寺）泉旁……柳左堂三楹……岩下有亭……人以'啸云'题之"。《帝京景物略》中交待了亭子是"填荷池，伐林苑所落成也。"该亭清乾隆年间已不存在，《日下旧闻考》载："柳左之堂及啸云亭今俱无考。"

听水佳处亭原位于碧云寺水泉院泉源前，是明代碧云寺建筑景观之一，疑为试泉悦性山房旧址。明文人"公安三袁"之一的袁中道有"泉从石罅出，有声……亭曰'听水佳处'，泉绕亭出"的记载。在此饮水听泉，如入清凉世界，故王西樵有"最爱泉上亭"的诗句。该亭湮没于清代，《日下旧闻考》载："听水佳处亭今无考"。

还有在古代文献中常为咏叹的"瘿柳"，其树身布满树瘤，成为当时院中一景，现已不存。

香山公园寻碑记

吴剑群

在游览香山过程中,游客常常看到路边的石头上有石刻,大多是出自清代皇帝御笔,这让我很感兴趣,不时地将所拍的石刻凑在一起,欣赏品读。到底香山公园有多少石刻?这对我来说是个重大课题。于是,我有意识地在香山公园这些景点寻找,这些历史有记载的石刻,现实中已不存或是风化严重,更有甚者残破了的石刻,寻觅中竟有新的发现让我兴奋。

"紫霞山"与"鳯咪"镌石

顺勤政殿(坐西朝东)南边缘向西走到勤政殿的后身,围绕着勤政殿南、西、北三面是由石头错落有致地垒成几乎与勤政殿等高的石墙。将三面叠石全看一遍也没找到要找的"紫霞山"三字镌石,穿过极深的巨石垒的通往后面的通道也没有发现?是字写的过小?还是被我错过了或是刚才没有看清?强烈的寻觅欲望使我再次回来寻找,见到一位清洁工,向她打听,她告诉我她是刚来的,不知我说的石刻,继续耐心寻找,不放过一点可疑的地方。我在勤政殿的西南角叠石的上方发现了"鳳咮"二字，有碗口大小，但没有落款，从字体看像是乾隆御笔，"鳳"字繁体，"咮"字是鸟嘴，连起来是"凤凰嘴"，难道此处勤政殿由东往西叠石垒得通往后面的通道是"凤凰嘴"，从堪舆学角度可以解释否？还得请教方家。将二字拍摄后，取道勤政殿后，发现几乎与勤政殿殿顶同高中部有几块石头，我转到它的前面，几乎到了勤政殿后身错落有致的高墙边缘，看到立在中间的一块石头上有鲜红的"霞山"二字，有两方乾隆印章，一方模糊，一方"乾隆定翰"章，为何"紫"字没有，是脱落了？仔细观察在"霞山"二字的上头有脱落的迹象，"紫"字左边一点仍然可以看出来，这块御笔确实是原来的镌石，只是年代久远"紫"字脱落了。

勤政殿的"紫霞山"镌石不仅找到，而且找到了"鳳咮"二字石刻，是意外的收获，为何有关典籍没有它的记载呢？想起香山法海寺山门内两块康熙五年（1662年）御碑，如此重要的两块御碑，乾隆朝修订的《钦定日下旧闻考》竟然没有记载；香山隆教寺两块明代碑《钦定日下旧闻考》的年代也记错了来看，不要太"迷信"典籍，这处"鳳咮"石刻被遗漏，我辈勘察到此石刻是对历史的还原与尊重。

"云冠"太湖石

勤政殿往西南不远的地方有块太湖石，一人多高，融瘦、漏、透、皱、丑于一体，是块不错的太湖石。此石原来是否在此不得而知，倘若此石配一底座，将此石身位提高，似乎更能显示出它的魅力。拍完照片才发现旁边有"云冠"二字，是此石的命名，这自然让我联想起我国苏州留园内的著名太湖石与此石名字正好颠倒，曰"冠云",我感觉这块太湖石的名气不会小,要知道勤政殿后丽瞩楼是乾隆皇帝为圣母皇太后游香山的驻跸之所,这块石头是丽瞩楼庭院中旧物,我想出入不会太大。

"罗汉影"刻石与乾隆"玉乳泉"御制诗

在玉乳泉寻觅"罗汉影"刻石,最先发现的是乾隆御题诗,镌刻在路旁的一块石头上,只是这块石质差些,风化脱落,字迹漫漶,整首诗已经不能通读下来,三方印章只能读出引首章"日新"二字。

经查找玉乳泉御制诗,从依稀可辨识的"千里""寻探""何处",在《乾隆三山诗选》中找到,此诗是乾隆《玉乳泉》御制诗,未飨读者引缀如下:

> 行宫之西,循仄径而上,有泉从山腹中出,清泚可鉴。因其高下,凿三沼蓄之。盈科而进,各满其量,不溢不竭。《长安可游记》谓:山有乳峰,时嘘云雾,类匡庐香炉峰。不知玉液流甘,峰自以泉得名耳。

> 乍可微风拂,偏宜皎月涵。
> 西湖不千里,当境即三潭。
> 演漾冈峦影,卷舒晴雨岚。
> 灵源何处是,一脉试寻探。

玉乳泉这首御制诗,没将诗序镌刻在石头上,即便如此,我也庆幸,

200多年前乾隆镌刻在石头上的御制诗,如今漫漶,现可证明史书之重要,倘若没书,这首乾隆御制诗恐难让人释读,这也是文字的功绩,它能将200年前人的歌咏原封不动地保留下来,"千年的文字能说话"就是这个道理。

从这首御制诗中可以知此处三潭,是仿建西湖的三潭印月,这里三潭虽然微缩但它也是西湖在御园的缩影,这三潭是因玉乳泉成就的三潭,可见玉乳泉的作用非同小可。

从诗序可知,香山之玉乳峰是因泉得名,只是玉乳峰并没有具体所指罢了,也有人说玉乳峰就是香炉峰,倘若真的如此,这处玉乳泉的价值对整个香山御园简直太重要了。

书回正传,这时一位清洁工见我看这块石刻,他说上面也有石刻。一个人说有四块刻石他找到了三块,我知道他说的是雨香馆附近的刻石,这时他看脚下也有文字,仔细查看原来正是我要找的"罗汉影"石刻。史料记载"罗汉影"石刻是民国时期陈兴所题,自玉乳泉向西北山石望去,山石彷佛一罗汉斜倚而卧的背影,真是"山重水复疑无路,得来全不费工夫"。有资料记载玉乳泉东侧水潭边"藻绿垂绅"石刻遍寻不到(来来回回走了几遍未果),看来寻觅香山石刻的任务,查访一条路绝非一次可以考察完成,任重而道远。

雨香馆乾隆御笔石刻

雨香馆为2015年重新复建的香山静宜园二十八景之一,工程浩大,位置独特,景致幽深。曾记得20世纪著名京剧表演艺术家梅兰芳先生曾来过这里,并下榻此处。我以前曾拍摄过雨香馆北十八盘道旁的"蘿屏"刻石，寻觅中，在雨香馆附近又发现"卓笔""留青""翠云堆"等石刻，"卓笔"在雨香馆的左边，有两个错落有致的叠石小潭，"卓笔"就在靠近路边的一块竖立的石头上（以前见过此石刻，现在字体被描红），鲜明易找；"留青""翠云堆"两块石刻则在雨香馆前，右边靠近山根处，一在低处，一在高处。有人解释"留青"是把"大清"延续下去的意思，我不反对这种说法，不过"留青"在此出现，我以为此处是显示"草木苍翠""郁郁葱葱"的意思，该是"留青"二字之本意。有资料记载，明代嘉靖皇帝巡游西山名胜时，曾在香山大永安寺感叹道"西山一带，香山独有翠色。"万历皇帝也曾为大永安寺附近的一座建筑题名为"来青轩"，意为满山青翠尽来眼底[①]。平日注意在山根或是道边的岩石上寻找石刻，不曾想"翠云堆"却在一块巨石的顶部，我是在走过此石时眼睛的余光扫到此字，否则可能经过此石刻也会错过。"翠云堆"是乾隆帝行书兼草书写成的，潇洒的字体不仅仅给人以美的享受，更是中华文化的延伸，我以为是"留青"石刻的递进，"青"留的多了似乎就成了"堆翠"了，此处景致经绚秋林、雨香馆、阆风亭，正是"青"与"翠"最佳季候，望十八盘下满眼的碧绿，印证了乾隆御笔石刻之意境，恕我孤陋寡闻，还请方家赐教。

在我以前拍照的雨香馆简介中曾有：雨香馆内仅存残垣断壁及垣内石壁上有乾隆御题"削玉"二字，鉴于去年雨香馆复建后并未开放，想要寻觅"削玉"御题而不成，令人遗憾！联想到乾隆在《西山晴雪》是虚中有"西山峰岭层蠢，不可殚名，因居京城右辅，故

---

① 陆原:《西山晴雪》，载《香山山水园林与建筑》，北京出版社，2012，第59页。

以西山概焉。高寒故易积雪，望如削玉。"这里提到了西山高寒故易积雪，望如"削玉"，不知此处御题"削玉"与御制诗，两者之间有内在联系否，还请方家赐教！

"阆风"石刻

每过阆风亭必然要拍照片，一个是积累每个景观四季不同的景致，此亭底蕴深厚，经过此亭不拍张照片似乎有种"缺憾"的感觉。拍完照片我的眼睛在阆风亭下石头上扫视，竟然发现一块石头上有"阆风"二字，虽然没有落款、钤章，但乾隆字体的韵味犹存。"阆风"有多解，主流的说法：在昆仑山之巅，是西王母居住的地方。

我想查看森玉笏有关石刻，想起2014年冬天拍摄的森玉笏小门附近的雪景，被《文化香山》编辑部选为2015年第4期的封二，那时公园内的树叶已经掉光了，唯独森玉笏这条沟因相对封闭的缘故，这里树叶依然未落，金黄的树叶衬着皑皑的白雪，将森玉笏小门打扮得很美，那是冰清玉洁的美，是我一生拍摄照片中之翘楚，是那场皇家御园的雪和相对封闭的环境成全了我，使我拥有了拍摄它美的机缘，以后拍就再找不到那种感觉，天时、地利太重要了，最为重要的是那场纷纷扬扬、铺天盖地的大雪，也证实了世间奇景仅在绝时、绝境、绝处。

熊希龄题壁诗

巨石北面有两峰稍矮的石头矗立在此，一块上面是熊希龄先生的一首诗，未飨读者引缀如下。

> 远看塔影漾湖波，又听群儿唱晚歌。
> 为念众生无量苦，万山深处一维摩。
> 丹炉石洞话前因，汉武秦皇迹已陈。
> 欲学长生终是幻，倚槛却忆散花人。

余病久未愈乃率童子军游森玉笏，即支帐驻宿于此，口占记之。壬戌五月，凤凰熊希龄。

大家知道熊希龄先生曾在民国时期任高职（民国财务总长、热河都统、国务总理），后因不满袁世凯的倒行逆施愤而辞职，受众多社会人士之托，负责起京城及附近一带水灾善后事宜。在京筹办两所慈幼局，收养了一千多名孤儿难童。有人做过统计，从1918年筹建，到1949年中共中央机关从西柏坡迁到香山静宜园，慈幼院30多年间，共收养孤儿、招收城内外贫苦人家的子女接受教育者达6000多人，不乏后来成长为社会精英人物。

乾隆"森玉笏"及御制诗刻石

北面是乾隆森玉笏御制诗：山势横峰、侧岭，曲径，不以巉削俊俏为奇。而遥睇诸岭，回迴交互若宫、若崖、嵯峨嶔崄，负异角立。积雪映之，山骨逼露。群玉峰当不是过也。

> 回冈纷合沓，峻岭郁嵯峨。
> 俨若千夫立，森然万玉罗。
> 色无需藻绘，坚不受砻磨。
> 山伯朝天阙，圭璋列几多。

此处环境非一般，山路极陡，层层递高，望着通往森玉笏的阶梯，陡峭而又婉转，意趣十足。几组随山势起伏而设计建筑既和谐又充满底蕴，建筑的后面就是垂直几十米的岩石峭壁，峰峦壁立，如擎天巨柱，那块被镌刻"药石"的巨大山岩，犹如巨人一样矗立在建筑的后面，成为此景强有力的衬托。乾隆喜欢此景，将其中一组建筑命名为"超然堂"，引自苏东坡诗意。

在森玉笏西北小门对着的巨石上有乾隆御笔"森玉笏"，"笏"的字面意思是大臣上朝时所持笏板，有简短文字记述其上，便于陈述己意，形容石壁就像森然卓立的玉笏，矗立在这组精致建筑的后面。

明耻石刻

从森玉笏通往朝阳洞的山道旁有"明耻"二字，落款是"壬申五月国难期中题辽东散人"。辽东散人何许人也，不得而知，有人说辽东散人是陈兴亚，辽宁海城人，从"国难期"来分析应该是20世纪日本侵华时期，"明耻"是要记住国耻。

经过一座精致的小牌楼，就可以到达晞阳阿（朝阳洞）的地界了，遗憾的是如此精致的小牌楼竟然没有题写文字，令人遗憾。一般牌楼的两面都会题写富有文化情趣的匾额，这种匾额如同牌楼的灵魂，费了如此功力恢复的牌楼，竟然不悬挂匾额，此牌楼真的失去了"魂"。

道光御笔"写秋容"

在朝阳洞北面的巨石上有两处皇帝御笔，东面是道光皇帝用大提笔写的"写秋容"三个悬肘大字，引首题"道光癸未九日，落款"御笔"二字，有两方道光印章。"写秋容"三字不仅可以看出道光的书法遒劲以外，也说明此景秋季是很美的，此景坐西朝东上面有三间敞轩，便于眺望山下郁郁葱葱的林木及玉泉山、万寿山一带的山水。

乾隆晞阳阿御制诗

西面石壁上有乾隆十三年（1748年）御制诗一首，虽然字迹不太清楚，我还是辨认出是写朝阳洞的诗。

古洞香山澳，锡名曰晞阳。
盘盘历曲栈，宛宛成回冈。
精舍构其间，冬温夏复凉。
四序无不佳，斯时景最良。
一窗暖日明，万嶂石林苍。
冰泉哀玉声，霖叶水晶光。
近郭与远村，烟里辨微茫。
披卷晤古人，获我中心藏。

落款有戊辰初冬御笔，两方印章，一圆一方，圆者"☰"是易经乾卦的乾，边有龙纹装饰，"隆"字是方章，字在中心，边有枵子龙的装饰图案。因印章不清但大致能看出随形，我查阅了乾隆皇帝的印章，才清楚地说出此两方印章的精致所在。

乾隆"精舍构其间，冬温夏复凉。"诗句可以看出晞阳阿（朝阳洞）的建筑沿山修筑，精致而婉约，驻跸期间非常舒适，冬暖夏凉，令人惬意。"四序无不佳，斯时景最良。"我以为，此处春、夏、秋、冬四季，景色均美。

转到晞阳阿（朝阳洞）所在位置却又被圈起来，原来是建一围墙，这样朝阳洞刻石及附近石壁上的御制诗也无法拍摄了，看来只能等下次再来查看此处的石刻了。

向西攀着扶梯来到朝阳洞紧西边的重檐方亭，查找了四个方向也没找到牌匾，这叫什么亭？无名无姓，即便建筑恢复得很好，与前面所说的牌楼一样"魂"没了，令人遗憾。我从静宜园二十八景晞阳阿原貌图来看此亭该叫"延月亭"，殷切希望赶快将延月亭匾挂出来吧！

我在这座亭子的西面石壁上发现一首乾隆御制诗，这首朝阳古洞御制诗，抄录起来非常困难，我多拍了几张照片，特别是诗的首尾及印章，便于回家查录。

此处因处于两山峡谷的尽头，借着山势以及峡谷中较为空旷的山间平地设计景观，朝阳洞坐北朝南，由天然巨石垒成，内丈许，洞中塑天龙，用于旱年祈雨，乾隆五十年（1785年）四月十一日驻跸香山登山之晞阳阿祈雨，在诗序中说"致拜祈甘泽，继润佑农种。"另外，据史籍记载晞阳阿之地自古为仙人炼丹之处，其山谷架设有石质丹炉。看来此处早年应该是道家炼丹修行祈求长生不老的地方。

"百福"石刻

"香炉峰"石刻总是围着人拍摄，与"香炉峰"刻石不远，就看到了这块不算高的石头上的各种石刻"福"字。当然最大的"福"字朝南，是乾隆御笔，这福字有四十公分长宽，字写得很漂亮，右下面有"乾隆御笔"印章。剩下的福字遍布于该石的各个角度，历史上名家写的各种"福"字，都可以在这里找到。

我想走香炉峰下直达西山晴雪最近之路，向峰顶店主询问近路给我指的是走峰顶到平台之路，但以我的经验应该还有更近之路。我向一位开店的长者打听，长者告我顺缆车往下第11柱子往右之路可到西山晴雪，这条是最近的路，路极陡，是我要走近路且未走的路，目的是寻觅路旁的石刻。从香炉峰下到"西山晴雪"几处阶梯是极陡的，有的地方垂直度有70度，顺西山晴雪又走到芙蓉坪的下面，阶梯似乎也很陡。

拍了20世纪80年代欧阳中石先生写的"重阳阁"三字，虽然匾不属于石刻，但此匾的价值不可低估，名家题写名匾，重阳又是一年中重要的季候，三者连在一起意义重大。

李四光结缘紫竹院

董军梅

2019年是李四光先生诞辰130周年。李四光是中国地质力学的创立者,是中华人民共和国成立后第一批杰出的科学家和为新中国发展做出卓越贡献的元勋。李四光先生旧居坐落于紫竹院公园北侧,与公园比邻而居,李四光生命最后10年一直在这里生活、工作、做学问,结缘紫竹院。

一、地质力学所选址,结缘紫竹院

李四光结缘紫竹院始于他为中科院地质力学所办公选址。中国地质科学院地质力学研究所(原名研究室)曾落脚在香山附近的象鼻子沟,李四光的家就安在象鼻子沟。20世纪60年代,因工作需要,地质所需搬迁,住宅也随之而迁,有关方面请他去看过东城某宅院,李四光感觉房子不应过于豪华,与自己一贯的生活工作相左,位置首选清静简朴之地,所以放弃该地。此后,他亲自在西郊多处选址。紫竹院公园位于古高梁河之滨,20世纪60年代的紫竹院公园尚属建园初期,未设围墙,挖湖工程刚刚竣工,整理挖湖堆积土山,路面加铺炉灰渣及碎石屑,三湖两岛基本格局已经形成,在"园林结合生产"方针指引下,公园实行林粮间作,种植蔬菜、粮食,绿化长河以北新征8公顷土地,种植苹果园、桃园、葡萄园,简拙古朴,人烟稀少,60年代的紫竹院地区到处农田、菜地、果园、三俩家农户及袅袅炊烟,自然而恬静。李四光是地质学家,他于1923年发表《"风水"之另一解释》,其中说道:"风和水对于人生确确实实有重大关系。不过我们现在所说的风水,与从前所说的风水在根本上有不同的地方……他们从前所说的风水的影响,仿佛必先经过死人,或者一种神秘不可思议的机关,然后才能到活人身上,我们现在所说的风水,直接地影响于我们日常的生活。"

1960年李四光先生与地质力学所的同仁来到紫竹院,田园牧歌般的传统文化品格,深厚的历史文化气质,正契合了先生一贯追求真善美的科学精神,尤如世外桃源,深深吸引一行考察人员。他们

1960年李四光等人选址时在紫竹院湖前留影

在紫竹院长河以北选中一片荒地，南面是水光潋滟、绿色葱茏的紫竹院湖，西面是万寿古寺，北面是法华古寺。该地有一棵千年银杏树，树围10余米，高约27米，树冠荫地400平方米，枝繁叶茂。

这即是李四光关注的风水，虽然荒凉但僻静，是地质所开展科研的绝佳之选。这片荒地共18亩，其中9亩作为地质力学研究所办公（归地质部所有），9亩作为住宅使用（归国务院事务管理局所有），住宅楼由夫人许淑彬描述依照象鼻子沟住处设计、建造了住宅楼，1961年底建成，1962年1月李四光举家迁住于此。

二、李四光小道与紫竹院

所谓"李四光小道"，通常意义是指：自地质力学研究所向东至白颐路（今中关村南大街）这段路，李四光生前总喜欢在这条路来回踱步、思考问题，人们亲切地称之为"李四光小道"。

李四光在力学所门口（1962年拍摄）

传统认为"李四光小道"是指，民族大学南路为李四光小道的南北走向段，民族大学西路的南段为小道的东西走向段，再原路折回。实际上民大南路和民大西路南段，是一条李四光及地质力学所同仁出出进进的必经之路，而李四光先生通常边思考边散步边休息的小路是延伸到公园内长河。当年这里应该属于城乡结合部。中央民族大学紧邻社会主义学院，南侧是一片小松树林，即今天的舞蹈学院，门前几棵松柏、国槐古拙伟岸。

李四光先生自地质力学所南门外的古银杏树北侧的一条土路，蜿蜒于农户、菜园间，向东走到松树林处，后向南（约今天公园小北门处）折入公园至长河，再沿长河走至白石桥，起点是力学所北侧的银杏树，终点是白石桥路。李四光先生每天习惯于下午4点多出来，在这条只能步行、长长窄窄、弯弯曲曲的田间小路上散步，附近的村民们

李四光在古银杏树下（1962年拍摄）

大都认识他，不愿轻易打扰这位白发学者，大家尊敬地将这条小路称为"李四光小路"。李四光先生沿长河慢慢踱步思考，走到白石桥，再往回走，不论春夏秋冬总要在这条路上走几个来回，即是他思考的空间，又是他休息的方式，有时边走边和随员讨论工作，有时坐在门前的银杏树下思考问题。

李四光后期著作及重要的思考、探索都与这条静谧的小路及古银杏树相关，在这样一个生机勃郁的然科学巨人的世界中，诞生了其晚年的重要著作《天文、地质、古生物资料摘要》（初稿），全书

15万字，内附60多幅照片和插图，表达了李四光从事自然科学研究的科学实践中所形成的思路、观点与认识。以及10多篇学术文章。与国外学术交流，也是在这里一个字母一个字母口述给不善英文的秘书的，这条小路也成为就是这位秘书的英文启蒙之路。

李四光小道的起点是力学所南侧的古银杏树。21世纪初古银杏树周边从西至东，作为北京市规划代征路用地委托紫竹院公园代征。据一些专家考证，这棵大银杏树约为元代种植，应是元代皇家寺院大护国仁王寺（高梁河寺）门前的银杏树。胸围8.1米，树冠覆盖面积约为330平方米，人称拴马树，相传李自成攻入北京城前，途径此地，天气渐晚，为不扰民，将战马拴于此树，在其冠下露宿。

李四光先生是为科学而生的。李四光小道及这棵古银杏树记录了先生严谨认真的科学态度，先生执着、坚毅、创新、踏实的科学精神，令人高山仰止。周恩来曾给予他高度评价，称他为"科学界的一面旗帜"。

三、李四光与紫竹院公园

李四光一家与公园比邻而居，其一家两代三院士名闻业内，指的是李四光和女儿女婿李林、邹承鲁。女儿李林，剑桥大学物理冶金博士；女婿邹承鲁，剑桥大学生物化学博士，在胰岛素人工合成、蛋白质和酶等方面的突出贡献。回国的头几年，是在远离北京的上海开创各自的事业，他们无暇照顾父母。李林女儿出世后，一直陪伴在李四光身边，算是帮父母弥补不能陪在李四光先生身边的遗憾。邹女士（李四光孙女）表示这所宅院、这棵古银杏及紫竹院的山水草木，公园的果园菜园、绵长蜿蜒的长河都为她留下深刻美好的印象。

李四光曾说："书是死的，自然是活的，读书是间接的求学，读自然书乃是直接的求学。只知道书，不知道自然的人是书呆子。"李四光先生喜爱大自然，喜爱音乐，善于在自然中学习，紫竹院公园如同地质力学所的后花园，老树如奇士，水柳如美人，湖水潋滟，像一首优美的乐谱给予科学家无尽的灵感，为世人留下了不朽的巨著，带给紫竹院无尽的情思与佳话。紫竹院也记录了这位科学巨擘为事业鞠躬尽瘁的身影。

1966年3月8日，河北邢台6.8级地震，人民群众伤亡惨重。李四光当年患有动脉瘤等疾病，不允许他前往地震灾区。李四光在北京心急如焚，时刻关注灾区动态，几次提出到灾区一线的申请不被批准，夫人许淑彬不停劝慰。在周总理几次亲赴灾区视察的感召下，他决心利用这一地震机会，将地震预播工作向前推进一步，求得夫人、大夫、同事的支持。是月，李四光与夫人到紫竹院长河北岸促膝长谈，李四光夫妇来园的信息被公园工作人员捕捉记录在案，收编于《紫竹院大事记》中。李四光于在4月带病奔赴灾区，多次深入实地考察地震的预兆，他坚定地认为，地震是可以预报的。

四、李四光纪念馆

1989年李四光旧居于先生诞辰100周年之际在其旧居成立李四光纪念馆，当时的全国政协主席李先念题写了馆名。纪念馆分东西两区，东区即是李四光先生旧居，院墙绿藤环绕，院内有假山、喷泉、松树曲径通幽，如今院子里很多已成材的大树，都是当年李夫人许淑彬带着大家栽种，李四光也亲手种植了其中的几株有占地面积6421平方米，是李四光生前最后10年主要的工作和生活场所。

李四光先生最后十年亦是他人生辉煌的十年。许多著名的民主人士，曾任代总统的李宗仁先生、冯玉祥夫人李德全女士、民主人士、著名学者张奚若先生，都曾光临小院看望过李四光先生。邓颖超女士也曾到此看望李林院士。

简单、实用是李四光先生建设住宅的首要标准。院内一幢仿欧别墅式两层建筑，建筑面积989.1平方米，楼门朝西，楼门右手是一间客厅，兼具会议室的功能，四周是书橱和沙发，中间是一张长条桌和若干把椅子，这些家具都是当年从旧货市场所淘。一些由他主持或他参加的小型会议，常在家里召开；何长工、刘景范等原地质部负责人也常来此开会交流。

旧居展有李四光用过的电视机、收音机、照相机、小提琴……他的办公桌、书柜及现在，靠窗一侧陈列着许多李四光野外考察第四季冰川沉积物的地质标本、各类石头……徜徉其中犹如跨越时空，与科学前辈相遇。李四光有许多家喻户晓的身份，古生物学家、第四纪冰川学家、地质学家等。但他的音乐造诣不太为人所知，木柜中的小提琴，仿佛他抚琴后刚刚离去，静静地讲述着中国最早小提琴曲谱诞生及伉俪邂逅的故事。

上海国立音乐院萧友梅过世，亲人在整理遗物时，发现一首小提琴曲《行路难》，上有签名李仲揆，音乐学院同仁特请李四光家人予以鉴别，签名确为李四光本人笔迹。这首曲子的发现，时称中国最早小提琴曲。

1913年，李四光赴英国伯明翰大学留学，在此期间他课余时学会了拉小提琴，用微薄的收入，购买了廉价的小提琴。李四光回国后执教于北京大学，与北京女师大附中的音乐教师许淑彬相识，许女士出身于外交官家庭，爱好音乐，英、法语俱佳，还弹得一手好钢琴。许淑彬女士是晚清学者许士熊女儿，其父曾任职中国驻英大使馆，她出身一位大家闺秀，受教上海天主教堂创办的中学，有良好的英语、音乐修养，后任教于女师大附中钢琴老师，音乐为媒，李四光夫妇结为伉俪，两人一个拉琴，一个弹奏，鸾凤和鸣。然而先生的小提琴技巧与音乐素养深厚的夫人许淑彬同比相形见绌，在先生的后辈学习乐器过程中，常常提起先生学琴之路，以鼓励后辈学习，成为家庭氛围其乐融融的一个话题。

2009年9月，李四光被评为"100位新中国成立以来感动中国人物"，颁奖词评价他是"新中国地质事业群星中最为明亮的一颗"。一个月后，一颗遨游在浩瀚苍穹的小行星，被命名为"李四光星"。无论是创立地质力学，还是确立中国存在第四纪冰川，推进地震预报，勇于挑战、坚持自主探索，是李四光的精神实质所在。古银杏见证了李四光先生最后10年，先生的晚年生活紧紧与紫竹院系在一起。

清漪园的大报恩延寿寺

孙 震

排云殿佛香阁建筑群是颐和园的景观中心，也是颐和园中最为重要的标志性建筑。其前身是清漪园的大报恩延寿寺，位于万寿山前山中路，它既是清漪园立意的起点，也是清漪园立意的核心。

一、建造缘起

对于大报恩延寿寺的原址，《钦定日下旧闻考》卷八十四记载："山下有寺曰'圆静'，寺后石壁百尺，步磴而上，晶庵在焉。"从文献中可以看出，明代瓮山（万寿山）前山中部已有圆静寺和高台的建置，而这种基址条件正是日后大报恩延寿寺恢弘气势规划建设的基础。乾隆十五年（1750年），随着扩湖堆山工程的完工，瓮山圆静寺高台遗址上的建寺工程也随之开始。

清乾隆十六年（1751年），乾隆母亲孝圣宪皇后钮祜禄氏60大寿，乾隆在儒家"以孝治天下"观念的影响下，决定以建寺祈福的方式来庆祝母后寿辰。从乾隆十六年（1751年）所立的《御制万寿山大报恩延寿寺记》碑文中可以看出乾隆为母祈福祝寿的诚挚之情："钦惟我圣母崇庆慈宣康惠敦和裕寿皇太后，仁善性生、惟慈惟懿、母仪天下、尊极域中。粤乾隆辛未之岁，恭遇圣母六袠诞辰，朕躬率天下臣民举行大庆礼，奉万年觞，敬效天保南山之义，以瓮山居昆明湖之阳，加号曰万寿，剏建梵宫，命之曰大报恩延寿寺。"该碑文不仅表露出建大报恩延寿寺的初衷，而且道出万寿山和大报恩延寿寺的命名都与祝寿报恩有关。

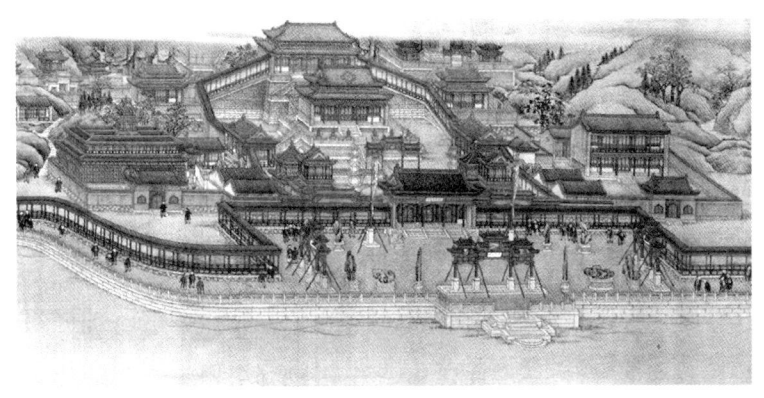

故宫博物院藏《崇庆皇太后万寿庆典图》

大报恩延寿寺建筑群建造过程几乎一帆风顺，乾隆十六年（1751年），除了延寿寺琉璃塔外，其余轴线建筑全部告竣，并开始仿照杭州净慈寺罗汉堂在寺之西兴建罗汉堂组群。据乾隆《万寿山五百罗汉堂记》记载："辛未（1751年）南巡至浙，若云林若净慈无不有五百罗汉之室，乃知五百之名始自钱塘之久矣。归而万寿山之大报恩延寿寺适成，寺之西有隙地因命筑堂以肖钱塘。"罗汉堂也很快建造完成，从《万寿庆典图》中可以看出，到乾隆十六年（1751年）年底举办万寿庆典时，除了延寿塔外，延寿寺（包括罗汉堂和慈福楼）其他建筑都已竣工。

延寿塔的建造颇费一番周折，进展速度缓慢。在乾隆十六年（1751年）《御制万寿山大报恩延寿寺记》记载琉璃塔"浮图九级"，其样式仿照的是杭州六和塔，可以看出当时已经规划为九层塔。乾隆二十年（1755年）延寿塔建到五层，并已高过万寿山，御制诗《雨后万寿山》："塔影渐高出岭上，林光增密锁岩阿"。乾隆二十二年（1757年）延寿塔建到八层，御制诗《万寿山即景》："隔岁山容忽入夏，阅时塔影渐横云"。到了乾隆二十三年（1758年），在接近完工时塔发生坍圮。因此奉旨停修，全部拆除。乾隆二十三年（1758年）八月九日档案记载："万寿山延寿塔工程遵旨停修。工程原估银四十六万四千八百三十四两九钱七分四厘，拆毁八层塔身值银十五万二百四十九两九钱四厘，其中堪用木料砖石等值银九万二千六百二十八两三钱五分五厘，实际拆毁塔身值银五万七千六百二十一两五钱四分九厘"。

乾隆二十五年（1760年）七月，在延寿塔原址改建的佛香阁建造完成，档案记载："万寿山八方阁成，作悬山、佛像等工程需用银十五万两，奉旨，向广储司领用"。当年诗作《新春游万寿山报恩延寿寺诸景即事杂咏》中也写到"宝塔初修未克终，佛楼改建落成工。诗题志过人皆见，慈寿原同山样崇。"乾隆在诗注中提到"先是欲仿浙江六和塔式建筑为圣母皇太后祝厘，工作不臻而颓。因考《春明梦余录》载京城西北隅不宜高建窣堵，乃罢更筑之议，就其基改建佛楼，且作诗纪实，题曰'志过云'"。

乾隆四十一年（1776年）乾隆再次礼拜大报恩延寿寺，并做御制诗《礼大报恩延寿寺》："祇园辛未建，延寿祝慈宁。忍草三春绿，禅枝万古青。空空即色色，物物自形形。将复涂丹艧，九旬庆大龄"。本意欲在乾隆四十六年再祝母后九旬大寿，怎奈孝圣贤皇太后卒于乾隆四十二年（1777年）。

咸丰十年（1860年）英法联军焚掠西郊三山五园，大报恩延寿寺建筑群除转轮藏、宝云阁、智慧海外，其余木构建筑悉数被焚毁。光绪十二年（1886年）开始重修，为满足功能需要，该建筑群前半部分被改建为适合庆典活动的排云殿、清华轩、介寿堂建筑群；后半部分保留了原有的佛教建筑格局。

被烧毁后的大报恩延寿寺

二、建筑格局

大报恩延寿寺是典型的寺庙布局，《钦定日下旧闻考》卷八十五《国朝苑囿》中清漪园分节记载："慈福楼西为大报恩延寿寺，前为天王殿，为钟鼓楼，内为大雄宝殿，后为多宝殿，为佛香阁，又后为智慧海。殿前碑亭勒御制大报恩延寿寺记，殿后碑亭东勒金刚经，西勒华严经。"可推断该建筑群由南向北依次为天王殿（山门）、钟鼓楼、大雄宝殿、多宝殿（德辉殿）、佛香阁、智慧海，大雄宝殿前后各有碑亭。

另据嘉庆八年《清漪园大雄宝殿前牌楼等座粘修销算银两总册》记载："清漪园大雄宝殿前四柱三楼牌楼一座，拆修改换"，断定大雄宝殿前有一冲天牌楼。据《清漪园绮望轩等座粘修销算银两册》载："大报恩延寿寺前拆换旗杆两根，戗木六根"，《清漪园大报恩延寿寺等座牌楼粘修销算银两总册》记载："清漪园山门外东西四柱七楼牌楼两座，拆修改换……戗木八根……南面四柱九楼牌楼一座，揭瓦头停"，可知山门外有三座牌楼和两根旗杆。

结合嘉庆十二年（1807年）《大报恩延寿寺等处佛像供器清册》中提到的建筑有："山门（天王殿五间）、东钟楼、西鼓楼、东西碑亭、山门外两旗杆、大雄宝殿、真如殿（东配殿三间）、妙觉殿（西配殿三间）、多宝室殿（三间）；罗汉堂、山门；宝云阁、后罩楼"。《佛香阁等处佛像供器清册》中提到建筑有：佛香阁、东配亭；转轮藏正楼、东边两层亭、西边两层亭；慈福楼（上下层）、后罩殿。综合可推测该建筑群由南向北依次为牌楼、天王殿（山门）、钟鼓楼、东西

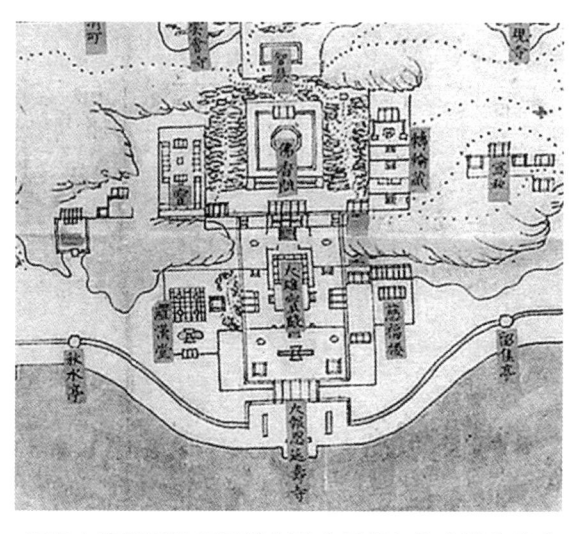

万寿山清漪园地盘画样全图（局部）故宫博物院藏

碑亭、大雄宝殿、妙觉殿、多宝殿、佛香阁、智慧海组成。中轴线两侧有罗汉堂、宝云阁、转轮藏、慈福楼。大雄宝殿殿前有碑亭勒《御制大报恩延寿寺记》，殿后碑亭东勒金刚经，西勒华严经。但钟鼓楼北侧东西碑亭尚未查到亭中所立碑的内容。

大报恩延寿寺复原图　天津大学绘

咸丰十年（1860年），英法联军焚毁北京西郊诸园，大报恩延寿寺木构建筑悉数被焚毁，仅残存转轮藏组群和宝云阁铜亭。光绪十二年（1886年）重修建造排云殿佛香阁。重修后的建筑群共三进院落，南起云辉玉宇牌楼，向北依次为排云门、二宫门、排云殿、德辉殿。东西两侧分别为介寿堂、清华轩。排云殿组群以北高台之上为佛香阁组群，东、西各一组附属院落，东为转轮藏，西为宝云阁。整个建筑群的基地和环境虽经重建和修整，但仍在一定程度上延续了乾隆朝的空间信息，如云辉玉宇牌楼、宫门、二宫门、德辉殿、佛香阁等建筑均沿用原有的台基。

去佛寺化为重修改造的重点，从建筑名称来看原有的宗教氛围已经基本消失。佛香阁、配亭及宝云阁、转轮藏基本保持了原有佛教风格，而平面近方形的大雄宝殿改为长方形的排云殿，五座碑亭和钟鼓楼都没再复建，改为云锦、玉华、紫霄、芳辉四座生活配殿，佛教建筑罗汉堂、慈福楼院落格局也发生较大变化，变为生活起居用房。同时又在清华轩迤西添修库房一座，介寿堂迤东添值房一座。部分建筑等级也有所上升，排云门和东西配殿屋顶由原来的黄琉璃绿剪边变为全部黄色琉璃。

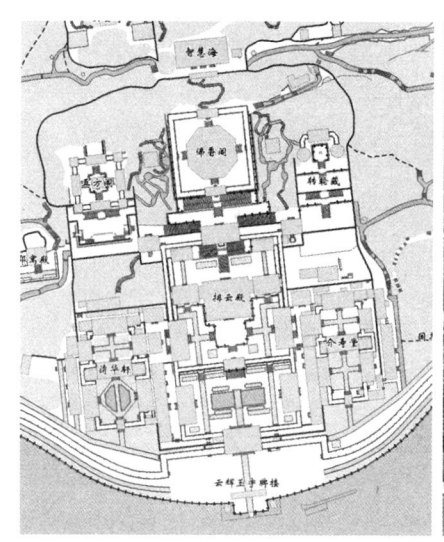
排云殿佛香阁现状平面图

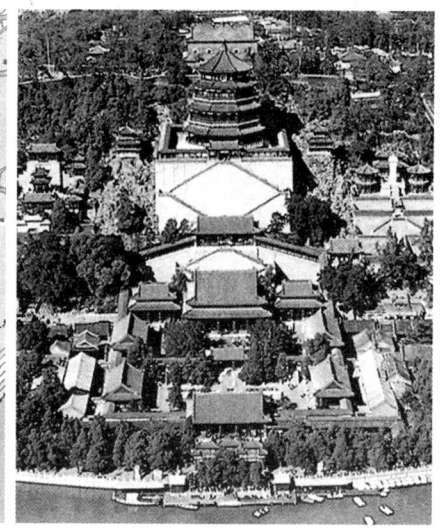
排云殿佛香阁现状鸟瞰图

三、功能转化

光绪时期，大报恩延寿寺从佛寺改建为宫殿，从宗教空间向庆典空间转化，礼佛功能淡化，其最为重要的用途就是为慈禧太后举办万寿庆典。随着其功能用途的变化，其内部陈设也发生了非常大的变化。

根据《嘉庆十二年分大报恩延寿寺等处佛像供器清册》《佛香阁等处佛像供器清册》《智慧海佛像供器清册》等陈设档案的记载，大报恩延寿寺中宗教气氛极为浓郁，佛像林立，庙内主体陈设与民间庙宇陈设大致相同，主要陈设如下：

大报恩延寿寺山门（天王殿）内明间供镪胎布袋佛一尊，面北供镪胎韦陀一尊，两梢间供增态天王四尊。

大雄宝殿内面南安石造神台，上供铜胎三世佛三尊，两边供站像阿难迦叶两尊，两次间沿东西山墙供铜胎罗汉十八尊，殿后面北安增胎站像救八难观音一尊。两配殿真如殿、妙觉殿各供镪胎菩萨四尊。光绪十二年（1886 年），大雄宝殿内三世佛、十八罗汉移到后山香岩宗印之阁内，但"文化大革命"时期该佛像又被毁坏，现在殿内供奉的是重塑的石膏胎佛像。

大报恩延寿寺时期的佛香阁，下层明间神台上供镪胎站像千手大悲菩萨一尊，随莲花座上供铜胎千手菩萨一尊。二层有铜胎菩萨

光绪时期与现代佛香阁一层佛像陈设对比

三尊，上层有镌胎站像旃檀佛、画像佛、铜胎释迦牟尼佛等。慈禧重建颐和园时，在佛香阁下层新塑接引佛一尊、阿难迦叶各一尊，"文化大革命"时期被毁。现阁内供奉的铜胎鎏金千手千眼观世音菩萨站像，铸成于明万历二年（1574年），是1989年由古刹弥陀寺移来的。

智慧海中供铜胎观世音菩萨、铜胎文殊菩萨、铜胎普贤菩萨、铜胎站像韦陀、铜胎站像天王，目前该殿的佛像还保持着原貌。

转轮藏、宝云阁、慈福楼、罗汉堂和各处殿堂中不但有大量佛像，还有数量众多的小型佛像。慈福楼供三大士菩萨，罗汉堂内室罗筏殿内供铜胎释迦牟尼佛。乾隆御制《五百罗汉堂记》记载："堂内分为祇树园、狮子窟、须夜摩洞、摩偷地、兜率宫陀、功德池、旃檀林等境界"。五百罗汉体态神情各异，极为生动，是一组绝佳的艺术珍品。

至于室外陈设，大雄宝殿前月台上有石座6件，上有鼎、樽、花缸等陈设，光绪时改为日晷。寺内经幢，山门前的石狮光绪时期都移到后山须弥灵境处。

光绪十七年（1891年），重修后的颐和园宣布正式竣工，慈禧也从该年开始驻跸颐和园。慈禧受贺的主体建筑排云殿由大雄宝殿改建，殿内用壁纱橱、栏杆罩等分割，正中摆放慈禧接受贺拜的宝座、地平床，屏风和方几，其内陈设大多是王公大臣进献的寿礼。光绪二十年（1894年）十月初十日是慈禧太后的六旬万寿，慈禧准备在排云殿中举办六旬万寿庆典，从光绪十八年（1892年）即开始筹办，但因甲午战败挪到故宫中举办。尔后在光绪二十三年（1897年）、二十八年（1902年）、二十九年（1903年）、三十年（1904年）举办4次万寿庆典活动。光绪皇帝万寿节为六月二十六日，3次在颐和园中举办，但并未在排云殿而在仁寿殿受贺。

关于慈禧万寿庆典的受贺仪式，《颐和园志》中有详细记载："十月初十，皇上诣排云殿行礼，亲进表文。是日辰初，銮仪卫设慈禧仪驾于排云门外，总管两名奏请慈禧御礼服从乐寿堂乘轿由邀月门进排云门至排云殿下轿步行至东暖阁坐。掌仪司内监设中和韶乐于排云殿檐下，设丹陛大乐于排云门内，俱北向"。

大报恩延寿寺是清漪园营造过程的核心和先导，其展现的为母祝寿思想和佛国天香的宗教氛围是清漪园建园的根本，其建筑布局和室内陈设也都代表着清漪园的最高水平。虽然大报恩延寿寺的整体布局与现在的排云殿佛香阁景区较为相似，但其氛围和功能却发生了本质的变化，普通游客很难发现这些细微的变化。在颐和园的文化展示上，应该通过虚拟现实展示等手段让游客了解这一历史过程，以促进游客对颐和园，尤其是核心景区的深入了解。

海淀街上的裕盛轩

张鹏飞

海淀区得名于海淀镇,"海淀"之名可以追溯到元朝时期中统二年(1261年),王恽《中堂事记》所记载的"海店"。当时的海淀位于元大都城通往居庸关的交通要道上,由此可知海淀作为有文献记载的聚落已经有700多年的历史。

明清两代由于大规模的园林建设,海淀镇受到关注,广泛见于文献记载。震钧《天咫偶闻》中记载"海甸,大镇也。自康熙以后,御驾岁岁幸园,而此地益富。王公大臣亦均有园,翰林有澄怀园,六部司员各赁寺院。清晨趋朝者,云集德胜、西直二门外,车马络绎。公事毕,或食公厨,或就食肆。其肆多临河,举网得鱼,付之酒家,致足乐也。故彭咏莪有《与陈硕士饮海甸酒楼》诗。当时,百货非上者不往,城中所用,乃其次也。"由震钧的描述可见当时海淀镇的繁盛,尤其是服务于皇室官员的商业更为发达。

在海淀镇南大街上曾有一家名为裕盛轩的客栈,就是震钧所说的食肆一类,它在晚清、民国时期甚为知名,有很多影响历史进程的人物均在此活动。这样一座客栈湮没于历史之中是令人遗憾的,我们可以通过撷拾相关史料还原它的盛景。

晚清时期官员往来颐和园与京城途中多在裕盛轩就餐、住宿。文献中最早提到裕盛轩的是《那桐日记》和《翁同龢日记》，两部日记在同一天提到了裕盛轩。《翁同龢日记》中有一篇《淀园查工记》，文中记载："（光绪十六年九月）二十日（11月2日）晴，暖。与清吉甫安查圆明园八旗营房工，余左翼，清右翼。寅正起，出西直门天始明，策马过茶肆李姓老人，咨嗟说旧事。辰正食海淀裕盛轩茶馆，先定此屋八十千，余告以今日不住此矣。司员、算房带道差弁皆候于此。"《那桐日记》中记载："（光绪十六年九月）廿日，寅刻起，同食点心，策马偕至海淀裕盛轩茶肆，巳刻翁堂至，工部友人亦至，候同查工。"那桐所说的翁堂就是翁同龢，时任工部尚书，为工部堂官。光绪十六年是1890年，这时颐和园工程早已开始，从以上两人日记中还可以看到相关工程也接踵而至。裕盛轩的兴盛，应该与西郊园林及配套设施的修复有密切的关系，此后这座客栈广泛见于晚清人的记载之中。《那桐日记》此后提到："（光绪十七年正月）廿日，约会溥仲路、常宣生到海淀养花园勘估工程，辰刻仲路来，通策马出西直门至裕盛轩，宣生已到，同饭。""（光绪十九年九月十六日）辰刻同仲路策马出西直门，巳刻到海淀裕盛轩早饭……十八日，卯正起，辰正乘驮轿启行，午正到海淀裕盛轩早饭。""（光绪二十年三月）十一日，随同廖仲山少宰赴醇贤亲王园寝验收营房工程，卯正二刻乘车出德胜门，至海淀裕盛轩早饭……（十二日）辰正后小雨，乃登车，午初至裕盛轩饭。""（光绪二十年九月）初三日，辰刻随同母亲偕内子、奎妞、二妞、三妞、姨奶奶出西直门，看庆典点景工程。午正至裕盛轩饭。"《翁同龢日记》记载："（光绪二十二年正月十五日）午初二刻肩舆出德胜门，循土道而行，将至海淀，大风起，尘蔽天，过裕盛轩饮茶"。《荣庆日记》中记载:"(光绪二十八年九月初四日)至海甸裕盛轩茗话"。这些日记中所见的是裕盛轩的饮食、会谈功能。

庚子年八国联军入侵北京,醇亲王载沣避入西山,回城时也曾在裕盛轩休息。《醇亲王载沣日记》中记载:"闰八月初二日,由山启程,骑马,由屯佃村打尖换行轿。道经萧家河,至裕盛轩小憩,晤日本何通事、欢队长"。

除饮食、会谈、休憩的功能之外,裕盛轩还有住宿的业务,上面翁同龢提到了住宿房屋的价钱。戊戌政变前,袁世凯来颐和园觐见光绪帝,也曾经宿于裕盛轩。他在《戊戌纪略》中记载"光绪二十年七月二十九日,予奉召由天津乘第一次火车抵京,租寓法华寺。上驻跸颐和园,即托友人代办安折膳牌,定于八月朔请安。次日早起,检点衣冠各件,先派人赴海甸觅租寓所,午后至裕盛轩,遂宿焉。"

到了民国时期,裕盛轩作为餐馆的饮食功能仍然存在。姚华1912年所作的《颐和园游记》中记载:"壬子孟秋下浣,与季常、立之、印昆、幼苏、叔海同游颐和园,先饭于裕盛轩,饭后到园"。民国时期佚名者所撰《颐和园游记》中提到"午前七时许自南城出发,至九时许之海淀。予等因临行未及早餐,遂至裕盛轩雅座小饮,兼用早膳。此间距城内不过十余里,已有乡间风味,至此,胸襟为之一爽。其肴馔亦与城内不同,颇能适口。予等遂饱餐而去。"此时裕盛轩服务的不再是忙于公干的官员,多是至颐和园游览的游客。

久居台湾地区的唐鲁孙有一篇《海甸之忆》,写的是北平时期的海甸,其中就有裕盛轩,他在文中描述:

海甸正街路南,有一家二荤铺叫裕盛轩,门口两根冲天抱柱丹漆的牌楼，檐牙高啄，就连北平城里最大的二荤铺，也比不上它的雄壮崇隆。庭宽院敞，比一般饭庄子还要堂皇气派。当年老佛爷御辇清游，驾幸颐和园，总要在裕盛轩打尖用膳，全部扈从的车舆卤簿都可以安置在大敞院内。裕盛轩红白案子都有几把好手，他家所烙一窝丝清油饼，脆而不焦，润而不油，比城里几家大山东馆都高明。燕大校长吴雷川先生主持校务时期，颇惮远行，尤其怕进城宴客。遇上好友惠然远来，时或约在裕盛轩小吃，总少不了来几张清油饼。他老人家虽然是杭州人，可是在北平住久了，也颇精于饮食，认为裕盛轩的清油饼比致美斋、泰丰楼烙的都要地道。

笔者祖茔在京西六里屯，当年每逢清明上坟祭扫，总是在裕盛轩打尖。我觉得他家做的"过油肉""糟烩鸭条"都非常出色。烩鸭条的鸭子是他们自己喂的，整天在玉泉支流里饮名泉吃活食，自然比人工填的鸭子肉嫩而滑润啦，加上用的是酿莲花白的头糟，城里头的饭馆如何能望其项背呢！

唐鲁孙笔下的裕盛轩与京城内的大饭馆相比也甚有可取之处，同时还有独具区域特色的美食，令人难以忘怀。

旅美华人作家张北海的小说《侠隐》中也有裕盛轩，他在书中写道：

他（指李天然）换了身大褂，只背了水壶，出了客栈，直奔正街路南那家"裕盛轩"。

门面相当讲究，院子也很宽敞。进进出出的客人，西装洋衫大褂都有，看样子不少都是燕京清华的学生。这么年轻，有说有笑，无忧无愁，李天然真觉得自己过了好几辈子。

他还记得师父师母来这儿点了些什么。伙计带他入座，他就叫了清油烙饼，过油肉，四两莲花白。

清油饼、过油肉、莲花白，燕京大学的食客，同样出现在张北海的笔下。

这样一家知名的店铺，一个与众多名人相关的店铺，在具有悠久历史的海淀镇上消失不见了。自小生活在北平的华人却还想着它，把它写进了散文里，写进小说里。他们书写的也是乡愁，这样的乡愁值得在海淀古镇上留下印记。

六郎庄冰窖

尹书英

记得20世纪60年代初六郎庄有两座冰窖，一座在颐和园新建宫门西北角，为后期新建，一座在海淀西上坡西南角方向有个公厕，公厕后也有一个冰窖。这两座冰窖我都进去过，都属于六郎庄管理，原来都是给皇家用的，用于皇宫、王府贝勒家降温。早年间，没有冰箱，人们多用冰给食品保鲜。

夏天天气炎热，大家都想吃点凉的降温。我常去冰窖，我会拿着小篮子或脸盆跑到新建宫门冰窖拿碎冰。里面冷得发抖，看冰窖的人

新建宫门冰窖用的泡子地，多年种植荷花

会用大铁锹往我的篮子里或脸盆里铲放很多碎冰。还会大声说:"快出去,快出去,要生病的。"冰窖大门内外只隔一层厚厚的棉帘子,冷热两重天。我一路小跑,跑到院中大叫:"冰核来了,冰核来了。"院中的大爷、大妈和孩子们都会跑出来要冰吃。有的拿碗盛,有的拿盘子盛,有的伸手抓着吃,嚼的嘎嘣、嘎嘣脆。有的孩子吃完又抢别人碗里的冰,有的孩子不让抢就跑,就这样追打着。有的说:"吃个透心凉,真舒服。"大爷、大妈都夸我,"还是这丫头懂事儿,老给我们拿冰核吃,长大了,准错不了。"听了这些表扬的话,心里美滋滋的。

海淀西上坡下的公厕后,还有一个几亩大的泡子地,是专门窖冰用的,水很深,有2米左右。有了冰箱以后泡子地开始种水稻或莲藕。

紧挨新建宫门西北角就是冰窖原址

我上海淀中学时每天路过泡子地,几个同学一起嘻嘻哈哈拣小石片往水中打漂,看谁打的水漂多。入冬以后看见泡子地慢慢结冰,一点一点加厚。我和同学在冰上跺跺脚看结实不结实,如果冰冻瓷实了，我们这些六郎庄的孩子都会顺道跑上去打出溜儿，走几步一出溜儿，看谁出溜儿滑得远，有的一出溜儿能滑个三四米。

大寒季节快到了，天寒地冻，脸被风吹的象刀割，用围巾把头、脸包得严严实实，只露两只眼睛。看看泡子地四周全拉上临时电杆、电线，安上大灯泡，我想这一定就是要窖冰了。果不其然，第二天放学看见灯全亮了，泡子地上吊的灯又大又亮。

凿冰的人先在冰上量好尺寸，浅浅凿一道小沟，然后按量好的小沟尺寸进行凿冰。他们七八个人手拿冰镩一块一块的锤凿，其中一人领唱凿冰号子，大家跟着嘿、嘿、嘿的吼声，有节奏地一齐用冰镩镩冰。每块镩下的冰都为一米左右见方，三四个人用特制的带钩长棍把块冰钩上来。马上就有拉冰的人把绳子套在冰上拉走，每块冰都有300斤左右。

泡子地一般离冰窖很近，拉着方便，太远则费时、费力、费钱不上算。拉冰的路上一般都铺有草帘子，草帘子上泼上水和小路冻在一起，这样拉着滑溜省劲。有小沟、小坎儿的地方放有滚木，冰在滚木上过沟过坎也容易。这些拉冰的人鞋上都绑有防滑的稻草绳、鬃毛或其他的防滑物品。拉冰的人得有好体力，把块冰拉进冰窖后，听冰把式指挥放好，领一个牌子就走，可以凭牌子换钱。如果把冰拉坏了，少一个大角或拉半拉了，这就是废品，不符合要求不给牌子。拉冰的人要快拉快跑把冰拉进冰窖，如果半路喘气休息，很容易使拉的块冰和路上的草帘子冻在一起，就拉不动了。

冰窖里边的冰把式负责指挥冰的码放，这些冰把式穿的厚厚的棉衣及坎肩，下身有的穿棉套裤，有的腿上绑着耐寒的猪皮套或狗皮套，鞋也非常保暖，手上戴着棉厚手套。这些冰把式经验非常丰富，相互配合着指挥。有的不断地高喊："吊上去，再高点，再高点。放这边，放这边，靠后一点，快放啊，小心点儿。"站在冰上码放的人绝对听指挥，七手八脚把吊上去的冰一层一层紧张的码放整齐。指挥不准确，码放不整齐，冰滑下来是要砸死人的。

我和同学放学后偷偷跟着拉冰的人一起进到冰窖看热闹。冰窖内灯火辉煌，热火朝天非常紧张，码放的一层层的厚冰亮晶晶。冰把式看到我们怒气冲冲呵斥，"这不是你们呆的地方，出去，出去，快出去，谁叫你们进来的？这哪儿是你们待的地方，砸死了怎么办？"我们赶快退出来，看见一个凿冰的人，浑身是水，冻得直打哆嗦，肯定掉水里了。旁边有人拿着二锅头说："快喝几口，再喝几口，行啦，赶快往家跑吧。"凿冰的人每年都有落水的，为了防寒只能大口喝白酒。

拉一块冰给一个牌子可换一毛钱，体力好，有经验的拉冰人一个晚上能挣四五元。几天拉冰结束，少的能挣四五十元，多的能挣八九十元。拿了这些钱可以买鱼、买肉、买年货，这一大笔钱能买很多年货，可以美美地过一个好年。我们院子里有一个大哥身体倍棒，每年大寒晚上都去拉冰挣钱。过年时放炮仗，放二踢脚，放麻雷子，还放不少的呲花，地上一片炮仗纸，大家都很羡慕。

现在都有了冰箱，没有人再用这些大冰块儿了，冰窖也就退出了历史的舞台。我还是怀念那个冰窖，夏日炎炎，吃一块冰核透心凉，爽极了，怀念四合院大家抢冰核吃的热闹景象。

解放战争时期的北安河村

李进明

北安河村坐落在北京西山的阳台山脚下,现为海淀区苏家坨镇管辖。在20世纪的解放战争时期,北安河村隶属于昌宛县第七区。它西靠连绵不断的太行山支脉,东临广阔的京北平原,北通阳坊、南口、八达岭、张家口,西通妙峰山、斋堂及晋察冀革命根据地。它是敌占区到我西山解放区的必经之路,是北平城里地下党向我西山解放区秘密输送人力和军用物资的通道。同时,它还是北平经温泉、北安河、寨口、杨坨、军庄到门头沟平西革命根据地的重要地下交通线之一。当年,许多革命青年和爱国志士都是从这里奔赴解放区、投身革命的。由于距北安河村东数里外的温泉、苏家坨村一带即为敌占区,因此,北安河村处在对敌斗争的最前沿。

由于北安河村地处在特殊的重要战略位置上,因而它成为当年敌我双方互相争夺、双方展开"拉锯战"的地区,因此斗争形势异常严峻。从1945年8月日本投降以后,到1948年春这短短两年多的时间里,北安河村曾出现三次解放、两次又被敌人占领的激烈斗争情景。在这场"三进两出"、光明与黑暗的生死大搏斗中,坚强的北安河人民在党的领导下,前仆后继,与国民党反动派进行了不屈不挠的斗争，先后共有吴来和、管德成、王治国、梁波、巴成郡等数位革命烈士英勇牺牲，从而涌现出了许多可歌可泣的英雄事迹。

一、北安河村的第一次解放

1945年8月15日，日寇宣布无条件投降，中国人民经过8年艰苦卓绝的斗争，终于取得了抗日战争的胜利。这时，北安河村只驻扎着伪军的一个县警备队，日本鬼子早已龟缩到北平城里去了。一天夜里，八路军的一支部队来到北安河村外，他们向敌岗楼喊话说："日本鬼子已经投降了，你们不要再当汉奸为鬼子卖命了。如果再不缴械投降，就坚决消灭你们！"这伙伪军被吓破了胆，躲在炮楼里不敢吭声，眼看大势已去，趁着天还没亮，他们就夹着尾巴逃跑了。天亮以后，八路军的队伍开进村里，从此，北安河村的人民摆脱了日伪的残酷统治，获得了有史以来的第一次解放。

当时，八路军晋察冀第十一军分区司令部就驻扎在北安河村西南的大觉寺，八路军新五团驻扎在北安河、温泉一带。当时的中共北平市委正按照党中央的指示，为迅速接管北平而做紧张的准备。市委派出的一大批准备进城接管的干部也于八月底来到了大觉寺和北安河村一带。在这种大好形势下，北安河村成立了党的组织，秘密发展了一批党员，建立了村民主政权和农会，组织了民兵。在党的领导下，摧毁了伪保甲制度，开展了轰轰烈烈的减租减息运动。

后来由于国民党反动派的阻挠破坏，从而使得中共北平市委与驻北平日军头目的受降谈判破裂，我党准备接管北平的工作受挫，国民党军队抢先接收了北平，不久又占领了京西一带。从西苑、西北旺到温泉一线，均被国民党208师的部队占领。由于形势的急剧变化，我党准备进城接管的这批干部也根据上级的指示，从北安河一带撤走，转移到山里，后来这批干部又转至张家口。

二、吴来和同志的牺牲

1946年的农历四月。这是日本投降后、全国内战爆发前夕短暂的和平时刻。北安河村这时正赶上每年一度的农历四月初一至十五，是各地的香客们途经北安河村到阳台山后的妙峰山去进香的"四月香季"时节，所以村里村外格外热闹。

为了在香客们中间宣传我党和平建国的方针政策，揭露国民党反动派破坏《双十协定》和《停战协定》、积极部署内战、大搞军事摩擦的真相，北安河村的共产党员、农会副主任吴来和同志利用每天安排香客们食宿、维持秩序和指挥村头车站交通的工作机会，向广大香客们散发我党出版的《挺进报》等刊物，积极宣传我党的方针政策，大大扩大了我党在群众中的影响。远近百里，甚至天津的香客们都知道北安河村有个号称"吴来佛"的共产党。

"香季"过后，北安河村的特产水果——"清水杏"便上市了。这天清晨，我党西山情报站搜集的秘密情报要立即送交北平城里的地下党组织，吴来和同志接受任务后，二话没说，推起一辆手推车，放上两筐鲜杏，将情报藏在筐底的夹层中便向城里出发了。到了温泉国民党208师的哨卡时，敌哨兵没发现什么破绽，抓了几兜鲜杏便放行了。可谁知出了哨卡不远，刚刚走到白家疃村西岔道边，就被该村的大地主兼伪联防主任魏某某撞见了，此人认识吴来和。于是魏某某急忙跑到温泉据点密告了敌人，敌人听了后，便一窝蜂似地追来，将吴来和同志又抓回了温泉据点。

敌人把吴来和五花大绑捆起来，逼问他："北安河村还有谁是共产党？谁是八路军？只要说出名字、住址，我们就放了你！"吴来和同志大义凛然地回答："北安河的共产党就我一个，别的我什么也不知道"。敌人将鲜杏从筐里倒出来，从筐底搜出了那几封情报，但那些情报全都是用密码和代号写的，敌人无法弄清其中内容。于是只好冲吴来和吼道："你要传递的情报已经被我们搜出来了，你还有什么可抵赖的！快说，你到城里什么地方？去和谁接头？"吴来和哈哈大笑："你们搜出的那些东西全是假的，只有我吴来和一个人是真的"。

敌人恼羞成怒，对吴来和施用了各种毒刑逼供，他们将他吊起来用皮鞭抽打，用烧着的木棒烫腋下，用烧红的烙铁烙前胸和后背，但他毫不屈服，对敌人破口大骂。狠毒的敌人用刺刀割下了他的舌头，豁烂了他的嘴，将他打得死去活来。任凭敌人使用酷刑，吴来和始终坚贞不屈，丝毫没有泄露党的机密，保持了一个共产党员的崇高气节。他将满口的鲜血喷在敌人脸上，对敌人骂声不绝。最后，敌人看从吴来和身上得不到什么口供，便决定下毒手了。他们将被折磨了一天一夜、遍体鳞伤、气息奄奄的吴来和拉到了据点东边白塔山下的一口井边，将他扔到了井里，并将井口用石板封死。就这样，吴来和同志壮烈牺牲了，这时他才44岁。

1950年春，北安河村的党组织派民兵来到温泉的白塔山下，将吴来和烈士的忠骨从井里打捞上来，运回本村，安葬在村西的山坡上，同时举行了隆重的追悼大会。

三、国民党反动派占领北安河及管德成同志的牺牲

1946年10月14日，敌人的魔爪伸向了北安河。这天，逃进城里的北安河村的恶霸地主们率领着刚刚拼凑起来的伪大乡队，还花钱送礼勾结敌宛平县县长，纠集了国民党县警备队，气势汹汹地向北安河村扑来。

这时，宛平县第七区所属的70多个村庄，总共只有二三十名区干部在开展工作，主力部队已转移到外线，北安河村里只有几名区、村干部和少数民兵武装。在这种敌强我弱的情况下，上级党组织决定，村干部、党员和部分干部家属以及民兵队伍立即撤出村，转移进山里分散隐蔽，开展游击战。此时，村农会主任、共产党员管德成同志也根据党的指示隐蔽到天津去了，继续坚持地下斗争。管德成生于1910年，这年他36岁，在抗战末期加入了党组织，并担任了村农会主任。由于他对敌斗争坚决，本村的地主恶霸们恨透了他，这次他被列入了抓捕的名单。

国民党反动派和地主武装"大乡队"一进村，就到处烧杀抢掠，大肆搜捕村干部和家属，屠杀无辜百姓。短短几天之内，就先后杀害了没来得及撤走的村干部和群众8人。村里的地主、富农、恶霸这时也重新神气起来，疯狂地进行反攻倒算。一时，白色恐怖笼罩着整个北安河村。

1946年11月的一天，伪大乡队的几个头目找到村农会主任管德成同志的父亲说："你儿子是村农会干部，这是大伙儿都知道的，他肯定是个共产党！他现在抛家舍业地在外头东藏西躲吃苦受罪，

这也不是长法呀！你告诉你儿子，叫他回来吧，过去的事儿既往不咎。我们几个给你担保，保你儿子回来没事！你就叫他回来踏踏实实地过日子吧！"

管德成的父亲是个老实巴交的农民，由于上了年纪，这几年他一直在西山上的金仙庵、瓜达石等寺院看庙产。自从儿子离家撤走以后，他一直为儿子担惊受怕，生怕儿子有个闪失，恨不得儿子立刻回村来到他身边。这时他听信了眼前这几位昔日的地主老财恶霸、而今村里主事人的话，没有想到这是敌人施展的诱捕诡计。于是他急忙派人捎信到天津，叫儿子立刻回村。

管德成自从撤到天津以后，一直惦念着家中年迈的老父亲，也惦念着撤到山里的其他村干部和乡亲们。再加上撤到天津后，他一直没有和地下党组织联系上，心里很是焦急。这时他接到老父亲叫他立即回村的信，以为村里的敌人已经撤了，于是决定回村探个虚实。这天傍晌，当他风尘仆仆地赶回村，连家门都没进，就在街上被巡逻的伪大乡队抓起来了。敌人把他带进了伪大乡队的队部——村中的关帝庙内。几个大乡队头目见这么容易就把管德成抓到手了，欣喜若狂，急忙下令："把他给我吊起来！"几个兵丁上前，七手八脚地把管德成吊在了院里的槐树上。

伪大乡队头目喝问道："管德成，你也有今天？快说，村里还有谁是共产党？谁是村干部？他们都躲到哪去了？说出来就放你回家去！"管德成看了看眼前这些穷凶极恶的家伙，只回答了三个字"不知道！"敌人一听，连忙施展出惯用的伎俩——用刑具逼供，妄图从管德成口中得到党的机密。敌人扒下管德成的衣服，将烧红的烙铁在他身上烙来烙去，将他折磨得死去活来，但他咬紧牙关始终不吐一个字。

敌人见毒刑不起作用，就改变方式，将管德成从树上放下来，拉到大街上游街示众。伪大乡队的兵丁们一边敲着锣，一边吆喝着："老乡们，快出来看呐，捉住了共产党的农会主任管德成，游街示众喽！"敌人押着管德成游完大街，来到村中央的"文昌阁"前。"文昌阁"是一幢两层小楼，楼角有棵老槐树。敌人当着村中百姓们的面，又将管德成吊到老槐树上。残酷的逼供又开始了，管德成回答还是那三个字："不知道！"敌人兽性大发，残忍地用刀将管德成的两只耳朵割下来，挂到树上，接着又对他施以更加毒辣的"宫刑"，将割下的生殖器官也挂到树上示众。

到了傍晚，敌人见得不到什么口供，便将管德成五花大绑捆起来，后背上插上打了红叉的木牌，上写"处决共产党要犯"字样，然后拉到村西河滩旁，用刺刀将其活活捅死了，并规定不准收尸。直到几天后的夜里，党组织派人悄悄地下山，来到北安河村西，将管德成同志的遗体运走，安葬在离村3里之外的管家岭山坡上。

这时，敌县警备队100多人在北安河村安下了营盘，他们大抓民夫，为他们在村口和村内修了3座炮楼。伪大乡队也在村里大抓青壮年当壮丁，为他们当炮灰。地主老财们更是得意忘形，任意抬高地租，从此北安河村的人民又陷入了水深火热之中。

随着斗争形势的日益严酷，革命队伍中的少数意志薄弱者，经不起革命斗争艰苦环境的考验，有的人从山里跑回村，脱了党，脱离了队伍，还有的人甚至叛变投敌。北安河村原民兵队长郝永春带着民兵撤到山里以后，由于受不了在山里坚持游击战争的艰苦生活，经不起敌人的政治诱降，在一天夜里，他谎称有紧急任务——"下山打埋伏"，于是将17名民兵、15条枪从山里根据地拉了出来，连夜向北安河村进发。按照事先他与敌人的秘密约定，将队伍带进了敌人的包围圈。等到这17名民兵发现情况异常时，为时已晚，敌人的一排排枪口已指向了他们。

郝永春的带队叛变投敌，使革命队伍遭受了严重的损失。这17名民兵被缴械后，有的人被逼迫干上了伪大乡队。而郝永春则因为"劳苦功高"摇身一变，被敌人封为伪大乡队的分队长。这个家伙从此耀武扬威起来，欺压百姓，专干坏事。但好景不长，这个革命队伍的叛徒被我方在距北安河村南4公里的灰口村处决了。

四、北安河村的第二次解放

1947年3月，人民解放军在全国战场上彻底粉碎了国民党反动派的全面进攻，迫使蒋介石改变了策略，改全面进攻为重点进攻。这一战局的转变，对我党我军十分有利。西山解放区的主力部队及时抓住这一战机，迅速出击，在1947年5月18日向山前地区的国民党反动派发动了一次大规模的攻击。一举拿下了山前一线的军庄、北安河、前沙涧、阳坊，以及苏家坨、常乐、温泉、白家疃等敌人据点，击毙和俘虏了上千名敌人，北安河村因此获得了第二次解放。

这时，撤退到山里坚持斗争的北安河村的党员和村干部们又回到村里。在党支部的领导下，重建村民主政权、农会和民兵组织，拆毁了敌人的炮楼，没收了地主、恶霸们的土地和浮财。一夜之间就分了20多家地主的粮食，并把他们扫地出门。

转眼到了1947年6月的麦收季节，村党支部根据上级的指示，发动了轰轰烈烈的土地改革运动。村里成立了"贫农团"，并在村西环谷园内的中法大学附中礼堂召开了对地主富农们的清算斗争大会，分了他们的土地。按每人一亩七分地的标准，将地富们的土地包括地上种的压稼，分配给无地或少地的贫苦农民，孤身一人的可分到4亩。此时，这些祖祖辈辈当牛做马的贫苦农民，手中第一次有了自己的土地。经过土改，广大群众的革命热情空前高涨，麦收过后，仅北安河一个村，就上交了一万多斤公粮，有力地支援了我党所领导的人民解放战争！

同年7月以后，形势又有变化。这时，我县大队和独立营已随我军主力一起撤走了。村里只有四五名区、村干部和民兵武装在坚持斗争，而敌人208师的部队已经占领了村东4千米外的温泉村。北安河村东南四里外有个南安河村，该村南山头上的"城子山顶"也被敌人208师占领，他们居高临下，每天都向北安河一带的村庄里开枪打炮。仅北安河一个村，就有好几名无辜百姓被炸死炸伤，斗争形势一时又严峻起来。

五、国民党反动派再次占领北安河及
王治国、梁波同志的牺牲

1947年9月19日，国民党反动派趁我军主力部队不在西山一带、我地方武装力量又较薄弱之机，于是重新纠集了国民党正规军208师机炮连、以及县警备队、保安队、阳坊国民党八中队等杂牌军，再加上附近几个村的地主武装大乡队六、七、八、九这4个大队，共计数千人，气势汹汹地向西山解放区的前沿一带村庄扑来，攻占了北安河、草场、西埠头等村。这时，我区小队和民兵按照上级指示，

掩护着区、村干部和部分干部家属边打边撤，向西山转移。当撤退到村西山腰的鹫峰北麓一条叫"啦啦水"的山沟时，眼看就要到达山梁了，这时忽然从山梁顶上压下来一大片穿黄军装的国民党正规军。在这危急时刻，区、村干部当即决定向北边山沟转移，经金仙庵向后山解放区撤退。

在这危急关头，北安河村的共产党员、村农会干部王治国同志，主动掩护其他干部和群众先撤，自己则留在转移队伍的最后边。这时，追上来的敌人一齐向他开枪射击，他的腿部不幸中弹，无法行走，被敌人团团围住。王治国同志1925年生人，这年他刚刚22岁，正是年轻力壮的时候。由于在土改时，他负责斗争地主富农以及开斗争大会等项工作，因此敌人恨透了他。这会儿将他抓住了，怎能饶过，于是凶残的敌人用刺刀将他活活挑死了。几天后，村干部和民兵找到了他的遗体，将他安葬在牺牲地的山坡上。

在这同一天牺牲的还有地下党晋察冀中央局社会部平西情报交通联络站站长梁波同志。梁波原名杨思忠，1910年生人，20年代末毕业于天津南开中学，后就读于北京师范大学。大学毕业后即投身于党领导的抗日民族解放斗争，并于1937年冬加入中国共产党。1939年五六月份，他按照党的指示来到平西，任冀热察区党委秘书主任，1940年任中共宛平县委书记。1942年他奉调中共中央北方分局社会部工作，1944年11月任社会部平西情报站站长。

1947年9月17日，梁波率几名同志从后山根据地——妙峰山涧沟村，来到山前的七王坟村，准备与北平来的交通员刘永和接头，听取汇报。七王坟村地处半山腰，距北安河村西北五六里路。当晚交通员未到，梁波等同志夜宿七王坟村堡垒户家中。9月18日交通员赶来，梁波与其接了头、听了汇报，询问了有关情况后，便离开了七王坟村，来到了鹫峰山下的秀峰寺住下。秀峰寺坐落在离北安河村西三里路远的西山根。这里是地下党的秘密联络点，也是地下交通联络人员经常落脚休息的地方。由于天色已晚，梁波同志就在这里住下了，可谁知正巧赶上了国民党反动派向北安河地区的大规模进攻。

9月19日，天还没大亮，山下北安河村一带就响起了激烈的枪声、炮声和手榴弹的爆炸声。梁波等人从梦中惊醒后，出了寺院朝山下一看，发现大批的国民党军队和伪乡大队正在追杀朝山上撤退的北安河村干部、民兵和群众。梁波等人也急忙和人们一起朝山上撤退。这时敌人越追越近，情况十分危急。梁波由于是高度近视，再加上山路崎岖，所以他的奔跑速度较慢。为了严守党的机密，他将随身携带的文件全部销毁了，并嘱咐随行的同志："万一被敌人抓住了，绝不能泄露机密，绝不能投降，要随时准备牺牲自己！"并督促其他同志："不要顾我，你们赶快向后山撤退！"不巧的是，在撤退奔跑中跳沟坎时，梁波同志的高度近视眼镜丢失了，这时他的眼前一片模糊，什么也看不清了，于是他只好隐藏在路旁的草丛中。这时天已大亮，追上来的敌人发现了他，用明晃晃的刺刀刺进了他的胸膛。就这样，梁波同志壮烈牺牲了。敌人撤走后，平西站的同志们赶来，将他就地安葬在山坡上。1953年，党和政府又将他的遗骨移葬于八宝山革命公墓。

国民党反动派第二次占领北安河村后，一同杀回来的伪大乡队和地主恶霸们一回村就大肆进行阶级报复、烧杀抢掠，到处搜捕村干部、党员和民兵，疯狂地进行反攻倒算。回了村的地主老财们限期要土改中分了房屋和地产的农民交回房屋、地产。叫喊："我让你们怎么拿我的东西,怎么给我退回来!怎么吃我的东西,怎么给我吐出来!"同时他们还派伪大乡队的兵丁到各家各户去搜抢粮食和东西,就连树上刚刚成熟的各种水果也被他们抢掠一空。

敌人为了在北安河村站住脚跟,防备我军袭击,强迫村中百姓为他们修起了5座炮楼。敌正规军208师的一个营在村中驻扎下来。这时,村里的干部、民兵及部分干部家属共计50多人都已安全撤到后山的涧沟村和妙峰山一带隐蔽起来,坚持斗争。

敌人虽然又占领了北安河,但他们的日子也不好过。区小队和民兵经常在夜间从西山上下来,袭击敌人,割断敌人的电话线,锯倒电线杆,朝敌人炮楼打冷枪,或将鞭炮放在铁皮筒里点燃,"乒乒乓乓"好像打机关枪一般,扰得敌人胆战心惊、坐立不安。特别是草场村南的那场伏击战,区小队打得北安河村的伪大乡队丢盔弃甲、屁滚尿流。

草场村在北安河村北,离北安河村三里路。这天后半夜,区小队为了教训一下北安河村的伪大乡队,来到草场村。趁着天还没亮,急忙在草场村南设下埋伏。一处设在村东南角的一座老坟地里,另一处设在村西南角的场院矮墙后,最后一处设在村南口的大路边。这三处伏兵形成一个大簸箕形,直冲着北安河村方向,单等着敌人上钩进入伏击圈。

天亮后,区小队派人到北安河村向伪大乡队报告说:"草场村昨夜里设了三处赌局,各地的赌徒聚集在一起,整整耍了一夜钱,现在赌徒们还没走,你们还不赶快去查抄赌局子?"伪大乡队的头目们一听,立刻眉开眼笑,想到马上就要到手的一大批钱财,乐得他们马上派出一个小队兵丁到草场村去查抄赌局。伪大乡队的这个小队共有30多人,为首的小队长顾某某骑着高头大马,挎着盒子枪,耀武扬威地出了北安河村北口，朝着草场村直奔而来。他们刚刚接近草场村头时，迎接他们的是一排密集的子弹，当场就撂倒了七八个。剩下的敌兵们如梦初醒，急忙调过屁股，鬼哭狼嚎般地朝回跑去。一路上丢盔卸甲、哭爹喊娘、乱作一团，狼狈逃窜。我区小队的战士们一个冲锋就缴获了一批枪支弹药，并将为首的伪大乡队小队长顾某某也抓获了。这一场伏击战干脆利索，随后区小队便退出了战斗，转移到半山腰上的七王坟村，并在这里处决了作恶多端的顾某某。

这天，伪大乡队因怕再遭埋伏，直到当天下午，才派人胆战心惊地从草场村和七王坟村抬回了他们被击毙的8具尸首，停放在村中老爷庙前的大街上。从此，伪大乡队的气焰被打掉了许多。

六、北安河村的第三次解放及巴成郡同志的牺牲

1948年3月，人民解放军在全国战场上粉碎了国民党反动派的重点进攻后，已经从战略防御转入战略进攻，战争已经转到蒋管区进行了。这年的4月18日夜间，我军分区的主力部队又向北安河村的守敌发动了进攻。一举拿下了北安河村的全部炮楼，歼灭了驻北安河村的伪警察所，活捉了伪警察所长周景南等人。伪大乡队和驻防的县警备队招架不住，慌忙向敌208师温泉据点逃窜，共计有160多人。谁知他们半路上又在周家巷村东遇上了我军阻击部队的伏击，敌人顿时伤亡大半，就连伪大乡队的大队长巴某某都被我军俘虏了。这一仗威震左右数十里，北安河村的人民从此获得了第三次解放。这一仗被俘虏的敌人士兵经过教育，大多数都已投诚参加

了我军，只有少数敌人头目被押送到了山后斋堂我军分区司令部接受审查处理。

北安河村获得了第三次解放以后，侥幸逃脱的伪大乡队残部都躲到温泉、冷泉等敌 208 师据点里去了。这时，我军的大部队也转移到外线作战去了，村中只有地方干部和民兵在坚持斗争。后面的几个月里，北安河村与温泉村敌人据点形成剑拔弩张的对峙状态，斗争形势更加严酷。在这种情况下，国民党正规军和伪大乡队白天到北安河村来抢粮、扫荡，而夜间我区、村干部和民兵又进村来开展工作，发动群众。

1948 年 8 月的一天，北安河村农会主任、共产党员巴成郡同志率领几名村干部白天下山，回村了解敌情，看望群众，不幸被从温泉村回来骚扰的敌大乡队发现包围。巴成郡等同志听到枪声以后，立即冲出村，朝山上跑去。北安河村西不远处有一占地百余亩的鹿苑，该苑周围是高高的围墙。在 20 世纪 20 年代，这里曾饲养过鹿，后来由于日寇入侵，鹿苑便荒败下来。巴成郡同志为了掩护其他同志，主动和大伙儿分散开，独自一人朝鹿苑里跑去，而其他同志则径直跑向西山坡。

敌人发现巴成郡同志跑进鹿苑后，便一窝蜂似地紧追不舍，并不断地开枪射击。由于巴成郡同志年老，腿脚不便，从而使得敌人越追越近。在刚刚跑出鹿苑西口不远，突然一颗子弹击中了他的大腿，他一头栽倒在地。恶狼般的敌人端着刺刀立即蜂拥而至，将巴成郡同志紧紧围住了。敌人喝问道："快说，你大白天带人回村来干什么？是和谁接头？"巴成郡同志忍着伤痛，摇了摇头。凶狠的敌人见问不出什么口供，便几把刺刀齐下，将巴成郡同志当场杀害了。然后又残忍地将其头颅割下，装入筐内提到温泉据点，向敌208师去请赏。巴成郡同志1893年生人，牺牲时55岁。

由于巴成郡同志的掩护，其他几名一同下山的村干部才得以安全撤回到后山根据地。几天后的一个深夜，村干部和民兵悄悄下山，找到了巴成郡同志的遗体，将他就地安葬了。此时，北安河村笼罩在一片血雨腥风之中，敌人因此又乘机杀回了北安河村，并在村中建起了据点和几座炮楼。

为了给烈士报仇，区小队和民兵多次夜间下山，到北安河、温泉、冷泉一带去袭击敌人，朝敌人岗楼打冷枪，割断敌人的电话线，并在敌人据点旁埋设地雷，打得敌人一到夜间就缩在据点里不敢出来。

七、我东北野战军进驻北安河及革命的胜利

1948年12月12日夜间，北安河村的乡亲们在家里听了村子周围响了一夜激烈的枪炮声后，第二天天亮一开街门，便见到满大街都是头戴大皮帽、身穿灰布军装的士兵露宿街头。原来，我军在夜间打下敌人在北安河村的据点后，上级命令部队就地宿营，不准惊扰百姓。当乡亲们这天清晨猛然见到大街小巷全是兵时，不觉都很害怕，甚至有的人家急忙关门闭户。可后来弄清楚是自己的队伍开过来并且把敌人全消灭了时，全村百姓家家户户急忙敞开街门，热情欢迎子弟兵住到家里，并烧水做饭招待亲人。

就在我军拔除北安河村国民党据点的同一天夜里，北安河村以东的温泉、冷泉、韩家川、西北旺、黑山沪、青龙桥等敌208师正规军驻守的据点，也被我军彻底"拔掉"了。不仅如此，在那前后

几天，北平城外以及整个平北地区的国民党军队都被我军全部歼灭了。我军所到之处，国民党反动派的据点就像秋风扫落叶一样，被一扫而光。

1948年12月12日，北安河村的人民便彻底解放了！随后的几天中，东北人民解放军的大部队浩浩荡荡地开进了北安河村及附近地区，北安河村人民欢天喜地的迎接远道而来、满身征尘的人民子弟兵。乡亲们热情地为部队安排食宿，村里还立即组织了支前队，为解放军抬担架、送伤员、运粮食，并给解放军带路，解放了村南20多里外的门头沟境内的军庄、三家店及沿途村庄。

据当年亲眼看到东北解放军途经北安河村的老人讲，当年我军的步兵、骑兵、炮兵部队的指战员，个个头上戴的全是大皮帽子。村里的乡亲们在大街两旁夹道欢迎自己的队伍，并向行进中的战士们递上茶水、煮鸡蛋和烙饼等食物为战士们解渴充饥。战士们笑着向乡亲们挥手致谢。有的战士还顺便逗逗街边的小孩或抱起小孩将糖果塞在孩子手里。骑兵部队更是威风，战士们身背枪支，腰挎马刀，骑在高头大马上浩浩荡荡，一路疾进，穿村而过。炮兵部队路过村子时，乡亲们看到那乌黑发亮的大炮全是用战马拉着前进。炮车的车轮碾压在村中的大街上发出一片轰轰隆隆的响声，坐在炮车上的战士们也不断地向街道两旁的乡亲们招手致意。就这样，东北人民解放军的大部队像滚滚铁流，一眼望不到头，由北向南，连续几天几夜从北安河村中经过。他们一直向南边的军庄、三家店、丰台一带开去，去实施对北平城的战略包围。乡亲们望着大街上一眼望不到边、匆匆疾进、威武雄壮的解放军大部队，无不激动地奔走相告："咱长这么大，从来没见过咱解放军有这么多兵马，祸国殃民的国民党这回算彻底完蛋了!"

  正如乡亲们所说的那样,在短短一个月后,1949年1月31日,北平便宣告和平解放了。1949年10月1日,中华人民共和国成立了。从此,北安河人民在党的领导下,经过土地改革、互助组、初级社、高级社、人民公社、改革开放,走上了社会主义的康庄大道。

  本文在编写过程中,曾参阅了《海淀革命史资料》《北安河村史》以及北安河村档案室中关于该村几位烈士生平事迹等材料。同时,还走访了该村的几位老党员、老干部。在此特向提供材料和素材的有关单位和同志表示谢意。

海淀评剧团谈往

户力平

评剧，是人们较为熟悉的戏剧表演艺术之一，为国家级非物质文化遗产，与京剧、豫剧、越剧、黄梅戏合称为"五大剧种"。而今说到中国评剧院，喜欢戏剧的人们最为熟知，但海淀评剧团，或许只有五六十岁的老观众才有些记忆。20世纪50年代末至七八十年代，她是一支不仅仅活跃于海淀区，也是活跃于北京地区的评剧演出团体，许多经典剧目久演不衰，张淑桂、新凤妹、庚琦等，是戏迷们最熟悉的演员。而今这个为人们所称道的艺术团体已消失多年，但当年却是名扬京城。

五十年风雨历程

海淀评剧团的前身是中国评剧院巡回演出队。1958年年初，中央文化部直属的中国评剧院以第三巡回演出队为主，并从第一、第二演出队中抽调部分中青年演员组成巡回演出队，主要任务是深入农村、厂矿，送戏上门。1958年底，北京市文化局、中国评剧院与海淀区委商定，中国评剧院巡回演出队调归海淀区领导。1959年1月，海淀评剧团正式成立，为全民所有制国营剧团，隶属海淀区文教局文化科，业务上接受北京市文化局和中国评剧院的指导，团址在海淀区福缘门1号院，团长为贾茂松，当时在岗的演职人员共46人。

海淀评剧团成立之后，便活跃于京城的舞台，在各大剧场、剧院多有演出。从1959年年初至"文化大革命"前，每年演出场次最多时为450场，最少330场，其中每年为海淀区演出的场次均占当年演出场次的50%以上。为便于下乡演出，剧团用5辆活动平板大车自制"车台"，于是这"车台"开到哪里，戏剧的锣鼓就响到哪里。为此，1965年《人民日报》曾专题报道过海淀评剧团热心为农民演出的事迹。

从建团起到1995年，海淀剧团创作、改编、移植剧（节）目170余个，在国内90多个县市，700多个演出点，共演出8000余场，海淀评剧团名噪一时。

1969年，在"文化大革命"的冲击下，海淀评剧团被迫停止演出活动，全体演职员下放到西山"五七"干校劳动。1975年经北京市革命委员会批准，海淀评剧团正式恢复，团址在八一中学大观园内。1983年3月，剧团迁入西直门外上园村3号。

1989年以后，海淀评剧团一度停止演出业务。1994年，海淀评剧团在海淀区图书馆举办了建团35周年团史展览并召开振兴评剧座谈会，新凤霞、马泰、张德福、花月仙、胡沙、冯霞、高琛等评剧界人士出席，并进行了停止业务活动5年后的首场演出。

2003年，在海淀区事业单位改革中，海淀评剧团再度停止演出业务。至2010年，又被重新启用。在当年的第六届海淀文化节期间，著名评剧表演艺术家张淑桂独唱音乐会的举行，填补了历届海淀文化节在展现民族戏曲艺术方面的空白。2011年,海淀评剧团历经3年的岗位设置工作基本完成,至2012年底,全团编制61个,在职31人。

2014年2月,海淀区事业单位改革工作启动,海淀评剧团作为试点被列为第一批改革单位,随后海淀区评剧团撤销建制,人员整体分流到海淀区文化馆。

海淀评剧团《向阳商店》剧照

海淀评剧团历任团长有贾茂松、赵铜山、彭秀峰、马达等,骨干演员有张淑桂、新凤妹、艾丽珍、贾茂松、王月芳、德少良、庚琦等。几十年来,先后有8位演员在戏剧调演中获奖,两人被收入《中国当代名人艺术家大辞典》;21个剧目被中央电视台或地方电视台播放,5台大戏被中央电视台和北京电视台直播,4个剧目被灌制成唱片或盒带,在全国公开发行。评剧《凤冠梦》被北京电视台拍成电视连续剧后又被中央新闻纪录电影制片厂拍摄成彩色戏剧艺术片《抢状元》。剧团还先后为河北省衡水评剧团、安徽省淮南评剧团代培了16名演员和演奏员。

名家荟萃尽风采

海淀评剧团人才济济,演员阵容强大,行当齐全,50多年来,曾有上百名演职人员参加众多剧目的创作、编导、演出。演员有：艾丽珍、陈志卿、陈宝姗、陈德宝、崇菊生、德少良、戴敬怡、杜玉凤、高吉山、高慧兰、龚玉珠、郭丽娟、郭学东、关桂中、庚琦、韩立民、韩凤鸣、侯文斌、贾茂松、乔淑琴、刘全、刘挺、刘秀齐、刘贵宝、刘益珍、李桂兰、李伟珍、马小青、马学津、彭涛、彭秀峰、沈凤岐、孙燕、孙秀荣、舒予颂、唐振环、田淞、王琪、王月芳、王秀芳、王寿荣、王德光、魏德山、吴淑敏、杨小娟、新凤妹、喜彩妹、余绍海、张淑桂、张淑琴、张殿文、张修温、张福君、郑宝雄、周文龙等。

张淑桂 剧团领军人物，著名评剧表演艺术家、国家一级演员。原名关玉祥，1940年生，北京人。自幼随父（琴师）在原首都实验评剧团学戏，8岁登台。1958年随团并入中国评剧院。1953年拜张筠青（花月仙）为师。曾在《夺印》《向阳商店》《花亭会》《杨二舍化缘》《棒打薄情郎》《恩与仇》等数十个剧目中扮演不同类型的角色。1984年获全国评剧中青年广播大奖赛十佳，1986年举办了个人独唱音乐会。

著名评剧表演艺术家张淑桂

她的演唱特点是高亢激昂，行云流水；抒情明亮，动情婉转；吐字珠玑，板头瓷实；甩腔滂沱，痛快淋漓，在评剧舞台上独树一帜，在评剧发展史上占有重要地位。她曾是海淀区政协委员，为海淀区文化事业的发展建言献策。

新凤妹 剧团著名演员，评剧表演艺术家新凤霞之妹，原名杨学敏，1933年出生于天津，自幼受姐姐的影响爱好戏曲，后来跟着姐姐到北京演出。她长期在海淀评剧团担任重要角色，主演了很多传统戏和现代戏，新凤霞所演出的大部剧目她都主演过。主要作品有《花为媒》《杨三姐告状》《刘巧儿》《小二黑结婚》《春香传》《夺印》《凤冠梦》《迎春花》《井台会》《凤还巢》《会计姑娘》等。其表演风格为戏路宽，塑造人物生动，扮相靓丽，唱腔优美。她曾是海淀区政协委员，一直关注海淀区文化事业的发展。2007年因病去世。

庚琦 1946年出生于北京，海淀评剧团丑行名家，自幼学习评剧，曾拜评剧名丑陈少舫为师。先后在《打狗劝夫》《花为媒》《杨三姐告状》《刘巧儿》《凤冠梦》《秦香莲》等戏中饰演重要角色。

德少良 剧团骨干演员，自幼学习京剧，入门头沟评剧团，后调入海淀评剧团，20世纪80年代拜著名评剧表演艺术家席宝昆先生为师，长期和爱人乔淑琴以及评剧名家新凤妹、王月芳、张淑桂、庚琦、艾丽珍等合作，唱念做舞无一不精，善于刻画人物，并在《秦香莲》《朱元璋斩婿》《铡碗丁》数十部剧目中担任主角。

田淞 剧团骨干演员，早在20世纪50年代末便与新凤妹联手主演《杨乃武与小白菜》，60年代末又与新凤妹联手主演《自有后来人》，此外还在《凤还巢》《桃花庵》《迎春花》《西厢记》《杜十娘》和《棒打薄情郎》中担任重要角色。

艾丽珍 1964年出生于河北丰润县，1989年于锦州评剧团拜著名评剧表演艺术家花淑兰为师，同年调入中国评剧院，1996年任海淀评剧团副团长，先后主演《花为媒》《哑女告状》《乾坤带》《茶瓶计》《谢瑶环》《三看御妹》等剧目。

贾茂松 剧团骨干演员，首任团长，为20世纪50年代末60年代初剧团演出最为活跃的演员,曾参加《野火春风斗古城》《花为媒》《夺印》《翡翠园》《苦菜花》《三女除霸》等多个剧目的演出。

彭秀峰 曾任海淀评剧团团长兼导演,与张淑桂、新凤妹、陈志刚等合演《凤冠梦》,并在《抢新郎》《会计姑娘》等剧目中担任角色。

杨小娟 琴师,1943年生于北京,中国评剧院著名琴师杨殿荣之长女,1962年进入中国评剧院学员班分别学习板胡和评二胡。80年代调入海淀评剧团,曾排演过《秦香莲》《杨八姐游春》《凤冠梦》等剧目。后期主要为张淑桂伴奏,其板胡演奏得饱满、雄厚,音色优美。

上演剧目百余部

50多年来,海淀评剧团创作、移植、编排、上演了170多个剧目,几乎包括了评剧的所有经典剧目,同时结合不同历史时期的特点,新编演出了数十部现代题材的剧目。其中20世纪60年代是创作、排演剧目最多的时期,将大量传统剧目与现代剧目搬上了戏剧舞台。据不完全统计,各个时期演出的主要剧目如下。

50年代剧目:

《杨乃武与小白菜》《御河桥》《翡翠园》《桃花庵》《凤还巢》《井台会》《西厢记》《春花曲》《借当》《苦菜花》《爱甩大辫子的姑娘》等(以上为1959年)。

60年代剧目:

《萝卜园》《降龙伏虎》《迎春花》《意中缘》《闹严府》《同志,你走错了》(以上为1960年);

《三女除霸》《杜十娘》《王少安赶船》《姑嫂英雄》《小借年》《红

色联络站》《秦香莲》《拾玉镯》《杀庙》《樊江关》《茶瓶记》《盘夫》《棒打薄情郎》《刘三姐》《张彦赶船》《好媳妇》《邢燕子》(以上为1961年);

《杨三姐告状》《花为媒》《双下山》《小姑贤》《葛麻》《战马超》《打狗劝夫》《珠凤缘》《打焦赞》《画梅》(以上为1962年);

《夺印》《向阳商店》《青年一代》《双生儿女》《抬花轿》(以上为1963年);

《苦菜花》《箭杆河边》《红嫂》《红管家》《祝你健康》《草原小姐妹》《会计姑娘》《自有后来人》(以上为1964年);

《南方烈火》《阮文追》(以上为1965年);

《白毛女》(1967年)等。

70年代剧目:

《野火春风斗古城》(1978年)、《锯碗丁》(1979年)等。

80年代剧目:

《风筝误》(1980年);

《朱元璋斩婿》《刘公案》《攀龙附凤》《阿春氏》《抢新郎》

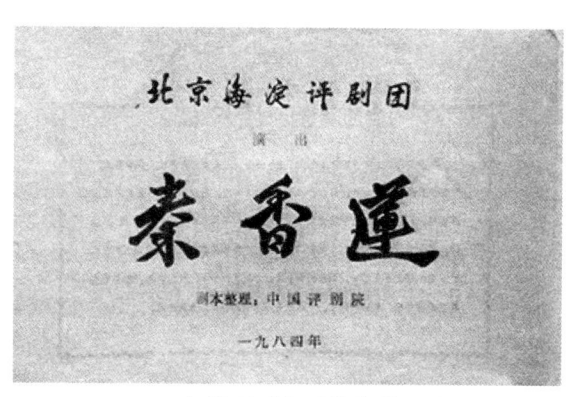

1984年评剧《秦香莲》节目单

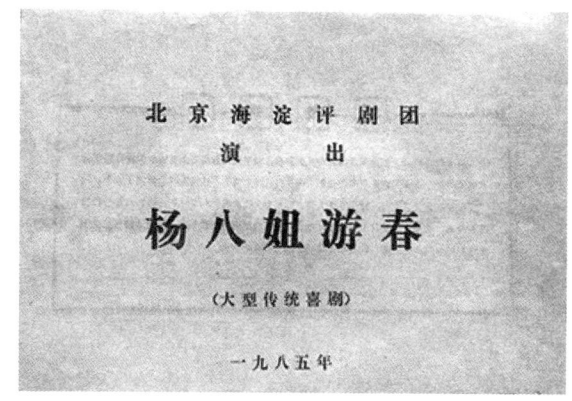

1985年评剧《杨八姐游春》节目单

《抢状元》（以上为1981年）；

《合家欢》《审泥人》《翠娘盗令》（以上为1982年）；

《费姐儿》《包龙图智铡赵千岁》（以上为1983年）；

《鸳鸯谱》《石花姑娘》（以上为1984年）；

《杨八姐游春》《瑞云》《帝女花》（以上为1985年）；

《左连成告状》《真假状元》（以上为1987年）等。

90年代上演剧目：

《女婴风波》（1990年）；

《好军嫂》（1995年）；

《乾坤带》《哑女恨》《三看御妹》（以上为1996年）；

《蓝盾之歌》（1997年）等。

2007年海淀区档案馆将海淀评剧团的档案作为特色收集进馆，共计107卷，其中有105个剧本及曲谱，剧照、录音带、录像带等。

海淀评剧团除了长期在海淀工人俱乐部演出外，还曾在北京数十家剧场、影剧院演出过。著名的长安戏院、西单剧场、中和剧院、人民剧场、大众剧场、劳动剧场、民主剧场、陶然亭剧场、颐和园剧场、圆恩寺影剧院、群众影剧场、电子影剧院、新北京礼堂、建筑展览馆礼堂等都有过演出；各区的工人俱乐部也是经常演出的场所，如宣武区工人俱乐部、崇文区工人俱乐部、东城区演乐胡同工人俱乐部、朝阳区工人俱乐部、和平里第五工人俱乐部、铁匠营工人俱乐部、三里河建筑工人俱乐部、西单工人俱乐部、南苑工人俱乐部、石油俱乐部等。此外，还到清河制呢厂、六里屯公社、温泉公社、东北旺公社、四季青公社等厂矿、农村送戏上门，并赴山东、河北等地进行巡回演出，受到广泛好评。

观众记忆永犹存

海淀评剧团的建制虽然撤销了多年,那些人们曾熟悉的名家身影和经典剧目也消失在舞台上,但不少老观众对当年观看海淀评剧团演出的情形仍记忆犹新。

海淀区文化委老干部尹世昌先生曾回忆到:20世纪70年代初,北京市将每年的国庆游行改为群众游园,颐和园是定点游园单位之一,海淀评剧团曾多次参加颐和园内的国庆游园演出。1984年国庆35周年群众游园活动中,游园指挥部请海淀评剧团在石舫演出评剧折子戏,有张淑桂的《向阳商店》,新凤妹、田淞的《花为媒》,彭秀峰、李春凤的《凤冠梦》,张惠珠的《御河桥》等精彩选段。此外,乐队加演了《戏曲大联奏》等节目,使游园群众大饱眼福。此外,海淀评剧团还在万寿山北侧演出过《红色联络站》《野火春风斗古城》等剧目。一些老观众参加游园会时,首选的是海淀评剧团的演出舞台,

张淑桂、陈志刚、彭秀峰主演的《凤冠梦》剧照

特别是名角张椒桂、新凤妹的演出更为人们所称道。

曾久居海淀西大街的王世明老人回忆，他曾经常在海淀工人俱乐部观看海淀评剧团的演出，看过的剧目不下四五十个。记得1962年7月27、28、29日连演3天《杨三姐告状》，他是一场不落。这3场演出的主要演员有新凤妹、田淞、杜玉凤、王德光、关中桂、王月芳、舒予颂等。演出时间是晚上7点，可6点多就有观众到场了，每场演出都爆满。当演到杀人凶手"高小六（高占英）"被枪毙时，观众报以热烈的掌声。

著名评剧表演艺术家张淑桂剧照

家住海淀黄庄的林志远老人可谓是海淀评剧团的铁杆儿戏迷，曾在多个剧场观看海淀评剧团的演出，至今依然记得几场演出的时间、地点和剧目。他说仅1961年就看过几场：3月1日海淀区工人俱乐部看西路评剧《三女除霸》；5月29日圆恩寺影剧院看《刘三姐》；6月1日朝外群众剧院看《桃花庵》；9月24日颐和园露天剧场看《秦香莲》。这些演出均在晚上，为了看戏没少跑路。他说当时海淀评剧团的演出预告多刊登在《北京日报》和《北京晚报》第四版的下方，自己经常在报纸上了解演出信息。那时看一场戏就几毛钱，自己的戏瘾大，所以只要有时间，就前去观看。1962年7月21日晚上到群众影剧院（位于朝阳门外大街）观看新凤妹、龚玉珠、杜玉凤、高吉山、田淞主演的《花为媒》，因散场晚了，到了动物园没赶上32路（今332路）公共汽车，便从动物园走到海淀黄庄。1963年1月13日到朝阳区工人俱乐部观看王月芳、田淞、龚玉珠、杜玉凤、陈小舫和张殿文演出的《乾坤带》。当时正是腊月，天气特别冷，看完演出走到街上，被冻得连跑带颠，一直跑到车站，紧赶慢赶，到了动物园才赶上末班的32路公交车。当时自己只有20多岁，年轻力壮，想看戏了拔腿就走。而今回忆50多年前看评戏的事儿，记忆还是满满的，只可惜再也看不到海淀评剧团的演出了。

曾居住在海淀镇老虎洞的刘文瑞老人回忆，1963年中国评剧院根据扬剧《夺印》改编的同名评剧由马泰、魏荣元、花月仙等著名演员主演，很快引起轰动，其中的经典唱段《水乡三月风光好》传遍大江南北，为此各地评剧团纷纷排演，海淀评剧团也进行了排演。1963年3月11、12、13日在海淀工人俱乐部连演三天，主要演员有新凤妹、贾茂松、张淑琴、关中桂、李桂兰等。因当时这戏正在全国走红，所以海淀评剧团的演出深受观众青睐，当时是一票难求，自己是通过一位在海淀区文教局工作的朋友才买到一张票。三场演出是座无虚席，当"何文进"唱到《水乡三月风光好》一段时，不少观众也跟着唱了起来，而今回忆起来，当时的场景依然历历在目。

亮甲店村几位年过七旬的老人回忆，1964年2月22、23日，也就是大年正月初十、正月初十一，海淀评剧团在六里屯公社（今西北旺镇）亮甲店大队演出《夺印》和《会计姑娘》，曾轰动一时。那时的农村文化活动极少，能在村里唱大戏，很不容易。第一天演的是《夺印》，第二天演的是《会计姑娘》，都是现代戏，人们很早就来到演出场地。虽然演出场地比较简陋，且时值正月，天气很冷，但一点儿没有减少村民们看戏的热情。2月24日又在温泉公社白家疃文化馆演出了《会计姑娘》，25日演出了《祝你健康》，自己走了几里路前去观看。一连看了4天大戏，真是大饱眼福，海淀评剧团的演出实在太精彩了。

1964年8月9日至11日，海淀评剧团在东北旺公社（今西北旺镇）为社员连演3天折子戏，剧目有《自有后来人》《会计姑娘》《千万不要忘记》《箭杆河边》《母子会》《把关》《好媳妇》和《夺印》，轰动一时。原六里屯大队社员杨伟回忆起50多年前观看海淀评剧团在东北旺公社的演出时，仍是很兴奋。他说当时正值"四清运动"，社员们的阶级觉悟特别高，而所演出的剧目都是表现阶级斗争的，使大家深受教育。在观看了《箭杆河边》之后，使不少年轻社员深受鼓舞，表示要积极参加农业生产劳动，不能像"二赖子"（剧中落后人物）那样游手好闲、不务正业，要做个有志青年。

海淀评剧团，评剧界一个异彩纷呈的团队，一个给观众留下许多美好记忆的团队，一个群众喜闻乐道、交口赞誉的团队，她面向基层、贴近百姓、服务大众，也在海淀区文化史上留下光辉的一笔！

评剧名家张淑桂

郭荣山

张淑桂，女，祖籍天津蓟县人，1940年生于北京，1949年参加工作。20世纪50年代多次进中南海为以毛主席、朱德、周恩来为首的党中央领导班子演出。50年代应中国音乐学院邀请去授课，讲戏曲发声和评剧。

张淑桂于1975年2月加入中国共产党，那年国庆，她接到周总理的邀请，参加了庆典及国宴。她8岁登台与新凤霞同台演戏。1949年至1957年，北京评剧团演员，1957年并入中国评剧院，曾跟花月仙、西路评剧老艺人小蜜蜂学戏。当时，海淀评剧团到中国评剧院请求支援，评剧院党组织决定派张淑桂去支援，限期两年，期满回评剧院。她是莲花落继承人，西路评剧创始人之一。

1957年，北京市评剧团接受任务，去朝鲜慰问中国人民志愿军，临行前集训，讲注意事项等等！领导派张淑桂在前线的战壕里，代表慰问团亲手给坚守在前线的志愿军战士戴上光荣花。

在朝鲜演出，没有灯光，都是马灯，最惊险的一次她主演《小借年》，那场是给朝鲜人民军表演，他们听不懂，我们慰问团有跟随翻译，唱一句，翻译一句。这一天正在演出，突然警报声响了！灯也灭了，黑个隆冬，有人喊趴下！这时大家别提多紧张了，因为相声演员常宝昆（艺名小蘑菇）就是在演出时被敌机轰炸牺牲在前线。大约十几分钟，警报解除了，负责人说："有特务搞破坏，在什么地方放了一把火！消停了，接着演吧！"灯一亮，慰问团继续演出。他们的演出，受到前线部队官兵的热烈欢迎。

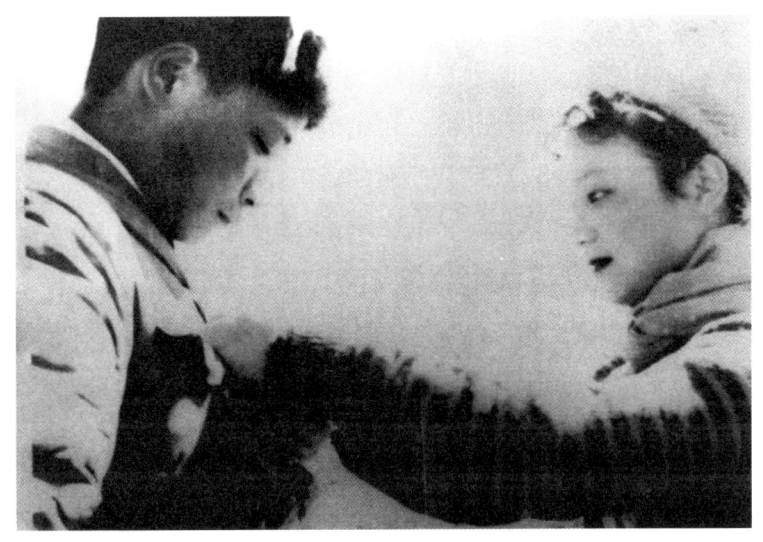

张淑桂为朝鲜上甘岭战士戴光荣花

1984年，张淑桂由中国评剧院调到海淀区评剧团任演员，她是国家一级演员、中国戏剧家协会会员。1995年当选海淀区政协委员，每年政协开会的时候，她都非常忙，委员们都是白天开会，晚上休会，自由活动。她晚上还要演出，还要排戏，晚上演出完，要夜里十一点多才能回政协住地。第二天照常开会、认真履行义务，提了很多提案。有一条提案至今不忘！那就是：对儿童如何进行戏曲知识普及。

她曾到中南海为以毛主席为首的党中央领导班子表演，有刘少奇、周恩来、邓小平、朱德等国家领导人都看过她的表演。中华人民共和国成立初期，经常为他们表演。有一次演《小二黑结婚》，当新凤霞老师唱到："要感谢共产党！感谢毛主席！"时，所有人都站起来为毛主席鼓掌！毛主席也站起来了，给大家鼓掌，当时她激动得热泪盈眶！

张淑桂主演电影《抢状元》

1982年她主演的《恩与仇》在中央电视台排成电视连续剧。1983年她主演的《抢状元》在中央新影厂拍成电影。2015年国家艺术基金资助张淑桂举办了西路评剧讲习班，并在全国进行招生。1983年演出评剧《合家欢》，她被北京市计划生育委员会评为先进工作者。1984年荣获全国评剧中、青年广播大奖十佳之一。同年被评为海淀区优秀共产党员。1986年举办了"张淑桂评剧独唱音乐会"，同年主演评剧《凤冠梦》并拍成三集电视连续剧，在北京电视台播放。同时还出版了《凤冠梦》盒式录音带和评剧精选张淑桂独唱专辑盒式录音带。1993年曾出席北京第五次妇女代表大会。同年享受中国文化部特殊贡献津贴每月100元。

2009年6月，从艺60年的张淑桂成为当今西路评剧的代表人物之一。她的演唱奔放、舒展、传神、脉脉含情，将传统评剧与西路评剧巧妙融合，形成了自己独特的风格。

6月12日下午，海淀区文化委员会在海淀剧院主办了"张淑桂从艺60年评剧独唱音乐会"。张淑桂演唱剧目时，多找群众喜闻乐见的选段,《一杯糖水胜甘泉》《驱云拨雾》《夸手》等,向阳商店中的选段"你夸我的手,到也是好手,提起它的好处比你有研究"掀起了高潮。音乐会还邀请了刘秀荣、张文鹏、李金路等著名的演员嘉宾参加助演。

  演出现场高潮迭起,雷鸣般的掌声不断,献花的观众堵满了座位的走道。演出结束,张淑桂及助演的艺术家们站在舞台中央,向观众们谢幕。这场音乐会圆满地闭幕了,各位艺术家们优美的唱腔、热烈的场面使人久久不能忘怀。

回忆季羡林恩师

诸天寅

2019年7月11日，是敬爱的季羡林老师逝世10周年纪念日。回想起他生前对我的关心和教诲，使我更加缅怀他的高尚品德和学术成就，他为后人树立了一座不朽的丰碑，永远值得我们敬仰和学习。

我于1956年考入北京大学东方语言文学系，被分配在朝鲜语科，当时的系主任就是季羡林先生。我初次见到季先生是在东语系的迎新生大会上，季先生那时44岁，正当鼎盛之年。他身材不高，精神饱满，身穿一套卡其布中山装，足穿圆口布鞋，随身带着一个黑色人造革公文包，他给新生的印象是非常儒雅可亲，经常面带和善的微笑，讲起话来略带一点山东口音。在这次会上，他勉励我们好好学习，珍惜大好时光，牢记"博学、审问、慎思、明辨"的北大传统，高举"五四"科学民主的旗帜，使自己成为国家的有用之才。

入学后不久，我听高年级的同学说，系主任季老师曾留学德国，是北大最年轻的一级教授，还是中国科学院哲学社会科学院学部委员。不仅在国内就是在国际上也是公认的东方语言文学专家。我怀着好奇的心，向高年级的同学打听，对季老的履历有了一个初步了解。

季羡林，1911年8月6日出生在山东清平县一个农民家庭，作为季氏家族唯一的男孩,他承载着家族延续香火、光宗耀祖的厚望。他不到6岁就被送到济南,寄养在有稳定收入的叔父家中,叔父把他送进私塾,他读了《三字经》《百家姓》《千字文》《弟子规》《幼学琼林》等启蒙读物。随后先后就读于济南第一师小、育新小学,并开始学习英语。谁能想到这点简单的英语,激发了他日后学习外语的兴趣。

1926年,15岁的季羡林考上了山东大学附设高中文科班,校长是中过状元的王寿彭(1874—1929)。季羡林受国文教师的影响,大量阅读古典诗词,作文被誉为"全校之冠"。在两年4次考试中,季羡林的学习成绩连续保持"甲等第一名"的桂冠。

山东大学兼附中校长王寿彭曾经许诺,无论哪个学生,如果连续两年获得甲等第一名,他就为这个学生题写一幅字,作为奖品。王寿彭的书法在当时享誉山东各界,可谓一字难求。1927年5月,季羡林连续两年获得甲等第一名,王寿彭给季羡林写了一幅对联:"能将忙事成闲事,不薄今人爱古人",为了表达他对季羡林的赏识。还写了一幅扇面,录写了清代著名诗人厉鹗的一首诗:"净几单床月上初,主人对客似僧庐。春来欲作看花约,贫去宜求种树书。隔巷旧游成结托,十年豪气早消除。依然不坠风流处,五亩园开手剪疏。"扇面最后题款是:"录《樊榭山房诗》,丁卯夏正,羡林老弟正,王寿彭",并钤盖上名章和闲章"癸卯状元"(癸卯是1903年,即清光绪二十九年,王寿彭是这一年中的状元)。53岁的前清状元,时任山东省教育厅厅长兼山东大学校长给一个16岁的高中生题写对联、扇面,成为轰动一时的佳话。

了解了季羡林先生青少年时代的经历,使我更加崇敬他,暗暗下定决心一定向他学习，把他作为楷模，发奋读书，以期报效祖国。

　　季老师强调，既然是系的名称东方语言文学系，那就不只是学习东方语言，还要研究东方文学。他在课外为我们请来一些外国的专家学者开设讲座，扩大我们的学术视野，激发我们的研究兴趣：比如，曾请到日本著名的考古学家原田淑人讲《从考古资料看中日两国文化关系》；请日本文学家山本健吉介绍日本的古典文学；请朝鲜专家柳烈介绍朝鲜文学等，这些讲座丰富了我们的课外生活，受到同学们的热烈欢迎。季老师也很重视对学生的思想政治教育，他曾请到时任中宣部副部长的周扬同志专门给东语系同学做了一次报告，报告中说到关于人民内部矛盾问题，如何贯彻百花齐放、百家争鸣的问题，以及关于开展整风运动的问题。周扬同志的报告使我们对当时国家的政治形势有了比较清醒的认识，还认识到大学生参加农业生产劳动的重要性。随后，整风运动开始了，由于东语系以前有的毕业生分配不当，学非所用，所以一些同学要求转系。季老师十分重视同学们的要求，他在1957年5月28日专门就东语系的培养目的和学制改革做了一次报告，在这次报告会上他还请来了高教部一位副司长胡沙和北大校长助理严仁赓教授出席并讲话，最后决定成立一个特别委员会，负责解决转系问题。第二天（5月29日）季老师特地抽出时间参加朝鲜语科一年级的座谈会，会上由我代表要求转系的同学发言，我在发言中有些过激言辞，比如说如果校系解决不了转系的问题，我们就到城里高教部去请愿，随后有的同学表示支持我的意见。季老师很认真地听取每一个同学的发言，一边听一边在本子上记下，最后季老师发言。他说系里十分重视同学们提出的转系要求，他让我们相信这一问题一定会得到妥善解决。同时也指出，去高教部请愿的建议是不妥当的，当然你们年轻气盛，有这样的想法也是可以理解的。季老师认真负责、诚恳耐心的态度感动了我们每一个人。后来，在他的努力下，转系问题最终获得圆满解决，朝鲜语科一年级11名学生转走了5人，我转到了中文系，也有的转到西语系、生物系和外校的。我们能够顺利地转系，对季老师心怀感激，永远忘不了他对学生的关心和爱护。

　　此后，很长时间没有和季老师直接联系，"文化大革命"中他受到了严重冲击、挺了过来。直到1981年10月在人民大会堂开纪念鲁迅100周年诞辰大会时，中间休息时间，我又遇见了季老，他正坐在椅子上喝水，我走过去打招呼："季老，您还认识我吗？"季老端详了我片刻，脱口说出："你不是诸天寅吗？"当下我真惊奇季老过人的记忆力，对我这样一个普通的学生，时隔20余年，竟能准确地叫出我的名字，随后季老问我在哪儿工作，我说在北师大一分校中文系教书，季老感到很欣慰。接着说起纪念鲁迅的事，季老说学习他就是纪念他。学习他治学的勤奋，学习他一息尚存战斗不止的伟大精神，更要学习他从不顾及自己、脚踏实地、坚韧不拔的革命品格。季老还说经过"十年浩劫"，更要好好地向鲁迅学习，鲁迅著作就是他留给后人的一笔宝贵的精神财富。季老的话十分精辟，后来我也引导学生认真学习鲁迅著作，继承并发扬鲁迅精神。

　　2001年是北大中文系1956年级学生毕业40周年纪念，我作为年级联谊会负责人，给季老发了邀请函，请他于10月15日上午九时到北大五院中文系会议室与同学们见面。开联谊会那天上午九时，季老派人给我送来了一封信，信中说他要去山东参加山东大学校庆，所以无法前来参加我们的会，他嘱我向与会同学问好，信中附有一张季老用宣纸题写的贺词:"你们已经有40年的纯真友谊,我希望这友谊至少还可以持续40年。季羡林(钤印章)二〇〇一年十月"。会上我宣读了季老的贺词,大家受到了很大的鼓舞,一致表示要按季老的教诲,把我们的纯真友谊保持下去。

2004年6月,有一所民办大学筹备成立国学院,聘请我担任副院长,他们想请季老担任名誉院长并题写院名。我通过季老秘书李玉洁老师把这两个请求向季老转达,没想到季老为了支持民办教育,一下子全答应下来了。约一个星期后,6月10日我接到李玉洁老师的电话,让我到301医院去取题写好的院名。在301医院传达室我从李玉洁老师手中取到了季老的题字:在一张宣纸上横写、竖写各两条,上面写着:中国国学院,甲申季羡林,下面钤有篆书的名章。李玉洁老师还介绍了季老题字的经过,季老说民办学校要办国学院是一件大好事,所以答应给他们题写院名,季老题字爱用一种日本出品的自来水笔,这种自来水笔市面上没有出售,只在季老家中有一支。于是便让季老助手、北大副校长吴志攀的夫人杨锐女士专程回北大朗润园季老家中取来这种笔,取回后又出现一个问题,没有宣纸,于是李玉洁老师到301医院宣传处借了一张宣纸,季老于6月9日吃完早饭,提笔凝神,横写、竖写各两条,就是为了我们可以从中选择一张最满意的。季老还让李玉洁老师转达他的嘱咐,他说民办教育一定要显示出公益性质,千万不要变成赚钱的工具,并将宋代理学家张载的名言"为天地立心,为生民立命,为往圣继绝学,为万世开太平"作为他的赠言,希望能把国学院办好。当我将季老题写院名的经过及他的嘱咐转达给国学院同仁后,全院同仁无不欢欣雀跃,深受感动。

这所国学院于6月29日在全国政协礼堂举行了成立大会，会上展示了季老题写的院名，并转达了季老的嘱托，大家表示绝不辜负季老的期望，为培养初级国学人才而不懈努力。

为了当面感谢季老，我一直和李玉洁老师联系安排一个适宜的时间，让我到301医院去探视季老。为了确保季老养病，医院对探视时间规定很严，想去探视的人很多，所以要预先报名，然后排队等待，允不允许探视，安排在何时，决定权在李玉洁老师手中。李玉洁老师是东语系的老人，解放初同丈夫杨老师一同从国外回来，在北大东语系工作。1955年肃反时，杨老师被怀疑有特嫌，受到隔离审查，李老师闹着要离婚，去找系主任季老师批准，季老劝她先耐心等一下，如果对杨老师的审查结果不是特务，那时再后悔不就迟了吗？审查结果果然不是特务，一个家庭保全下来了。李老师说，她虽已年过古稀，但仍坚持做季老的秘书，为的是报恩。我想她更是折服于季老的人格魅力。

由于我以前是东语系的学生，又和季老有些交往，所以承蒙李玉洁老师的照顾。安排我于2004年10月24日（星期三）下午3:30到301医院第10病房去探视季老。事先李老师告诉我探视的注意事项：一是不许带照相机和摄像机；二是不要带鲜花（季老花粉过敏）、保健品、食品；三是探视时间为15~20分钟。我表示一定一一遵守。探视前我准备了一个镜框，里面我用宣纸毛笔书写"希逋（季先生字）仁师雅正：何止于米（88岁为米寿），相期以茶（108岁为茶寿），受业诸天寅敬奉，甲申秋日"。另外还准备了一套光盘（共4张）是纪念马寅初的文献纪录片，其中有采访我的一段录像。季老平生最服马老，认为他是敢于直言讲真话的学者，所以估计季老会对这套光盘感兴趣。

到了探视时间,我和另外两位国学院同仁由李老师引领到季老的病房,病房明亮宽敞,只见季老精神矍铄,端坐在一把特制的轮椅上。我们走近季老,坐在他的旁边,季老慈祥地说:"诸天寅,你们来了!"其时一股暖流涌入胸间,确有如沐春风之感,好像又回到了46年之前,聆听他的亲切教诲。我和季老师说起了当年在东语系的往事:那是北大东南校门外有一家小饭馆叫义和居,物美价廉,北大师生常去光顾。最受欢迎的是叉烧炒饭,才一角五分一盘。白花花的米饭上铺着红色的叉烧肉丁,色香俱佳,垂涎欲滴。里面设有雅座,是为北大老师准备的。当时任东语系主任的季老师因为单身(家眷在老家),所以常来此就餐,他来此一般只要半只砂锅鸡,一元多一点,一碗米饭5分钱。他中午吃一半鸡,让伙计留着,晚饭再来吃,在鸡汤里加点白菜,豆腐或粉丝荤素搭配。我说当时东语系的学生到此打牙祭,看见季老师来了,赶紧低下头,不敢让他看见,怕发现后,认为你有钱下馆子,就会减少助学金。季老师听了,笑笑说:"那都是传言,哪里会呢,你们偶尔到小馆子打打牙祭,改善一下伙食,也是情理之中的事。何况我也不管助学金的发放,真没想到还有这样的流言。现在总算可以澄清了吧!"随后我们相视一笑,了结了这一传言。接着我又谈起了不久前我曾去看过林庚先生,林先生忆起在清华读书时,与季老、吴组缃、李长之3位同学之间的深厚友谊,季老立即显得很兴奋,他说林先生原是清华物理系的学生后来转到中文系,他们4人(还有李长之、吴组缃)合称清华"四剑客",由于喜爱文学,常常会面,有时在荷花池旁,有时在林荫道上,有时在宿舍里,更多的时候是在悬挂着"水木清华"匾额的工字厅里。那时我们都很年轻，我的岁数最小，还不到20岁，还是充满幻想的年龄，我们之间无话不谈，谁写出了好句子，好文章，立即拿出来念给大家听。可惜现在组细、长之都走了，只剩下我和林先生了，却又都是疾病缠身，彼此见一面都很难，你要再见到林先生一定代我转达对他的问候。我惊奇季老超人的记忆，叙述往事，历历在目，同时也被他注重友谊的深情而感动。

这次探视后我写了几首小诗寄给季老和李玉洁老师。

谒希逋师三首

犹忆升学入燕园，吾师正值鼎盛年。
悉心培育幼苗长，东方语系尽俊彦。

读罢牛棚炼狱言，悲从中来泪涟涟。
历经磨难显铁骨，乌云散去见青天。

高风亮节容蔼然，普惠学林师生缘。
端坐教席思立起，相期茶寿定实现。

我把诗及一份探视后表示感谢的信寄给季老，此后本想再去探视，但由于季老病情时好时坏，不够稳定，再加上不久李玉洁老师也因病住进了医院，所以一直没有机会实现再次探视的愿望。但通过写信的方式与季老一直保持着联系，每年季老寿辰（8月6日）或是新春拜年总要写一首诗表示祝贺，如2005年8月写了《贺羡林仁师九秩晋四寿辰》一首，诗云："九四老人健有神，总理（指温家宝）

登门贺寿辰。历经沧桑成国瑞，和谐社会共怡春。"另一首是2007年2月17日（丙戌除夕）写的《给季老羡林拜年》："季老是个宝，人民少不了。潜心勤著述，学术水平高。季老是个宝，北大少不了，一生爱学习，赢得口碑好。季老是个宝，文化少不了，首先唱和谐，神州换新貌。季老是个宝，教育少不了，心境永年轻，从来不觉老。"这首诗寄到301医院，由季老师的临时助手孟华老师读给季老听，后来孟华老师告诉我，季老听后欣然颔首微笑。随后季老当选2007年度感动中国人物，我又写了《向季老祝贺》的小诗："感动中国当选人，耄耋之年季羡林。敬业爱民终身志，和谐春风慰人心。"2008年北京奥运会季老报名当志愿者，我也写诗祝贺。

2008年10月29日，季老在《人民日报》上发表了一篇题为《我们正经历第二次解放，珍惜改革开放时代》的文章。这篇文章是我见到的季老生前公开发表的最后一篇文章，文中他热情赞美了改革开放的新时代，高度概括了传统文化的精髓，同时对每个中国人都进行了谆谆教诲，没想到它竟然成为季老的遗嘱。

2009年7月11日，98岁高龄的季老与世长辞。

一周后，在八宝山殡仪馆举行了季老遗体告别仪式，我和爱人早早地赶到殡仪馆，在签到时，北京电视台的记者看我是北京大学的校友，他们采访了我。我说季老已经成为了一个文化符号，他代表中国的形象，社会的良知，人民的楷模。

对中医研究院硕士研究生班的回忆

张世筠

1965年我大学毕业，即分配到北京工作，一直住在海淀区马连洼。1979年又考取中国中医研究院硕士研究生班。研究生班位于中医研究院西苑医院内，它的问世是20世纪中医界的一件大事。

中国中医研究院硕士研究生班正式成立于1978年，我是研究生班的第二届硕士研究生。其前身是中医研究院中医研究班。

上　书

中医研究院中医研究班，是在老一辈无产阶级革命家的直接关怀下于1976年克服重重困难成立的。中医研究院是我国中医研究的最高学府，建院之初，在周恩来总理的亲自指导下，研究院招贤纳士，从四川、湖南、河北等地招聘了一批名老中医来院工作，一时间人才济济，其中的蒲辅周、冉雪峰、岳美中、董德懋等，更是德才兼备的中医学家。作为中医研究院最大临床基地的西苑医院，立足海淀，服务全国，有口皆碑。随着岁月的流逝，这些名老中医，或老、或病、或死，越来越少。特别是"文化大革命"期间，人才培养中断，中医后继乏人，全国中医从业人数比中华人民共和国成立初期大幅减少，长此下去，中医学将面临灭顶之灾。岳美中先生当时年事已高，自感来日苦短，忧心如焚，于是以大无畏精神上书党中央，陈述中医现状，要求采取果断措施创办全国中医研究班，培养中医高级人才，解决继承发扬祖国医学遗产问题。

岳美中先生是河北省唐山人，自学成才，成为中国中医研究院西苑医院教授，医界巨擘。他是毛泽东主席信得过的人，也是毛主席的座上宾。1965年受中央派遣，他远渡重洋，去印度尼西亚为苏加诺总统治病。他用金钱草等中药排出苏加诺总统的结石，部分恢复了其一个肾脏完全丧失的功能，取得现代医学认为不可思议的疗效，一时声名鹊起，令国外一些医学权威对中医学刮目相看。

岳美中先生的秉公直谏，受到中央高度重视。中央领导很快批准了岳先生创办中医研究班的申请，责成卫生部转交中医研究院西苑医院具体运作这项工作。李先念、余秋里等领导在当时北京市基建力量和物资严重不足的情况下，为研究班批建了9000平方米教学用房，并列为重点工程。李先念在百忙之中，还多次找西苑医院名老中医王文鼎先生询问研究班的招生情况。

1976年全国中医研究班在西苑医院正式成立，由岳美中先生担任班主任，方药中、任应秋、董建华、刘渡舟、王文鼎、赵锡武等名老中医担任教学工作，各省选派一名学员参加学习。研究班虽然只办了一年就结束了，但它却不负众望，造就了不少中医骨干人才和管理人才，并为日后中医硕士研究生班的诞生做好了铺垫。

名　师

1978年，国家恢复研究生报考制度。国家教委、卫生部决定在原全国中医研究班的基础上，由中医研究院和北京中医学院联合创办中医硕士研究生班，班址设在西苑医院。中医招收研究生在我国中医史上是破天荒的创举，一时间成为社会关注的焦点。

1979年，我考取了中医硕士研究生。那时研究生班名师荟萃，岳美中先生任班主任，方药中先生任副班主任，许云浓先生任书记。赵锡武、王伯岳、步玉如、董德懋、赵金铎、路志正、刘志明等一批名老中医任导师。我们第一年集中学习《黄帝内经》等经典著作，第二年跟师学习，整理名老中医的临床经验。这些名师不但耳提面命，谆谆教诲我们刻苦钻研中医理论，脚踏实地积累临床经验，而且以自身高尚的医德，教导我们做人，全心全意为患者服务，使我们终身受益。对我们影响最大的，除了岳美中先生，还有以下几位老先生。

许云浓先生，山东人，早年投身革命，打过日本鬼子，大学毕业，是个知识型的老干部。研究生班同学中有不少人入学前就担任着研究所所长、医院院长一类的领导职务，对此，许先生在会上严肃指出：不管你们以前从事何种工作，担任何种职务，从现在开始你们都是学生，国有国法，校有校规，大家必须照章办事，严格遵守纪律。研究生班实行半军事化管理，许先生当时已年近花甲，早上刚过6点，他便到我们宿舍吹哨，催促大家起床上操。他总是排在队伍的前列，率领我们沿着西苑医院门前的稻田跑一大圈。他铁面无私，严字当头，决不徇情护短。我们都是从全国各地百里挑一考上的，自会珍惜这难得的学习机会，毋须扬鞭自奋蹄，但研究生班从北京市招收了一些培训生，情况就良莠不齐了。其中有个学员经常迟到早退，甚至无故缺课。许先生获悉后，勃然大怒，在大会小会上对其严加批评，并语重心长地告诫其不要辜负父辈的厚望。很快这个学员就改变了作风。许先生光明磊落，两袖清风，研究生班从全国各地请来不少名老中医讲课，师生们对他们都尊敬有加，许先生经常自掏腰包招待这些名老中医。

董德懋先生，他是我的导师，北京房山人。他早年随施今墨先生学医，施先生发现他是个难得的人才，便委以华北国医学院副院长的重任，协助施老处理校务，培养中医药人才。他与施先生一道倡导中西医结合，在华北国医学院设置西医课程，请西医专家讲授解剖学等现代医学知识。他在前门打磨厂设置医馆，坐堂行医，针药并行，疗效显著，被誉为北京四小名医，至今在北京医界还流传着这样一句歇后语"打磨厂的大夫——董德懋。"意思是说生了病，到打磨厂去找董德懋，可见他的医技人品非同凡响。中华人民共和国成立前，他节衣缩食，创办多种杂志，刊印书籍，发行海外，普及中医药知识。他是一个对北京中医药学做出过巨大贡献的人，但从不居功自傲。他经常教诲我要潜心治学，不要追逐名利，不要锋芒外露，鼓励我多临床、多实践。"熟读王叔和，不如临证多"，这是他身体力行，躬耕杏坛的座右铭。王叔和是我国晋代著名医学家，其编次的《伤寒论》、撰写的《脉经》，向来为中医界必读经典。董先生一生淡泊名利，也从不颐指气使地指责他人。但令人意想不到的是，董先生逝世后，尸骨未寒，却有人以北京那句歇后语为由头，在一出电视剧中将董先生改头换面，演绎成欺世盗名、巧取豪夺的江湖游医。这是对历史的不恭和亵渎。

方药中先生，重庆人，早年家境贫寒，但他聪颖好学，热爱中医，一面从事邮差工作，一面跟师学习中医，中华人民共和国成立前便取得了医师资格，在渝开馆行医。20世纪50年代初，他又以中医师资历，到北京医学院系统学习西医，成为中西融通、而以中医为主的知名专家。岳美中先生生病住院期间，他主持中医硕士研究生班日常工作，呕心沥血，事必躬亲，将教学工作搞得有声有色。《黄帝内经》"五运六气篇"玄妙难懂，素有"天书"之称，方先生厚积薄发，深入浅出地阐明其要旨在于天人相应，在于人与自然的高度和谐统一，使我们耳目一新。许多中医界的老前辈闻讯后无不惊讶："方老不简单，将天书讲活了"。他擅长治疗肝病、肾病、重症肌无力等，多有发明创新，是一个脚踏实地的临床实践家。出差归来，不管旅途多么劳累，他都要风尘仆仆地赶着去出门诊。对反对中医的奇谈怪论，他总是挺身而出，据理加以批驳。他文思敏捷、出口成章，一生著述颇丰，有《辨证论治七步》等传世。

时振声先生，其父时逸人是我国著名的中医学家。时振声先生天资聪明，自幼师承家学，熟读中医经典，成年后又考入西医院校，系统学习现代医学，是一个中西合璧而以中医为主的著名专家。他不善言辞、不善交际、专心治学、做事一丝不苟。他讲授《黄帝内经》中有关疾病的章节，总要事先写好讲稿，打印后分发给大家。他引经据典，博采众长，又结合丰富的临床实践，用朴实的语言将枯燥无味的医理讲得绘声绘色，引人入胜。内容丰富是他讲课的最大特色，这也是我们对他讲课情有独钟的原因。他擅长治疗肾炎、肝炎及内科杂病，是西苑医院上座率最高的大夫。他倡导治肾八法，奠定了中医治疗急慢性肾病的基础，为医家所推崇。著《时门医述》，并主编中医肾病学。值得一提的是，时先生心态平和，与世无争，不与人、特别是不与患者争吵。相传一个不谙事理的患者在大庭广众中对他破口大骂，言辞尖刻低俗，但时先生不愠不火，一言不发，默默地坐在那里听着，直到大家实在看不下去，将那横蛮患者劝走，才结束了这场闹剧。可见时先生的修养和忠厚。可惜他刚年过花甲，正是年富力强、经验丰富、事业正盛之际，却不幸身患脑癌，溘然长逝，令人惋惜。

房定亚先生，河南南阳人，毕业于北京中医学院，农家子弟。早年家境清贫，濒于辍学，幸得老师解囊相助，赠予一袋棒子面，才使他渡过难关，完成学业。他负责研究生班病房工作，讲授临床专题课。他业精于勤，在中医和中西医结合多个领域，建树颇多，见解独到，特别是治疗结缔组织病、肾炎、肾功能衰竭疗效显著。类风湿关节炎素有不死的癌症之称，是中西医难以啃下的一块硬骨头。但他刻苦钻研，融会新知，从国外学者认为该病是血管病变的认识中得到启示，应用古方四妙勇安汤，以清热解毒立法，取得好的疗效。他以补肾法治疗更年期关节炎，以清热祛风法治疗反应性关节炎，以补肾舒督法治疗强直性脊柱炎，均可师可法，疗效不同凡响。后来他，从研究生班调西苑医院任院长，励精图治，锐意改革，两袖清风，为西苑医院的发展做出巨大的贡献。现在他已退下领导岗位多年，但西苑医院的职工却一直在怀念着他，称颂他的功绩。

高　徒

第二届硕士研究生班的 36 名学员，是从全国 500 多考生中严格选拔出的佼佼者。从海淀区考上的，除我外，还有何正治，他入学前在展览路医院工作。同学们的学习和日常生活由班委会管理，下分3个学习小组。我所在的小组组长是黄小愚，她是从吉林省考上的。我们在西苑医院南门内西侧的行政楼三层的教室上课，在医院职工食堂购买饭票用餐。学习虽十分紧张，但大家欢聚一处，谈笑风生，所以生活得有滋有味。生活委员任盛元是山东人，入学前在济南铅笔厂医务所工作，刚过而立之年，是个态度和蔼、很风趣的人，他常常给同学们讲他走南闯北的见闻趣事，并编一些笑话，惹得大家忍俊不禁、开怀大笑，这对我们紧张的学习生活起到了调节放松的作用。毕业后他回济南市行医，不久被提擢为济南市中医局副局长，是个难得的人才。

大家深知学习机会来之不易，所以个个奋发图强，夜以继日，秉灯苦读，师传心悟，研讨医理，谁也不甘落后。本着"系统学习，全面掌握，整理提高"的十二字方针，我们系统学习了《素问》《灵枢经》《伤寒论》《金匮要略》《温病条辨》等古典医籍，为后来的发展奠定了坚实的基础。

毕业后，同学们以振兴中医为己任，奔赴全国各地，38年来，大家在各自的岗位上，努力工作学习，如今都已成为我国中医药战线的骨干人才。

孟琳升，内蒙古人，中医学徒出身，入学前任中蒙医研究所所长。他博闻强记，过目不忘，对中医学院二版教材的内科学等中医书籍能倒背如流，令人叹为观止。他从未学过日语，但通过两三个月刻苦自学，居然一次顺利通过研究生考试。他医术精湛，擅长治疗肝病、内科杂病，入学前在地方上已小有名气，来京后不断有人扶老携幼，慕名前来求医。他多才多艺，毕业后归故里包头行医，任医院副院长。退休后自创杏林研究所，著书立说，撰孟氏医书。其子继承父业，亦成当地名医。

黄汉儒，广西壮族，毕业于广西中医学院，入学前在广西中医杂志社工作。他才高八斗、妙笔生花，是有名的笔杆子，专攻医史。研究生毕业后回广西，创办壮医研究所，任所长，抢救整理壮医遗产，培养壮医人才，发扬光大民族医学，曾被选为全国政协委员。

朱建贵，农家子弟，贵州人。早年在家乡创办合作医疗，崭露头角，成为名闻乡里的赤脚医生。他栉风沐雨，采药种药，一把药、一根针，为父老乡亲治病防病，积累临床经验，也为日后的发展奠定了深厚的基础。其后入贵阳中医学院学习，毕业后留校任教。考入研究生班时正值青春年华，面如冠玉、一表人才，是个很有人缘的小伙子，后与清华大学教授的令爱结为秦晋之好。他的岳母我曾见过，老人早年留学德国。二战前夕斯大林赴德缔结合约，她在欢迎斯大林的仪式上见过希特勒和斯大林，是那段历史的见证人。研究生毕业后，朱建贵留中医研究院广安门医院，先后任院办主任、老年病研究室主任，现已成为鼎鼎有名的中医老年病专家。他改革剂型，发明鼻喷雾剂治疗偏头痛，药简效捷。他尊老怜幼，极为孝顺，不远千里将年老多病的父亲接到北京，亲侍汤药，养老送终，颇为感人。

我们这一届研究生中，有10名女同学。她们刻苦攻读，学习好，后来事业也好。

杨力，云南人。学习中她早起晚睡，废寝忘食，甚至通宵达旦地读书学习，有研究生班陈景润的美誉。但与陈景润一介文弱书生截然不同的是，她体格强健，酷爱体育运动。早年她是我国第一个跑完马拉松长跑全程的女性。她每早起床后，便手拿收音机，一面听广播，一面跑步；或者将收音机放在空地上，围着兜圈子。一次她锻炼完毕，竟得鱼忘筌，将收音机丢失了。研究生毕业后，她留研究生班讲授《黄帝内经》，著述甚丰，撰有《易经与中医学》《疾病预测学》等著作，是一个很受学生欢迎爱戴的教授。

刘晖祯，北京人，北京中医学院毕业。师从著名耳鼻喉专家、医史专家耿鉴庭先生。研究生毕业后留中国中医科学院医史研究所从事文献整理研究工作，专事研究北京四大名医之一的汪逢春先生，收集有关汪先生的资料，整理出版汪先生医案，为弘扬民族医学文化做出很大贡献。她擅长治疗心脑血管疾病、慢性肝炎、肝硬化等疾病。

成府村旧闻撷记之一

赵跃坤

2008年4月26日，燕京大学建校89周年校庆日，笔者经关家麒先生引荐，得以结识世居成府村的郭世清大爷。笔者少年时便从先父那里听说过郭大爷伯父和父亲的大名，村人亲切地称呼两位前辈为郭大肚子和郭二肚子。当日有此巧遇很是幸运，于是，笔者留下郭大爷联系方式以便日后造访。笔者先后于2009年1月30日、2010年11月6日、2011年6月3日、2014年1月14日、2014年1月24日、2014年7月11日、2014年10月21日、2018年5月15日和2018年5月24日拜访郭大爷，聊天提问并录音。在爷俩亲切的交谈中，成府村20世纪30至50年代的很多陈年轶事逐渐浮现于面前。笔者遂将11年来与郭大爷交往的亲闻内容，以第一人称撰写成文。

闻家胡同

1934年，我出生在成府村闻家小铺胡同1号。先辈原籍直隶省蠡县，因当地盛产葵花，故又俗称"瓜子蠡县"。祖上何时迁入北京西郊不详，但至少从曾祖父开始就定居成府村了。曾祖以卖小吃面茶为生，人称"面茶郭"①，初的祖宅在吉永庄。据说，王怀庆在成府村建王家花园西半部分时占了我家的地并折了一笔钱。燕东园东部南墙外就是王家花园旧址，两园之间用铁丝网隔开。王家花园现在圈到了北京大学附属小学内。该宅门朝西，看园人姓杨，原籍山东，老一辈人称其为"老山东"。您的孩子和我是同学，所以我们就叫他"小山东"。老辈人都说王家某位后人偶尔住在园子里。在此期间，常骑着大洋马从燕京大学铁道门外至娘娘庙西侧的夹道到海淀镇。此夹道的地名海淀镇和成府村住户称为沙土窝，和太平庵西北的沙土窝同名不同地。

闻家小铺胡同位于成府村东南方。胡同东西走向，内有四座院落，但只三座门牌属于此巷。道北自东向西依次为1号和2号院。祖父郭禄用占祖宅折的钱将1号置为新产。您在此建了三间坐北朝南的草房。父亲这代兄弟两人，我家搬过来没多久，大爷和父亲就分家了。我记事时，大爷在村内枣树院租房住。父亲则继承了这三间房的祖产，因此，您要负责祖父母的养老送终。父亲名郭恩明，平时以务农为生，闲暇时，在燕京大学打零工。

2号院内曾有一户姓闻的人家。该院北房三间，东西耳房各一间，东西厢房各三间。东厢房北边两间走一个朝西的门。西厢房是两明一暗，最北头儿是一个暗间。东厢房最南一间单有个冲西的门，南山墙打了一面窗户，在这儿开了个卖杂货的小铺。胡同由此得名闻

---

① 《成府村志》，《中国地方志集成·乡镇志专辑》第29册，江苏古籍出版社，1992年8月南京第1版，第624页、第625页。案：《成府村志》手稿藏于中国科学院图书馆，作者为金勋。江苏古籍出版社影印本将作者标为"佚名"不确。

家小铺胡同。小铺至少在我出生时就已经关张，闻家人也不知搬到何处去了。我幼时，李先生夫妇一家五口住北房三间和两耳房。李先生为某银行职员，这家的玛丽、丽丽和亨利姐弟都是我儿时伙伴。东厢房孙明德先生一家住，西厢房关长庆先生一家住。李先生还曾请过海淀镇赵忠师傅教三个孩子练武。夏季为了凉快，操习就在院外两棵槐树下。李家搬走后，北房和耳房便由二房东孙先生居住并代管2号院。这孙家和孙明德家没有亲缘关系。二房东孙大爷的俩儿子叫明泉和明安。明泉是燕京大学贝公楼大陆银行职员。孙家搬走后，房东吴先生才回来，他家一直住到1999年成府村修路拆迁。

闻家胡同南侧也是两座院落，大门都冲南开。东院原为3号何宅。因他家大门朝南开，后来地址便改成了枣树院。闻家胡同南侧西院是孟宅，地址一直是枣树院。孟家的老大在西单商场做买卖，老四老五都是清华大学职工。

十步三庙

太平庵[①]地处成府村交通要道，四通八达，同时具有行政和宗教中心的位置。此庵东北抵红葫芦胡同，人们可由此出村。行人由庵

---

① 太平庵，坐落北郊成府村太平庵3号。清道光年重修，属私建。本庙面积东西十五丈七尺，南北十二丈四尺，计二亩二分一厘。房屋二十四间。庙内法物有木像三尊，泥像十五尊，铁钟一口，铁磬一口，铁香炉一个，木蜡扦两对，木花筒两个，木香炉两个，柏树两株。清僧录司交给太平庵僧人耀尘执照一张。民国十年(1921年)，太平庵静安师父由其师父传授为住持。民国二十年（1931年），静安师父住成府村吉永庄3号广惠宫。见北京市档案馆资料，档号J181-15-146，第2页、第6页、第28页、第29页、第30页、第32页和第33页。

周道路东南至蓝旗营，西南达海淀镇，西北过沙土窝经成府街西口往北出村。庵南的东西街道又是燕东园一带燕京大学教职工进学校东门上下班主要通道。

太平庵坐东朝西，整个寺院比周围建筑地基略高些。山门殿外砌着一圈近似于长方形，一米多高，上面抹着红灰的砖墙。围墙正对山门处和南侧各开一门。进这两门要上两层台阶儿，入内东侧三间山门殿平日关闭，门下三层台阶。殿南有一小便门，平日，庵内的人和信众们由此进出。

入庵，上东山门的三层台阶可进殿内。山门殿一明两暗。明间正中坐东朝西供奉关圣帝君，身上披袍。上下首的关平太子和周仓相对而站。关太子双手捧印朝北，周仓一手持着青龙偃月刀向南。三像皆为泥制。西面供桌上正中摆着铁制香炉和蜡扦，偏东南放着一口磬。南暗间住着赵喇嘛①，北暗间为程喇嘛。

出了山门殿，院内东侧三间大殿，最南一间的廊下挂着一口钟，殿南北各有两间耳房。上三层台阶可进大殿。里面正中为一砖制供台，侧面看像个两层的台阶。最高一层上面供着三尊坐东朝西的泥制贴金坐佛。佛像头部几乎贴近殿顶。下面一层距地面一米五左右，正中供着三尊近二尺高的关圣、关太子和周仓的泥制站像。三像的供法和山门殿内相同。紧贴着供台西侧是一张木制大供桌。桌面和一层供台相平，上面置一堂铁制五供。大殿南北两侧东西向摆着许多口村内住户寄存的寿材。

---

① 民国十一年（1922年），圆明园新正觉寺易为某它公馆，寺内喇嘛奉令移居海淀陈府。功德寺喇嘛移居海淀陈府太平庵，但没注明那年搬迁。笔者考证陈府为成府村另一称呼。见吴廷燮等纂：《北京市志稿（宗教志）》，北京燕山出版社，1989年，第249页、第250页和第251页。

南配殿台明较高，为一面阔三间进深两间的勾连搭式。整个殿房南面全部敞开。南配殿和南耳房北墙间砌了一道墙，贴着殿西的山墙有个南北向小门。这样，圈起了一个独立的南跨院。人进南配殿和南耳房必须单走这小门。

北配殿三间，只一层台阶。该殿曾有个类似村公所的机构。太平庵北墙、北配殿后身和北跨院东墙组成一个独立小院。徐喇嘛和徒弟住在院内。您是住持，所以我们称其为"大喇嘛"，出去应酬佛事，徐喇嘛领头。徒弟小喇嘛大概比我大个八到十岁的样子。那会儿，唐喇嘛已经还俗，住在赵家胡同，但有佛事时还一起随众。

北配殿和山门殿之间可以通到北跨院。院内北侧火神殿三间，坐北朝南，一层台阶。殿内整面北墙下有座一米二三高的神台。上面东侧供奉火神爷[①]，西为马王爷。一张供桌上正中摆放着一堂铁制五供，偏东北放着一口磬。东山墙前为一站东面西的仙童，左胳膊上架着一只火鸦。西山墙前有一匹朝南站着的红色泥马，身量比真马略小。

每年农历六月二十三和二十四分别是火神爷和关帝圣诞。两天里，喇嘛们都要穿戴齐整，早晨上殿作佛事。而后，成府村一些信众来到庵里。他们中有三位分别负责撞钟和击磬。打法器次序为先撞下大殿廊下的钟。接着，敲山门殿的磬。最后，击火神和马王供桌前的磬。次数均为一次，按此顺序循环往复。打法器均为自愿，

---

① 每年农历六月二十三日，在太平庵举行火神会。殿内供品非常丰富。火神像塑法极其威武，全身甲胄，红面红须，獠牙生于上下。左手托五龙轮，右手执剑，剑刃绕以火焰。头戴九云烈焰冠，宝蓝风带飘扬脑后。全部塑像为中五彩，颜色鲜明。见《成府村志》，《中国地方志集成·乡镇志专辑》第29册，江苏古籍出版社，1992年，第614页。

八九点钟开始，有人累了，便去替换，或再来一拨。中间没人或吃午饭就停下，时间能到下午四五点钟。

农历六月二十三前，喇嘛会请刘家胡同贾家棚铺的贾连福师傅糊出提炉、伞和盖等执事。随后，将这些分别用小绳挂在大殿的廊下。第2天下午约三四点钟，一位信众拿着执事在最前，喇嘛们各自拿着号、鼓等法器在中间，其他信众在后面跟随。大家出便门左行，绕至大殿后的空场，而后，将执事依次焚化。大伙再由此向北从另一边绕回庵里大殿回向，法事就功德圆满了。

1942年以前，太平庵就办有私塾，书馆设在南跨院配殿内。教书的吴善亭先生和其夫人就住在院内两间南耳房里。吴先生教了八至十位学生，如1924年前后出生的大师兄高茂儒和住蒋家胡同道南的陈宝庆。

读书的时间为每日上午八九点至十一点，下午一点到三点。上午，同学们陆续来到书馆，而后，先生给每位学生"上书"。所谓"上书"是先生用沾有红墨水的毛笔，将背的内容画下来，学生们按各自的部分去记。当时的红墨水为中药银朱制成，各种书籍都是自己带。吴先生给同学们画好就先离开，背书时，有不认识的字可以问大师兄。大伙一直背到十一点前后就回家吃中饭。下午一点至三点继续来背诵。下午三点后，先生挨个检查，直到全部背下才许回家。

1942年下半年，我刚入私塾时，大师兄正在学《孟子》。我则先后读了《三字经》《百家姓》《千字文》《明贤集》《六言杂字》《大学》《中庸》等。《中庸》顶多学了三分之一。

1943年冬季某天，大概是吴先生寿诞之日，您还请我们吃了一顿打卤面。来的七八位学生有高茂儒、陈宝庆和我等人。早晨七点钟前后，天还没亮，大伙就到了书馆。我第一次看到先生居室的格局和布置。耳房是西南角开门，进内为南间，靠东墙有个炕。靠南墙有一小方桌，上面供奉一木牌位，书着"大成至圣孔子先师之位"。牌位前还置一铜香炉。北边的隔扇偏西开门，将房分为内外间，先生夫妇住在里屋。我们依次冲牌位磕了三头，而后，在外屋脱鞋上炕。师娘在院里做打卤面，师父将面给大伙端过来。我们围着炕桌各吃了一碗。而后，每位学生给了些法币作为寿礼，就此告辞了。

吴善亭先生除教书外，还能治疗一种疾患。这病民间称为"积"，常发于孩童。每次，先生将自己方子制成的药饼子裹上布，放在孩童腹部往后一系。依此"贴积"疗法，治一段日子就好了。我在村内曾看到过先生贴的告示。

1943年，书馆人越来越少，我竟然是最后一位离开的学生。回家呆了半年左右，1944年春节后，家人便送我到海淀镇老虎洞私立时中小学读二年级下半学期。这以后，太平庵成立了小学。校长刘云裕，高大魁梧，脸膛发黄，肚子挺大，常穿一条黄呢子军裤。他同时任太平庵小学和包衣三旗小学校长。此人提供了清华、燕京两校做地下活动学生的名单，并带着特务抓了不少人。1951年8月后某日，刘云裕处决在海淀镇东大院。在此开大会时我也去了，这才知道其特务的身份。

太平庵南墙中部向北吞进一块儿，北侧有座五圣祠。① 该祠坐北朝南，为一间一人高砖制神龛。抵着太平庵南墙根是一口井，水质

---

① 五圣祠，坐落北郊三分署成府村太平庵2号，清道光年重修，属私建。本庙面积东西一丈零五寸，南北一丈一尺，房屋一间。庙内法物有泥像九尊，铁钟一口，另有水井一眼。见北京市档案馆编：《北京寺庙历史资料》，中国档案出版社，1997年，第169页。

清凉甘甜。井桶直径3米左右，上覆一块花岗岩石板作为井台。石板长约4米，宽大概1.5米，厚0.2米左右。石面东西侧凿出两个直径0.3米左右的井眼，村人可以站在井台上提水。

紧贴着井台南侧是座关帝庙①，一间坐北朝南的殿宇，前出廊子。内中供奉关圣帝君和其他神像，南侧神案上摆放着五供。殿外南边置一烧香用的铁鼎，再南是座一字影壁。因太平庵、五圣祠和关帝庙之间距离在十步之内，故有"十步三座庙"之称。

农历七月十五是佛教盂兰盆节和道教中元节。村里孩子们会拿着各自做的荷叶灯、蒿子灯和其他种灯在关帝庙南边空场闹灯。这天，贾家棚铺贾连福师傅也会糊出莲花灯来在家门口卖。

我大爷郭恩庆，村人称为"郭大肚子"，住枣树院胡同3号。至少1934年以前，您就贴着关帝庙东山墙盖起间席棚，开了家郭记酒铺。②此棚南北山墙是苇帘，里外都抹上泥巴，一人多高草顶子，大小也就2.5米见方。东侧偏北为门，南边距地一米多高是窗户。进内，贴着西南角南北摆着个一层货架，上面放了两只酒坛子和酒提子。北侧紧挨着个几层的高货架，其上摆着许多个盛有咸鸡蛋、咸鸭蛋、煮花生、炒花生米、豆腐干等酒菜的小瓦盆。酒和酒菜都是大爷从海淀镇上趸来，两个猪尿泡装酒，走着打来回。贴着东南角是张南北摆放的二屉桌，北侧有个四条腿小凳儿。由于酒铺间量小，主顾

---

① 关帝庙，坐落北郊三分署成府村太平庵1号，建立年代失考，清道光年重修，属私建。本庙面积五分二厘三，房屋一间。庙内法物有木像六尊，铁钟一口，铁炉鼎一个，供桌一张，另有柏树一株，椿树一株。见北京市档案馆编：《北京寺庙历史资料》，中国档案出版社，1997年，第61页。

② 北京市政协文史资料委员会编：《名人与老房子》，北京出版社，2004年，第313页。

进来就着桌子冲西喝酒最方便。

酒铺外窗前架子上还摆着几个放有花生、瓜子、糖豆、大酸枣等小零食的笸箩。酒铺早上七点左右就开门，天儿黑了才关。喝酒的主顾都是村内老街旧邻。1956年，酒铺公私合营后，大爷和长顺和饭铺掌柜、伙计等人都加入到北大东门外一家国营食品店工作。

1926年，燕京大学迁入西郊，住燕东园的教职工上下班大多要经过关帝庙。所以，燕大很多人都跟大爷熟识。大家来回的途中，到了关帝庙总要稍往南绕。为了方便，约1946年前后，燕大将此庙向南挪了七八米远。这样，教职工上下班就不用绕路了。燕大还专给大爷在关帝庙新址东山墙外按原样盖了间新房，而且，还将山墙改成砖制。这下大爷沾了大光，酒铺由此焕然一新。

太平庵南墙根井台东边还有家马记水果摊，经营桃、梨和苹果等果品。摊主马林就住在刘家胡同东头路北，摆摊时间也是每日从早到晚。主顾多是燕大上下班的教授，村里一般住户很难买得起这些。

临近解放时，成府村的村政府组织了一个30来人自卫队。队员的年龄至少都在18岁以上，谭七三儿的儿子就在其中负责吹号。自卫队一集合，他就站在太平庵水井台上冲南吹号。队员们就都汇聚于此，晚上，他们还要到圆明园去活动。

"龙王出巡"

成府街西口外有座五圣祠，前面有一眼井。庙东河上有座斜桥，祖父说，桥下某处刻着"成府"两字。夏季干旱时，村里举行"龙王出巡"的仪式，以此祈求上天普降甘霖。如果有的村没有龙王像就上邻村去请，俗称"偷龙王爷"。一般，此出巡仪式都由成府街大铺户掌柜领头。德胜复麻刀铺的人和存德公煤铺靳在中掌柜常充当此任。一大早，领头人带大伙先祈祷一番。而后，更夫陈照芳和些村民便将龙王像从庙里请到轿子上。此轿是用两根扁担穿过八仙桌下面的两个翅儿即横梁，再拿绳子绑好后制成。四位抬起来，后面还有人敲锣打鼓。队伍穿成府街到红葫芦，再从太平庵南经蒋家胡同过桥，到燕京大学东门外，沿着大城坊河西岸北行至原处。龙王像请到庙内，大家再祈祷一遍就结束了。此仪式，我很小的时候参加过一次。

绕村打更

大城坊河沿东岸有座坐南朝北的五圣祠①，门前有一口井。更房在庙的西山墙处，门朝西，外面不远就是水沟。打更的更夫由陈四、陈照芳父子担任。平日，这爷俩就住在这里。村人称陈四为"打更陈四"。一般陈四不出来，打更仅照芳一位，缺的人手由对此感兴趣的邻里支应。有些街坊和孩子们常尾随其后。定更天人最多，二更开始随着的人就逐渐减少了。定更天打更为3人，用的响器有一个桑木大梆子，一只红木小梆子和一面铜锣。大梆子要用绳子斜背在前面，左手拿着梆把儿，右手用槌儿敲打梆身。

---

① 五圣祠，坐落北郊三分署成府村大城坊14号，清咸丰十年（1860）阖村绅商等共同出资重修。本庙面积三分二厘五，房屋一间。庙内法物有泥像十一尊，铁香炉一个，铁花筒一对，铁蜡扦一对，铁钟一口，木五供五个。见北京市档案馆编：《北京寺庙历史资料》，中国档案出版社，1997年，第398页。

每个更打的点都有所不同，但都是大小两个梆子同时打。定更的梆点打的节奏为起嘚儿，哪哪嘚儿，起嘚儿哪哪。起嘚儿，哪哪嘚儿，起嘚儿哪哪。哪哪，起嘚儿哪哪。最后，用铜锣"哐"的一声。绕村子一圈，此梆点循环交替。二更以后的梆点就很简单了，有几更就先打几下梆子，而后，再敲几下锣。如二更是哪哪哐哐，三更是哪哪哪哐哐哐。天快亮的时分，还要绕村敲一圈亮梆子。

一晚上，更夫要绕成府村六圈。打更的路线是先从大城坊更房出发，北行至新宫门五圣祠，沿万泉河南岸往东到傅家棺材铺。铺东有条向东南的土道到红葫芦胡同北口。南来经太平庵东墙，再向南过枣树院。往西依次穿过柳树井和杨树胡同。从胡同西口出，折而向北，顺着河沿往北回到更房。每圈的路线皆是如此。

参加大典

1948年底，解放军63军山炮营驻扎到成府村南半部。我家北房东边两明间住了一个班十几位战士。同志们在中明间吃饭，靠东墙的大炕住。翟振海排长将我家两扇院门卸下来，在房内搭了个地铺。部队在闻家胡同东口外空场放了七八门山炮，还在此训练和打篮球。1949年某日一大早，山炮营突然开拔了，不料下午又回到原处。

1949年10月1日，我作为燕京大学附中的中学生和同学们参加了开国大典。半夜大家就在蔚秀园燕大附中集合。队伍进燕京大学西门出东门，穿成府村蒋家胡同到燕东园西门。再沿东南方向的大车道途经刚秉庙过蓝旗营到清华园火车站。当时，天还黑着呢，我们都上了货车，到了西直门火车站，步行至天安门。

天安门至中华门东西两边各有一道红色矮墙将此处围成T形。等到天黑了，同学们每人举着盏灯笼参加游行。回来时，大家沿长安街经西单、新街口走到西直门。出城后，我们还从西直门火车站乘车坐到清华园。这来回的货车都是为开国大典而安排，参加的人可以免费乘坐。从清华园火车站出来，我又走着回了成府村。

我拿着盏灯从东南方进村，正要爬坡，对面山炮营站岗的几位战士看有人就喊问着过来。其中一位，我听出是住我家的老石同志，就问是不是他。老石忙回复是，并也听出了我的声音。等双方都到了跟前，老石问我干嘛去了。我说从天安门回来，他很惊讶。那时自己还不懂啥开国大典，就认为是去天安门开会。

同年年底，山炮营彻底离开了成府村，据他们说是去山西太原。这以后，老石还给我家来了一封信。

本文写作得到郭咸道长、佟文茂、诸天寅、张文大、王同祯、贾鸿亮、周宝琦、任景芬、王达敏、曾雄生、郭君兮、王密林、韩立恒和李春跃等师友的很多帮助，谨致谢忱！

后 记

编辑出版《海淀文史》(第22辑)是2019年海淀区政协的主要工作之一,而今年恰逢国庆70周年,为此将编辑出版工作整体提前,并推出"国庆70周年专题"。

随着4月份文史工作座谈会的召开,正式启动了今年的《海淀文史》征集、撰写和编辑工作。与往年相比,编辑出版的时间整体前提,由此使撰写和编辑工作相对紧张。令人欣慰的是各位文史研究员全身心地投入到文稿的撰写之中,仅两个多月的时间,绝大部分稿件已征集到位。其中有10余篇反映的是中华人民共和国成立70年来,海淀区在文化、经济、科技、交通等领域所取得的成就,使得"国庆70周年专题"顺利成辑。而其他文史稿件则依然从"三亲"角度,记述海淀的历史,尽管内容各异,但主题仍是紧紧围绕海淀政协文史工作的特点,深入浅出,各具特色。

尽管时间极其有限,但并没有降低《海淀文史》的编写水平,从史料收集,到文稿撰写,每一位作者都专心致志。其中有多位老同志,已七八十岁,仍以饱满的热情,为《海淀文史》撰稿,如张宝章、郭荣山、张文大、尹淑英。而多位年轻同志也不示弱,积极投入到写作之中,如董军梅、樊志斌、高云昆、和平、赵跃坤。正是所有作者的协同努力,才使《海淀文史》如期编写完成。

本辑《海淀文史》突出四个特色：一是继续以"亲历、亲见、亲闻"为特色的记叙文为主，主题鲜明、内容翔实，可读性强；二是坚持正确的政治导向，弘扬主旋律，传播正能量；三是真实性强，客观记录史实，既真实反映精神本质，又要体现细节。四是注重图文并茂，不少文稿配有图片，以增强历史的现场感和史料的说服力。

多年来，海淀政协高度重视文史资料工作，特别是编写队伍的建设，做到"老、中、青"相结合，积极调动各界作者的积极性，从而确保了文史资料稿件源源不断，从多渠道、多方位展现海淀的人文历史、社会变革、名人轶事和风俗民情等。可以说《海淀文史》之成辑，正是诸位文史研究员及热心于海淀文史研究的朋友共同努力的结果。在此，向所有给予我们大力支持和帮助的人士深表感谢。

《海淀文史》即将与读者见面了，由于水平所限，加之时间相对紧张，所编写的内容难免有一些讹误或缺点，希望得到读者的批评指正。

编辑部

2019 年 9 月